山东省社会科学规划研究项目文丛·重点项目

当代中国家长的99个困惑与应对策略

张 华◎著

孩子写作业老磨蹭怎么办?
孩子很聪明但就是不用功怎么办?
怎样对待孩子“比友谊多点,比爱情少点”的情感?
孩子过生日开“Party”该不该支持?
发现老师处理问题失当怎么办?
该不该鼓励孩子当学生干部?
……

中国青年出版社

(京)新登字 083 号

图书在版编目(CIP)数据

当代中国家长的 99 个困惑与应对策略/张华著. —北京:中国青年出版社,2009.8

ISBN 978-7-5006-8808-2

Ⅰ. 当… Ⅱ. 张… Ⅲ. 家庭教育 Ⅳ. G78

中国版本图书馆 CIP 数据核字(2009)第 095473 号

责任编辑:冈 宁

*

中国青年出版社出版 发行

社址:北京东四 12 条 21 号 邮政编码:100708

网址:www.cyp.com.cn

编辑部电话:(010) 84015594 门市部电话:(010) 84039659

三河市祥达印装厂印刷 新华书店经销

*

700×1000 1/16 15.5 印张 2 插页 260 千字

2009 年 8 月北京第 1 版 2009 年 8 月河北第 1 次印刷

印数:1—8000 册 定价:29.00 元

本书如有印装质量问题,请凭购书发票与质检部联系调换

联系电话:(010)84047104

前　言

这不是一本承诺培养“天才”和“神童”的书，但肯定是一本对绝大多数家长“有用”的书。为了让子孙后代拥有更好的生存环境，我们选择了计划生育。但独生子女的家庭教育却成了“输不起”的教育。因为只有一个孩子，我们甚至没有“在实践中学习的机会”。家长对教育的探索总是比孩子的成长慢半拍。尤其是近些年，各种新问题层出不穷，给家长们带来了无尽的烦恼和众多的困惑。为了帮助家长朋友解决这些难题，未雨绸缪地掌握应对策略，从从容容做家长，和孩子一起分享“成长的欢乐”，一起分担“成长的烦恼”，笔者根据多年从事青少年教育、心理辅导和家教咨询的经验，以孩子知、情、意、行的健康发展、健全人格培养为主线，围绕当今家庭教育中普遍存在的99个问题，分析症结，引入成功与失败的案例，为家长提供可供选择的应对方法。

本书彻底抛弃了家长学校教材常用的教科书体例，也摆脱了“现身说法”类家庭教育只针对某个孩子的局限，把家庭教育置于社会变革大背景下，针对众多家长经常遇到的问题与困扰，采取了“问题——症结——他山之石——应对策略”四段论述方式，观点鲜明地提出问题；通过症结分析点中家庭教育“死穴”；用他山之石启发家长思考；用应对策略为困惑中的家长“支招儿”。

为方便家长阅读，每一种困惑及其解决方法独立成篇，让家长朋友能在10分钟至20分钟之内读完一段，并受到某些启迪。全书围绕“定位之惑”、“课业之惑”、“沟通之惑”、“品行之惑”、“成长之惑”五大类99个具体问题顺序展开。孩子知、情、意、行发展的客观规律和现实问题构成了本书的内部逻辑。阅读本书，您会感到同样的问题就发生在自己家中；开卷之后，您会感到一份清凉和温馨；家长在教育理念和方法方面迈出改进一小步，将会推动孩子朝着健康成长方向迈出一大步。

作　者

目　录

定位之惑

课业之惑

沟通之惑

定位之惑

◎1.孩子不是“神童”、“天才”,是否意味着家教失败?

我是一个失败的家长。这种失败从孩子上幼儿园的时候就表现出来了。现在,和一般大的孩子相比,已经上小学四年级的女儿没有任何过人之处。相貌平平、学业平平,既没有什么特长,也没有表现出“出人头地”的上进心。虽然孩子品行不错,待人有礼貌,也从来不给老师家长添麻烦,有时候还挺懂事地帮家里干点儿家务活儿,可现代社会竞争这么激烈,如果不能“技压群芳”、“力拔头筹”,孩子将来怎么生存?我翻过一些培养孩子的书,有的专家说,每个孩子都能成为“学习的天才”,可我在自己女儿身上无论如何也没有发现“天才的萌芽”。是孩子愚钝,还是我们当家长的埋没了孩子的天才?我宁可孩子什么家务活儿也不会干,只要学习好,有点儿“才气”,将来有点儿“出息”就行。

▲症结:把“普通”和“平凡”误读为“缺陷”

在充满挑战与机遇的现代社会,人生选择的领域越来越宽广,然而,人们对“成功的家庭教育”的理解却越来越窄。邻居家的孩子考上了重点高中,同事的孩子上了北大、清华,亲戚的孩子出国留学或成了明星、大腕,都会让为人父母者羡慕不已,似乎这是成功的“唯一标志”。倘若自己的孩子不能步其后尘,则认定自己是“失败的家长”,孩子是“不成器的东西”。这实在是一个绝大的认识误区。按照概率论的观点,65 亿地球人至少 99.9%都是平凡而普通的。包括“望子成龙”的家长本身也不例外。“神童”与“天才”正因为稀少才格外引人注目。把大多数孩子的“普通”和“平凡”误读为“缺陷”,是许多家长产生挫败感的重要原因。

之所以产生这种误读,首先是由于本来就普通的父母对自己生存状态不满意。生活在急剧变革、激烈竞争的时代，越来越多的家长把握自身生活的能力开始捉襟见肘。“不要怪我不明白，是我身边的世界变化太快”，道出了许多人的心声。所有的愤懑、无奈、尴尬，可能还有对命运的不服气，一股脑儿地转化成“拔苗助长”的巨大热情。孩子稚嫩的肩膀在没有任何准备的情况下，突然被“爱你没商量”地压上了两代人的沉重期望。这种希望孩子实现自己破灭的人生梦想的心态，使许多家长情不自禁地对孩子提出他们不可能理解、也不可能达到的要求，甚至断送孩子童年的幸福。这是家长的悲哀，更是孩子的人生悲剧。

之所以产生这种误读，第二个原因是许多家长用自己的美好愿望代替了孩子真实的资质。用开玩笑的话说，许多家长以为自己生出了牛顿、爱因斯坦，但事实并非如此。20 世纪 90 年代，山东省青少年研究所曾经运用国内心理学家修订的“韦氏-比内量表”对省城从幼儿园到初中阶段的 1200 多名儿童少年进行了智商测量，结果显示，96%以上的孩子智力量表得分在 90 分~110 分之间，属于中常水平；2%~3%的孩子智力量表得分在 111 分~130 分之间，属于“比较聪明”，并表现出不同的智力优势；只有极个别孩子智商超过 130 分，而且在某一个方面表现出较为明显的智力优势。虽然，智商并不是决定人生成就大小唯一的要素，阿甘的故事也证明了“白痴天才”确实存在，但是智力和学习能力之间的相关性也已经被许多研究和观察结果所证明。因此，就智力因素而言，并不是每个孩子都适合读博士、当教授、拿诺贝尔奖，或者当将军、做统帅，成为“人上之人”。如果用孩子考试成绩是否第一名判断家庭教育成功与否，99%的家长都是“失败者”，而家长的挫败感反过来又会向孩子持续地传递一个负面信息：你很笨、你不行、你将一事无成。试问，多么坚强的神经能经受得起这种持续的负面刺激？

之所以产生这种误读，第三个方面的原因是舆论的误导。近年来，家教图书市场不断掀起“剑桥”、“哈佛”、“牛津”男孩儿女孩儿旋风，大众传媒也不断地创造“一夜成名”、“一书成名”、“一歌成名”、“一跳成名”的神话。特别是邻家小妹成为明星大腕，更加刺激了许多家长培养神童天才的敏感神经：没看出那孩子遗传基因比我们孩子强多少啊？“彼孩也，吾孩也，彼能是而吾却不能是，不相信，不服气！”于是，越来越多的家长义无返顾地投入了“造星运动”：体育生、艺考生逐年升温，孩子的第二课堂成为某些专业教师回报最为丰厚的“第二产业”，“复读生”成为重点高中专用名词和创收渠道，满大街都是“未来的艺术家”、“明天的体育健将”，而越来越多的孩子却遇到了本来不应该成为问题的

“学习困难”。不惜一切代价把孩子送进大学成为许多家庭教育的“目标”，而越来越多的孩子上了大学之后却感到“人生失去了目标”，这一“悖论”也许是许多为孩子奉献了一切的家长始料不及的。

之所以产生这种误读，第四个原因是许多家长把“神童”、“天才”假定为“人生的最佳状态”或“幸福的标志”。事实恰恰相反，真正的天才常常是孤独、寂寞、不被常人理解的，常常是属于未来的。“生前寂寞身后名”是绝大多数天才的“命运”。有多少家长真正希望孩子成为这样的天才？

◆他山之石：一位戒毒所政委的忠告

2004年，一个偶然的机会，笔者有机会探访了我国沿海某都市的一家戒毒所。据说，这是整个东南亚地区当时规模最大、设施最先进的戒毒机构。2000张床位，可以同时接受自愿戒毒和强制戒毒者。对于自愿戒毒者，这是一家特殊医院；对于强制戒毒者，它既是特殊的医疗机构也是矫治违法行为的执法机构。在自愿戒毒区，笔者见到了几个豆蔻年华的少女。下面是作者与一个13岁女孩儿之间的对话。

“小姑娘，愿不愿意告诉我，最早是怎么接触到毒品的？”

“初中一年级。爸爸妈妈总是忙，我学习不太好，也没有什么朋友，但是喜欢唱歌跳舞，特想当明星。放学以后经常在迪厅周围晃荡，后来就混进去跟着瞎跳。看到一些大哥哥、大姐姐们摇头、摇手、摇脚，觉得特别‘酷’，然后知道了可以‘嗑药’。那些大哥哥、大姐姐们说，偶尔吃点儿不会上瘾的，要吸白粉或者打针才会上瘾，所以就‘上当’了。”

“我很高兴你已经认识到‘嗑药’是上当了。如果让你对那些和你同样好奇的中学生们说说自己的体会，你最想对他们说什么？”

“千万不要相信偶尔吃吃不会上瘾的鬼话，千万别到那些危险的地方去。”

“你说的‘危险’的地方主要是指哪些地方？”

“比方说，街角的小混混那儿，有些通宵关起门来营业的游戏厅，乱七八糟的迪厅之类的地方吧。”

“现在对戒毒有信心吗？”

“说不好，应该有吧。大夫说我用（毒品）的时间比较短，只要自己有决心就行。”

“相信你一定能成功！早点儿离开这里，重新回到学校，回到爸爸妈妈身边。”

“谢谢阿姨。”

挥手告别的时候,看着女孩儿稚嫩的脸蛋儿,作者心里满是痛惜。

在强制戒毒区,笔者与一位五出六进戒毒所的26岁的年轻人进行了坦率的交流。小伙子告诉我,他15岁开始吸毒,20岁以前把父母半生打拼积累的家产挥霍一空。毒瘾发作的时候,甚至把家里所有能换回毒品的东西都拿出去卖掉了。年过半百的父母下决心活着看到儿子戒断毒瘾。但是,由于吸毒时间长,生理心理依赖程度深,小伙子先后5次进出戒毒所,都因为复吸重新回到这里,女朋友也离开了他,前景一片暗淡。小伙子说,一个戒毒周期3个月,大约需要1.5万元,几乎是父母打理小本生意的全部收入。现在他觉得自己最对不起的人就是父母,20岁以前让辛苦半生的父母倾家荡产,20岁以后开始戒毒又给父母带来难以承受的心理和经济负担。他觉得自己“真不是个东西”。

在这里,笔者听到的最悲惨的故事是一个“毒品婴儿”的经历。由于父母吸毒,他生下来就是个“瘾君子”,哭闹时毒品成了唯一能够让他安静下来的东西。9岁时,已经发展到静脉吸毒并感染了艾滋病毒。没有人知道这孩子能不能活到青春期。稚子何辜,竟也遭此荼毒!

访问结束的时候,笔者请教戒毒所政委,作为一名特殊战线的工作人员和普通的父亲,终日与这些被毒品残害的青少年相伴,对家庭教育有哪些与众不同的感悟和体会,政委语重心长地说出了下面一番话:

我曾经也是一名“望子成龙、望女成凤”的父亲,希望自己的一双儿女能够上重点大学,出国深造,甚至有机会成名成家。但是,在这样特殊的环境里工作久了,想法有了许多改变。今天的孩子生活的环境和我们小时候完全不同了,他们身边充满了各种各样的诱惑。孩子成才之前必须先成为一个好人,这是非常重要的。戒毒所里很多孩子并不是不聪明,而是由于从小父母疏于管教,养成了娇纵、浮躁、好逸恶劳、贪图享乐等许多不好的习惯,一旦遇到诱惑,非出事儿不可。所以,作为家长,不要老想着孩子怎样才能出人头地,做人上之人,而应当更多地考虑怎样让孩子成为将来能够自食其力的、守法的好人。

真理都是相通的。这位戒毒所政委对家庭教育的感悟竟然与多年从事青少年教育研究的笔者不谋而合。

要育才,先育人,这正是家庭教育的“真髓”。

☆应对策略：给“成功的家庭教育”重新定位

家庭是人生的第一所学校，父母是人生的第一任教师。与学校不同之处在于，家庭教育的任务不是向孩子传授各学科的具体知识，而是把孩子教导成人。这无疑是世界上最困难的事情，是一门大学问。所以，当一位母亲经历了分娩的阵痛，微笑着询问身边的护士“生孩子是不是女人一生中最痛苦的时刻”的时候，聪明的老护士同样微笑着回答：“不！从现在开始的18年，对于母亲来说才是最痛苦的。”的确，母亲用十月怀胎的艰辛缔造的只是一个生物意义上的人，只有给予他恰当的教育，他才能成为社会意义上的人。把一个“生物人”培养成“社会人”的过程，困难远远大于缔造一个新生命。因为一个从小没有学会按照一个人的样子去思考和行动的人，不可能成为一个完整意义上的人。

许多发现和研究都表明，凡是从小被野兽掠去，在兽群中长大的孩子，他们的智力和能力都不会超出兽的水平。1500多年前，一个名叫哈西阿的坐落于密林深处的小村庄，一对粗心的父母不慎丢失了一个3岁的孩子。几年之后，村民们发现一只奇怪的动物和豺狼一道奔跑。在捕获后人们惊讶地发现，他就是当年丢失的孩子，他的一切生活习性已经全部“狼化”了。人们费了很大的劲儿才使他逐步恢复了人性。而印度狼孩却没有这么幸运了。在婴儿时期被攫入狼群的阿玛拉和卡玛拉，始终未能完全恢复其人的能力。这些极端的例子表明：教育确实是人人需要的。“天性愚钝的人需要受教导，好使他们摆脱愚蠢，这是无人怀疑的。其实聪明人更需要受教育，因为一个活泼的心灵如果不去从事有用的事情，他便会去从事无用的、稀奇的、有害的事情；正如田地越肥沃，蒺藜便越茂盛一样。”因此，父母的任务不仅是给孩子以生命，更重要的是用自己精心的教育，“使人成其为人”。好在孩子的心灵本来就是一块“白板”，染之苍则苍，染之黄则黄；好在孩子的可塑性强，似柔软的蜡、幼小的苗，精心的雕凿，细心的呵护，及时的修剪，每个孩子成人成才的概率应当是同等的。至于孩子能否成为某个领域出类拔萃的人才，则要取决于后天的教育环境和个人的努力程度，因此，成功的家庭教育并不意味着每个孩子在学业上都能拔尖，长大了都成为了不起的人，成为领袖、将军、科学泰斗、明星、大腕、大款……成功的家庭教育仅仅意味着，通过你的有效努力，你的孩子成了他本来应当能够成为的那种人——最大限度地发挥了自身的潜能，既得到了社会的承认，也拥有了充实而幸福的人生。他可能成为一个平凡的“好人”，一个奉公守法的公民，一个自食其力的劳动者，一位未来合格的父母。对于本来就很普通的家长，能教育出这样的后代，也足以自慰了。

总之，在了解孩子的基础上因人施教，努力给孩子提供尽可能好的教育机会，使适合做将军的孩子有机会成为将军，适合当科学家的孩子有机会成为科学家，适合做教师的孩子有机会成为教师，适合做工的孩子能成为最好的技术工人，适合务农的孩子能成为有文化懂科技的新型农民……这就是成功的家庭教育。

成功教育=成人教育，今天的家长，应当有这样一种教育理念。

◎2."第一所学校"教什么?

"家庭是孩子成长的第一所学校"。从孩子一出生，就不断地听到有人这样"教导"家长。但是，很少有人能清楚明白地告诉我们，第一所学校应当教什么。虽然关于家庭教育的书籍不少，但常常下笔千言，离题万里，读了半天，不知所云。于是，只好跟着感觉走。读童话、讲故事、背唐诗、数手指，然后是督促孩子写作业，陪同孩子上第二课堂，整天为孩子忙得晕头转向，结果却发现无论家长多么努力，"教学效果"却很不理想。

前不久的一天，为了督促孩子练琴，我和女儿发生了激烈的冲突。女儿声嘶力竭地对我吼了一句：妈，我在学校已经够累的了，你能不能别再"催命"！我足足怔了半分钟才回过神来，条件反射般地回了一句：你以为我愿意催命？如果钢琴不过十级，你也有本事考上重点大学，我才懒得"催"你！女儿无言，但看得出来，整整一个晚上都很郁闷，琴声里流露着烦躁和不安。

据说，有学问的人能把"马尾巴的功能"做成学术论文，当家长的，怎样才能做好"第一所学校"的文章？

▲症结：把"第一所学校"等同于延伸的"课堂"

"家庭是孩子成长的第一所学校"，是一个内涵非常广泛的概念，它决不意味着把家庭生活变成学校生活的"翻版"，把家庭教育简单地等同于学校课堂教学的延伸和扩展。现实生活中，许多家长都过于狭隘地理解了第一所学校的功能。2006 年冬，国内许多城市晚报不约而同地报道了一个典型案例：一位自身文化程度不高的家长，为了“拔苗助长”，把学龄的儿子关在家里自己教授。据说，这位家长自信这种“单兵教练”的方法能比学校教育更快地增进孩子对知识的掌握。结果不仅影响了孩子文化课的系统学习，也影响了孩子人格成长和社会交往能力的发展。该报道引起了社会普遍关注，绝大多数家长并不认可这种极端的做法。但是，在对第一所学校功能的理解方面，许多家长并不比这位极端的家长高明多少。如果简单地把第一所学校的任务理解为对学校课堂教学的补充，我们至少忽略了家庭教育90%以上的功能。

◆他山之石："学校教育"与"家庭教育"的联系与区别

“学校”是专门进行教育的社会机构。有组织、有目的地对新生代进行文化知识、生存技能、社会规范、主流价值观念的系统教育，是各级各类学校的社会责任。

家庭是以婚姻和血缘关系为基础的基本生活单位。在社会生产力水平比较低下的游牧和农耕文明时代，家庭也是基本的生产单位，男耕女织，自给自足曾经是典型的家庭生存方式。进入现代工业社会、后工业社会以来，家庭的生产功能逐步被社会化大生产所取代，甚至家务劳动也越来越多地被日益发展的家政服务业所替代，家庭功能更多地体现在扶老育幼、家庭成员间的情感满足等方面。在未成年人成长的过程中，家庭因其特殊的“教育”功能被比喻为“成长的第一所学校”是非常恰当的。

从培育“人”的角度，家庭教育与学校教育、社会教育是一个大系统中既互相依存又不可替代的三个子系统，各自承担着不同的任务。德智体美劳“五育并举”的教育原则，对家庭和学校教育都是正确的，但侧重点明显不同。比如，按照儿童青少年成长的客观规律和接受能力，培育公民道德、循序渐进地进行文化科学知识劳动技能教育、科学地进行体能训练等，主要是现代学校和校外教育机构的任务。在人类知识以几何级数增长、信息爆炸的现代社会，无论多么“聪明”的家长，都不可能取代从幼儿园、小学、中学到大学教师传递知识的功能。同样的道理，教孩子学吃饭、学穿衣、学走路、学说话、学交往、掌握基本的生活能力，养成“人的行为习惯”，主要是由孩子出生后的首属社会群体——家庭完成的——无论这个家庭是否健全、是否具备教育能力。

在孩子个性、价值观念形成的过程中，各方面的因素共同起作用。有时，这些影响因素能够形成方向一致的“合力”，促进孩子健康成长；有时，家庭、学校、社会教育也会传递给孩子许多互相冲突的信息，使不同的教育效果互相抵消。生活中最常见的“5+2=0”公式，说的就是学校5天的正统教育，抵不上周末两天来自社会和家庭的负面影响。由此可见，家庭教育和学校教育的作用不可以互相替代，但可以互相抵消。因此，了解家庭教育和学校教育之间的分工与合作关系是澄清第一所学校职能的关键。如果说，学校的主要责任在于把每一个“正常的孩子”培养成为社会所需要的“人才”，那么家庭教育的主要责任恰恰在于让每个孩子都成为“正常的人”，给接受学校和社会教育奠定坚实的人格基础。一个带着明显的人格缺陷走进学校、走向社会的孩子，将会遇到更多的发展障碍，生活中已经有太多的事例证明了这一点。

☆应对策略：把学校的任务还给学校，把孩子的责任还给孩子

由于每一个孩子都是不同的，家庭教育应当包括的具体内容也不能一概而论，但是，弄清楚哪些任务不属于或主要不属于家庭教育范畴肯定是必要的。

第一，系统传授文化科学知识的任务不是家庭教育的责任。人类知识的大海无边无际，任何人毕其一生也难了解其万一。凭一对父母有限的知识要引领孩子全面掌握最有用的科学文化知识是根本不可能的，现代社会也造就不出这样“全能的父母”。尽管我们的学校教育有诸多缺陷，但现代学校教育体制建立以来，经过若干代人的探索，已经揭示出许多被实践证明行之有效的教育规律。由经过专门教育训练、更为了解孩子们认知发展规律的教师从事知识传授的职业，已经成为不可逆转的历史潮流。因此，家长既不需要为没有能力指导孩子学习而感到惭愧，更没有必要“越俎代庖”地承担本来应该由教师承担的责任。

第二，孩子家庭作业完成的好坏，主要不是家长的责任。“家庭作业”≠“家长作业”。许多家长一相情愿地把孩子完成家庭作业的情况作为评价家庭教育的一条重要标准，实在是一大误区。家庭作业是通过让孩子独立完成某些课业练习，了解“教”与“学”的效果，是对教师教学活动和学生学习状况的一种反馈。孩子有权利“没学会”，老师也有可能“没教好”。通过家庭作业，学校可以得到改进教学的许多有用信息。但是，过于“负责任”的家长用自己的努力大大提高了家庭作业的“质量”，也阻断了教学信息反馈链条，所以才会出现“孩子平时学习挺好的，就是考试不行！”原因其实挺简单：考试不能带上爸爸妈妈。

第三，学习和成长是孩子“自己的事情”，家长不能替代。当孩子迈出学走路的第一步时，摔跟头是免不了的。没有家长会因为怕摔疼了孩子而禁止孩子学步。此时，所有的家长都可以接受孩子的“失败”，而且不断鼓励孩子“继续！”然而，许多家长在学习问题上却变得“输不起”了。“如果考不了第一，你就什么也不是！”“竞争只承认第一名！”“家里天塌了有爹妈撑着，学习好就是你对家里最大的贡献！”诸如此类的谆谆教导，不断地强化了孩子为争第一而学习，为家长而学习的思维定式。正确的做法应当是，从小让孩子明白“学习”和成长都是他(她)自己的事情，谁都不能代替他。学习和成长的过程就像学走路一样，会有失败，会摔跟头，但只要努力就能不断前进。

把学校的任务还给学校，把孩子的责任还给孩子，家长就可以集中精力做好“教孩子做人”的事情了——培养一个身心健康的人，一个有道德、有良好行为习惯的人，一个能够按照社会需要和个人志趣选择最佳发展路径，并依靠自身努力实现生命价值的人，一个人格健全的人——这才是第一所学校应当教给孩子的最重要的东西。

◎3.“第一任教师”干什么？

我和妻子是大学同学，又都是理学硕士。结婚之前，亲友们就认定我们将来教育孩子不成问题。两个硕士对付一个娃娃，原本我也有几分自信。但是，真的做了父母，才感觉到“第一任教师”不是那么好当的。孩子从出生那一刻开始，就把家庭的生活秩序全部打乱了。他当仁不让地成了“生活的中心”，一对自认为“智商不低”的父母，愣是被一个毛娃娃搞得手忙脚乱。光是满足小家伙的需要，我们就必须“全力以赴”。“无条件服从孩子的需要”成了“第一任教师”的“岗位职责”。他倒是“天天向上”地长，可眼瞅着爸爸妈妈的“水准”都有点跟不上了。照这样下去，等孩子长到18岁，不再需要保育员、炊事员、服务员、保安员、故事员的时候，我们在孩子心目中会是什么样的形象？“第一任教师”究竟应当干什么？

▲症结：大多数父母没有经过“岗前培训”

读到研究生毕业，不能说没有学问。但是，19年寒窗苦读，天、地、生、数、理、化知识装了几口袋，外语学了不止一门，但是，没有一门课程是教给人们将来怎样做父母的。所以，中国的家长整体上没有经过“岗前培训”，统统都是“无证上岗”。在国家劳动保障部明文规定“家政服务员”也要持证上岗的大背景下,2亿多个家庭,4亿多父母却无证上岗,怎么看都显出几分荒谬。不了解“第一任教师”应当干什么,决不是个别家长的困惑，而是整个民族的困惑，一个时代的困惑。

◆他山之石:拿什么迎接你,我的孩子

爱孩子,是母鸡也能做到的事情。当鸡妈妈把米粒啄到小鸡嘴边的时候,当它在危险面前用自己并不强壮的翅膀拼命护住小鸡崽儿的时候,每一个细心的观察者都会被这种纯真的母爱所感动。但母鸡的爱只是出于动物的本能。父母之爱不止于此。当我们把自己爱情的结晶——一个鲜活的小生命带到这个世界上来的时候,鼓荡在年轻父母心中的不仅有血脉相连的浓浓的亲情,更有一份沉甸甸的责任。一套科学育儿百科全书,一大堆启迪智慧的儿童玩具,一笔可观的教育储蓄,一套位于“高尚社区”的舒适的住房,周围环绕着最好的幼儿园、小学、中学……许多父母已经为孩子准备了所能想到的一切。

一位名叫桃乐丝·诺蒂的美国人认为，父母对待孩子的态度以及由此构成的心理环境,比上述一切准备更为重要:

指责中长大的孩子,将来容易怨天尤人。

敌意中长大的孩子,将来容易好斗逞勇。

恐惧中长大的孩子,将来容易畏首畏尾。

怜悯中长大的孩子,将来容易自怨自艾。

嘲讽中长大的孩子,将来容易消极退缩。

忌妒中长大的孩子,将来容易勾心斗角。

羞辱中长大的孩子,将来容易心怀内疚。

容忍中长大的孩子,将来必能极富耐性。

鼓励中长大的孩子,将来必能充满自信。

赞美中长大的孩子,将来必能心存感恩。

嘉许中长大的孩子,将来必能爱人爱己。

接纳中长大的孩子,将来必能心胸广大。

认同中长大的孩子,将来必能掌握目标。

分享中长大的孩子,将来必能慷慨大方。

诚实公平中长大的孩子,将来必能维护正义真理。

安定中长大的孩子，将来必能信任自己信任他人。

友善中长大的孩子，将来必能对世界多一份关怀。

祥和中长大的孩子，将来必能有平和的心境。

读了上面的忠告，你觉得自己准备好了吗？

☆应对策略：以“诚惶诚恐”的态度对待父母这一重要“职务”

21 世纪的父母比以往任何时代都“忙”。30 年前，人们见面打招呼“您吃了吗？”今天人们见面第一句话通常是“最近忙什么呢？”

需要忙的事情简直太多了：有了文凭的忙专业资格，有了资格的忙职称考试，有了职称的忙业务晋升，有了职位的忙岗位竞争，职业满意的忙充电加油，职业不满意的忙跳槽转岗，收入可观的忙增值保值，囊中羞涩的忙第二职业，想快快发财的忙炒股票、买基金，想迅速升迁的忙跑门子找路子……如果有谁能跳出三界俯视众生，可能会惊讶地发现每个人都被一大堆社会角色所缠绕，像陀螺一样高速旋转，却很少有人愿意静下心来想一想，在我扮演的全部社会角色中，父母的“职务”被摆在哪里？

其实，在这个世界上，除了极少数真正的天才人物不可替代之外，绝大多数人在职业领域中的作为都是可以互相替代的。所有的注册会计师都可以从事财务工作，所有的教师只要学科相近都可以互相代课，所有的高级厨师都可以用同样的原材料烹出美味佳肴，所有合格的医生都能够治病救人……可能许多人都有自己的绝活儿，显示出相对更高的价值，但无论多么“重要”的职位，都不是“非你莫属”的。人生一世，只有一个职位“非你莫属”，那就是为人父母。对于你的孩子，父亲和母亲的“岗位”是唯一的，不可替代的。

如果说家庭教育的主要任务是教孩子做人，父母实在承担了“天大的责任”。唯有诚惶诚恐、怀着敬畏之心对待这个“人生最重要的职务”，认真研究孩子成长的规律，才能完成培育人的使命。

如果用尽可能简洁的语言描述“第一任教师”的责任，下面几个观点可供家长朋友反复揣摩：

第一，抓住孩子睁开眼睛看世界的契机，培养孩子的好奇心和求知欲望，比灌输知识更重要。

第二，抓住孩子表达情绪情感的契机，培养孩子积极、健康的情感，比控制孩子的情感更重要。

第三，抓住孩子遭遇困难的契机，培养孩子战胜困难的意志品质，比帮助孩子解决困难更重要。

第四，抓住孩子寻求需要满足的契机，培养孩子良好的行为习惯，比满足孩子的某些需要更重要。

根据以上分析，我们可以把“第一任教师”的责任归纳为：培养孩子的好奇心和求知欲望，培养孩子积极健康的情绪情感，培养孩子顽强的意志品质，培养孩子良好的行为习惯，配合学校与社会，把孩子教养成为身心健康，人格健全，有生存竞争能力、社会适应能力、开拓创新能力的“四有”新人。

◎4.孩子的“健康”有标准吗？

“身心健康”近年来成了一个很时髦的词。我们小时候，无论是“白白胖胖”还是“黑黑胖胖”，没病没灾就是健康，今天好像不是这么回事儿了。报纸上、杂志上常常刊登中学生、小学生因为心理问题离家出走，大学生甚至博士生因为心理问题自杀的案例。书店里，各种各样介绍心理疾病的书叫人眼花缭乱。小孩子太喜欢动弹可能有“多动症”，太沉默寡言有可能是“自闭症”，愁眉苦脸看着像“抑郁症”，动不动就发火像“狂躁症”……孩子的健康有标准吗？

▲症结：多数家长心目中的“健康标准”至少落后了半个世纪

由于历史的原因，中国人对健康的理解曾经长期停留在身体层面上。物资匮乏的年代，能让孩子吃饱肚子、长成个子已经不容易，除非得了比较严重的疾病，一般家长很少顾及孩子的健康问题。不仅心理健康的意识长期缺乏，就连四环素牙、龋齿、脊柱侧弯、近视眼、乙肝病毒携带等青少年常见病、多发病也常常被家长忽略了。落后的经济发展状况导致了落后的健康观念。20世纪70年代末期开始的经济腾飞，稳步提高了中国人的生活质量。“吃讲营养”的问题已经被越来越多的家长所关注，科学育儿知识日渐普及，孩子们的基本身体素质普遍提高，当代青少年身高体重较之上两代人大幅上升。于是，有人乐观地认为，这一代孩子是中国历史上最健康的一代。“营养这么好，孩子没有理由不健康！”许多家长也这样想。然而，这样的健康观念和世界水平相比至少落后了半个世纪。当代青少年身体发育前倾、心理发育滞后、社会适应不良等问题日益突出，已经对这种落后的健康观念提出了严峻挑战。

◆他山之石:健康标准与"身心缺陷儿童"的鉴别

在科学很不发达的时代,人们已经意识到健康应当包括身体和心灵两个方面。西方有哲学家认为,健康应当是"身体无病痛,灵魂无纷扰"。

随着人们对自身的认识不断深化,特别是随着医学科学的发展,我们对人类躯体、脏器疾病的了解越来越多,几乎所有器质性病变、包括神经系统的紊乱与失常,都已经进入了研究视野。1948 年世界卫生组织宪章明确界定:健康乃是生理、心理以及社会适应都臻于完美的一种状态,而不仅仅是没有疾病和虚弱的状态。

根据上述定义,结合现代医学、心理学、社会学的研究成果,专家们引申出判断孩子身心健康的如下标准。

生理健康的标准:躯体和神经系统发育正常,没有遗传或进行性疾病。

心理健康的标准:心理健康意味着个体对环境高效而满意的适应。在这种状态下,人的生命具有活力,人的潜能能够得到开发,人的价值能够实现。心理健康的青少年通常具有以下特征:(1)智力正常,对学习有浓厚的兴趣和求知欲望;(2)自我意识明确,对自己有客观评价,能接纳自我;(3)情绪稳定,能调节自己的情绪,保持良好心态;(4)人际关系和谐,乐于交往,能保持良好的人际关系;(5)对环境有良好的适应能力;(6)心理和行为符合年龄特征。

上述心理健康的标准,通常情况下可以通过观察以及与多数同龄孩子的比较作出判断,必要时也可以通过心理测量进行验证。比如,智力量表可以区分孩子的智力属于超常、中常、低常;情绪量表可以测量孩子的情绪状态;人格量表可以了解孩子各种人格要素的发展情况等。但是,这种测量必须由专业的心理学工作者进行并给出合理的解释。迷信或滥用量表则可能对家长和孩子造成"误导"。

由于生命始终处于运动变化过程中,"健康标准"本身也具有"相对性"。我们不能因为孩子上个月得过流行感冒就认为他今天仍然身体不健康,我们也不能因为孩子曾经为考试焦虑就认为他今天仍然心理不健康。所有的孩子在成长的过程中都会被身体疾病、心理问题所困扰,但只有少数孩子属于"身心缺陷儿童"。正常孩子遭遇"身心健康问题"与"身心缺陷儿童"遭遇的"成长问题"性质完全不同。

"身心缺陷儿童"是指身体和心理发展有明显残疾的儿童,也被称为身心障碍儿童或狭义的“异常儿童”(广义的异常儿童还包括“超常”儿童)。虽然当今世界各国对身心缺陷儿童的分类规定不完全相同,但盲和低视力,聋和重听,肢体和其他残疾,言语障碍,学习障碍,智力落后,行为异常或问题儿童,多种障碍,病弱和情绪障碍一般都被列为“身心缺陷”范畴。许多身心缺陷儿童常常伴有两种以上缺陷,如既聋且智力落后,既盲又伴随情绪障碍等。身心缺陷儿童通常需要接受特殊教育与心理康复治疗。

☆应对策略:以“常模”为参照,从身心两个方面关注孩子的成长

在孩子成长的过程中,家长需要一个判断孩子身体发育水平、心理发展水平的“常模”。所谓“常模”,我们可以通俗地理解为同时期大多数孩子达到的平均水平。“常模”≠“楷模”。常模仅仅意味着一个平均值,一个正常水平。根据偏离“常模”的方向和程度,我们还可以了解孩子在某一方面是“超常”还是“低常”。

比如,通过体检,我们可以很容易地了解孩子生理发育是否达到了同龄孩子的平均值。达到即“正常”,高于为“超常”,低于可能意味着某些方面发育滞后或营养缺乏等。通过智力测量,我们可以发现智商 130 分以上的超常儿童,智商 100 分上下的中常儿童,智商 70 分以下的“低常”或“弱智”儿童等。在日常生活中,我们还可以通过观察,了解自己的孩子是否具备大多数同龄孩子已经具备的自理能力、交往能力、语言能力、学习能力、动手能力、恰当地表达自己情绪情感的能力等。一旦发现孩子在某一方面的发展低于大多数孩子已经达到的水平,则可以通过改进家庭教育予以及时弥补。

由于孩子的成长是一个由“婴儿——幼儿——儿童——少年——青年——成年”过渡的不间断的过程,我们无法精确地界定哪一天是孩子人生阶段的转折点,就像我们眼睁睁地看着夕阳西下、夜幕降临,却很难断定黑夜究竟在哪一秒钟到来一样。但是,根据我国规定的幼儿园、小学入学年龄以及顺序推延的初中、高中、大学的入学平均年龄,家长可以大致把握孩子成长的不同阶段,并据此了解自己的孩子与多数同龄孩子身心发育水平的差异。比如,3 岁的幼儿,能够比较好地适应幼儿园的生活并感到快乐;6 岁~7 岁的孩子能够顺利适应学校生活并感到有乐趣;青春发育期的孩子能够接纳自己的身体、心理所发生的急剧变化并产生“成人感”;高中阶段的孩子开始认真地思考属于自己的未来等,都属于正常且令人欣慰的发展水平。

从身心两个方面关注孩子成长,要求家长在用营养合理的饮食、科学的作息制度、足够的户外体育活动强健孩子体魄的同时，密切关注孩子的心理需求，用开放的心态接纳孩子成长过程中的一切问题，用真诚的理解给孩子可靠的心理支持，用高品位的精神食粮满足孩子叩问世界、认识自我的需求，始终怀抱对新生命的好奇，伴随孩子人格的成长。

◎5.孩子的“人格”可以培养吗？

我养了一个非常叛逆的儿子，他从小就喜欢干大人不叫干的事儿。上学以后，又经常和老师对着干，成了班上出名的“捣蛋大王”。虽然大多数时候实践都证明他错了，但是他却总有自己的“歪理”：不试试怎么知道不能做？我觉得这孩子可能少根筋，老师说这孩子有“人格缺陷”。“人格”这词儿听说过，具体什么意思，说实话不光我，身边许多家长也说不出个子丑寅卯。听老师的口气，“人格缺陷”应当是比较严重的问题。人格有缺陷可以修补吗？人格可以培养吗？

▲症结：“目中无人”的家庭教育忽略了人格培养

家庭教育的本质就是人格养成教育。当家长也不知“人格”为何物时，家庭教育必然成为“目中无人”的教育。人格缺陷可以修补，人格可以培养，但前提是家长需要先补上“人格教育”的基础课。

社会学理论的研究结果证明，“尝试错误”是人和其他动物共同的“学习手段”，从这个意义上讲，捣蛋大王提出的“问题”具有很高的“学术含量”。“不试试怎么知道不能做？”原则上符合“实践是检验真理的唯一标准”。之所以说它“原则上符合”，原因在于孩子把“实践”局限于“个人的实践”，而忽略了“他人实践”具有的同等意义。且不论这孩子的问题是否属于“人格缺陷”，但孩子成长过程中的“教育缺陷”却是显而易见的。估计这位家长从小给孩子灌输了太多的“不许做，有危险”的概念，而很少给孩子“体验”的机会。家长这样做的充足理由是“孩子懂个啥？我得保护他”。恰恰是这种想法和做法，剥夺了孩子作为认识和实践主体的权利，把孩子仅仅当成了需要保护的“私产”。无论是把孩子当成多么“宝贵”的私产，他们都没有获得“人”的地位。倘若家长意识到不是自己，而是孩子需要了解和面对危险，就应当采用完全不同的方法让孩子去体验和应对危险。比如，当孩子对暖壶感到好奇时，明智的家长也许会拿起孩子的小手，帮助他由远而近地体验暖壶里的热度，这比一句“烫死你！”的恐吓更能让孩子远离危险。对“有知者”的提醒和对“无知者”的恐吓，是区分家庭教育是否“目中有人”的分水岭。

◆他山之石：健全人格的基本要素

法国伟大的启蒙思想家卢梭曾经说过：“一个做父亲的，当他生养了孩子的时候，只不过完成了他任务的1/3。他对人类有生育人的义务；他对社会有培养合群的人的义务；他对国家有造就公民的义务。”显然，一个“合群的人”、“合格的公民”，不能没有健全的人格。

从广义上讲，健全的人格应当包括健康的身体、发达的智力和良好的个性心理品质。从心理学的角度探讨，人格=个性。培养健全人格就是培养孩子良好的个性。健全人格包含能力、气质、性格、动机等基本要素。

能力反映了人完成某种活动的可能性，包括已经表现出来的实际能力和熟练程度；也包括潜在能力，即尚未表现出来的心理能量，通过学习或训练后可能发展起来的能力或某种熟练程度。比如，有经验的教练到少年体校选“苗子”，不仅要看学生目前的运动成绩，更重视其发展的“潜力”；有经验的教师评价学生，也决不会只看重眼下的学习成绩，还会看到学生发展的“潜质”。这种潜力或潜质即尚未表现出来的心理能量。实际能力和心理能量共同构成了能力的统一体，在孩子成长的过程中，能力发展有先后，个体能力有强弱，一般能力、特殊能力、核心能力有差别是完全正常的。结合日常观察，使用“成就测验”可以测得孩子的实际能力发展水平；使用“性向测验”可以了解孩子的潜在能力。遗传因素、后天教育环境、个人主观努力是影响能力发展的三大因素。其中，来自父母遗传和家庭教育环境的影响，对儿童早期能力的发展甚至是决定性的。

气质是人的心理活动的动力特征。作为典型的、稳定的心理特征，气质以同样的方式表现在从事各种活动的心理动力方面。苏联著名科学家巴甫洛夫根据对高级神经活动类型的研究揭示了气质的生理基础。他指出，高级神经活动兴奋抑制过程的强度、平衡性和灵活性有独特和稳定的结合方式，并形成4种主要的气质类型：(1)强而不平衡型。兴奋过程强于抑制过程，是易兴奋、不受约束的类型，也叫不可遏制型。我们通常见到的“人来疯”的孩子，软硬不吃的孩子，通常属于这种类型。(2)强而平衡灵活型。反应灵敏，外表活泼，能很快适应迅速变化的外部环境，也叫活泼型。那些能够很快适应幼儿园、学校、新环境的孩子，那些走到哪里都很容易成为“小明星”的孩子，多属于这种类型。(3)强而平衡不灵活型。坚韧而行动迟缓，不会轻易决定，一旦决定了决不轻易改变，也叫安静型。生活中常见的执拗、一根筋、认死理儿、蔫狠儿的孩子，多半属于这种类型。(4)弱型。兴奋和抑制都很弱，对各种刺激的反应都比较慢，胆小、害怕困难，容易产生神经症。生活中常见的行为退缩、有严重的自卑心理、承受能力差、易受伤害的孩子，多半属于这种类型。

构成气质类型的心理特征主要有感受性、耐受性、不随意反应性、反应的敏捷性与灵活性、可塑性与稳定性、内外倾向性、情绪的兴奋性、情绪与行为特征等。这些心理特征不同的结合方式，便构成了不同的气质类型。在现实生活中，只有少数孩子的气质类型符合典型性的特征，绝大多数孩子的气质类型常常属于不同气质类型的中间型，家长要防止教条主义的“对号入座”。

性格是人完成活动任务的态度和行为方式方面的特征。性格是人格的核心部分。人们通常所说的“性格决定命运”，是一句非常有见地的概括。因为一个人无论具备何等的雄才大略、智慧才华，如果压根不去实践，人生肯定一事无成。因此，积极的态度、卓有成效的行为是实现人生价值最重要的因素。巴甫洛夫把性格比作神经类型和生活环境影响的“合金”。认为在现实生活环境下建立的暂时神经联系要受到神经类型的制约，而这种暂时的神经联系又可以掩盖或改变神经类型的基本特征。这种“合金”在不同的个体身上“构成成分”有明显的差异，使得人们在外界影响面前，表现出态度和行为方式的差异。于是我们看到了不同的性格。性格反映在人们的态度、意志、情绪、理智各个层面。态度有程度之分；意志有强度之别；情绪有强弱、悲观乐观、自控不自控之异；理智有感觉、知觉、记忆、思维、想象力等差别。性格本身没有“好坏”、“对错”。对性格形成起决定作用的是人与环境相互作用的实践活动。性格作为稳定的心理特征是在生活中逐渐形成发展起来的。孩子的性格具有很强的可塑性。

动机反映了人的活动的倾向性。我们通常把能够引起和维持人的活动，并将活动导向特定目标、以满足人的某种需要的念头、愿望、理想、信念等称为“动机”。引发动机的内部条件是人的需要。无论是生理需要、安全需要、归属需要、尊重需要还是自我实现的需要，都可以从内部激发人们的动机；引发动机的外部条件是来自外部的各种刺激。比如，同学成绩优异得到的赞赏、时髦的名牌服装、别人玩电脑游戏达到的高水平甚至别人交上了异性朋友等，都可能成为激发孩子“改变自己”动机产生的“诱因”。最强烈的需要构成主导性动机，主导性动机决定孩子的行为选择。了解孩子不同成长阶段的需要，是把握孩子动机和行为模式并进行有效引导的关键。

☆应对策略：把握培养孩子健全人格的"家教契机"

英国启蒙思想家约翰·洛克曾经把儿童的心灵比作一块"白板"。苏联教育家马卡连科甚至认为5岁以前的人格教育是育人的基础工程，其比重占全部人格教育的90%以上。培养孩子健全的人格，家长要注意把握教育的契机。

第一，把握孩子提问的契机，培养稳定的中心兴趣和求知欲望。好奇是孩子的天性，没完没了地提出"是什么？"和"为什么？"是他们认识世界的最早的方式。孩子的好奇心应受到尊重，孩子的求知欲应受到鼓励，因为对其一生的发展具有至关重要意义的中心兴趣乃至人生志向就隐含在这无数个为什么当中。随着年龄、知识的增长，孩子的问题会出现向某些或某一领域集中的倾向，细心的家长不难从中发现孩子兴趣之所在。当孩子同时表现出几种不同的兴趣倾向时，家长亦不必急于按照个人的好恶替孩子作出"选择"，对孩子自己的选择应给予应有的尊重，因为这毕竟是属于孩子的人生。当面临文理分班、专业定向、择业择岗的关键时刻，孩子陷入选择的困惑之际，家长可以提出自己的参考意见和不同的备选方案，并说明各种选择的利弊得失，也可以向有关专家寻求帮助，但不能越俎代庖。对孩子身上已经表现出的稳定的中心兴趣，只要与社会需求相吻合，与孩子健康成长有益，而且尚未超出家庭的承受能力，就应当给予最大限度的支持。世界之大，能帮助孩子、指导孩子找到自己最喜欢，也是最擅长的事业，实乃家长所能送给孩子的一份最好的人生礼物。

第二，把握孩子情感流露的契机，培养积极的情绪情感和人生态度。孩子有自己的喜怒哀乐，无论在成人看来它们是多么微不足道。"六月天，娃娃脸，说变就变"是儿童时代的情感特征。对这种由于身心发育不成熟而表现出的特点不必大动干戈，以静制动常常事半功倍。因为孩子为丢掉一个心爱的玻璃球伤心、为一次考试失利而烦恼的程度，一点儿也不亚于妈妈丢失了钱包、爸爸没当上处长。他们也需要同情与理解。但是，家长必须了解孩子情绪变化的原因，在倾听的基础上引导孩子为值得高兴的事情而欢乐，为应该烦恼的事情而忧伤，逐步学会对不以自己意志为转移的外部刺激做出适度的情绪反应，并逐渐形成"不以物喜，不以己悲"，"先天下之忧而忧，后天下之乐而乐"的高尚情操。

第三，把握孩子遇到困难和挫折的契机，培养顽强的意志品质和理想信念。

人生的不如意十有八九。当孩子学业受挫、自尊受损、友谊破裂、人际关系失和以及出现不慎过失的时候，比责骂、训斥更有效的做法是帮助孩子分析问题产生的原因，鼓励孩子在跌倒的地方勇敢地爬起来，以越挫越勇的精神去迎接挑战，粉碎前进道路上的障碍。在日常生活中，小到孩子第一次单独睡觉、第一次自己吃饭、第一次独立地解出一道难题，大到无畏地面对伤痛和治疗，对孩子在困难面前表现出的不达目的誓不罢休的韧劲，都应当给予及时的表扬和鼓励。特别是孩子在实现理想的道路上艰难跋涉之际，家长及时的鼓励与鞭策对坚定他们奋斗的信念常常是最重要的支撑。

第四，把握孩子尝试新本领的契机，培养良好的行为习惯和法纪道德观念。孩子学习做人的本领是从出生之日开始的，这也是培养良好行为习惯的起点。孩子做事情当然不会像成人那样得心应手。“尝试错误”是必经的过程。许多家长为了图省事，对孩子的日常生活采取了统包全揽的态度，殊不知正是这种做法剥夺了孩子锻炼的机会，并于不知不觉中养成了孩子不良的行为习惯。正确的做法应当是，按照“自己的事情自己做、家里的事情帮着做、公益的事情热心做”的原则，不失时机地鼓励孩子做力所能及的一切事情，并指导孩子在成功经验和失败教训中学习把事情“做对”的规则。小到家庭内部的作息制度、个人卫生要求、小朋友之间的游戏规则，大到社会的法律、纪律、道德规范，一旦让孩子“经验”到“遵循的好处”，这些规范就不再是一种从外部强加给孩子的“异己”的力量，而成了孩子自己的行为习惯。孩子适应社会生活必需的法纪道德观念，也正是在这一实践过程中逐步形成的。

第五，把握孩子思索自我、社会、人生的契机，培育正确的世界观、人生观、价值观。从发现自我开始，孩子们就进入了思索人我关系、个人与社会的关系、人生的意义与价值的漫长的探索之旅。就像古老的印度寓言中的那条小鱼，要知道大海是什么、大海在哪里一样，老鱼王的回答无疑给了它一个准确的生存坐标：“孩子，你就在海里生息，在海里游动。海在你身内，也在你身外。你生于海，死后也将复归于海。海包围着你，海就是你的存在。”孩子们面对陌生的世界，也有和小鱼同样的困惑，也期待着成人睿智的启示。由于孩子探索中的问题无所不包，忙忙碌碌的家长不可能有足够的时间、精力与学识一一指教，所以，为提高家教效益，就需要采取不但“授子以鱼”更要“授子以渔”方式。比如，在与孩子一起观察自然、社会现象时，可以有意识地引导孩子从表面上各自独立的现象中找到其内在的联系、普遍的规律。通过斗转星移、四季更替、花开花落、生老病死、沧海桑田、科技进步、社会发展、文明变迁，掌握自然、社会、人类思维最一般的客观规律，培养科学的世界观。教孩子从小学习用全面的观点、联系的观点、发展的观点、辩证的观点看待所有的事物，让思想冲破狭小的生存空间，在自由的王国里翱翔；在孩子寻找人生坐标时，及时与孩子讨论人与自然、人与社会、奉献与索取、生命的短暂与价值的永恒、个体的渺小与人格的伟大、生命的脆弱与意志的坚韧、怎样用有限的人生去展示生命的音响与光华、怎样从社会需要与个人志趣的结合点上拓展自己的成才之路等具有人生终极关怀意义的问题，引导孩子把自己的价值实现与国家、民族乃至人类的命运联系起来，少年早立志、存志当高远。使孩子从小形成一种积极向上的人生观，以奉献社会为荣的价值观。这种在父母身边耳濡目染形成的正确的世界观、人生观、价值观，将使孩子一生受益无穷。

◎6.“智商”和“情商”哪个更重要？

孩子小的时候，出于好奇和期待，我曾经带他做过智商测量。结果叫人大喜过望。孩子的智商高达130分，属于“智力超常”儿童。说实话，我也知道自己的孩子比许多一般大的孩子更聪明，可没想到孩子有这么好的“天赋”。很自然地，我对孩子的学业期望很高。考个好成绩，我会说“凭你的智商，这是应该的”；偶尔成绩下降，我一定要“审”出个缘由来。时间长了，“考第一”成了孩子唯一的目标，也成了我们判断家庭教育的唯一标准。面对其他家长充满羡慕的眼光，我觉得自己有这么聪明的孩子是“修来的福分”。可是，一个偶然的事件，女儿的态度把我吓着了：孩子小的时候，她的姨姥姥曾经帮我带过她，对孩子照料得无微不至。老人家生病很长时间，为了不耽误孩子学习，硬是不让告诉孩子。老人去世正好赶上孩子期末考试，按照老人的意愿，我们准备等孩子考试结束以后再告诉她。没想到当她看到我为老人去世而哭泣的时候，孩子竟然非常“冷静”地对我说：“妈，你真的没有必要这么难过。每天你乘公共汽车去上班，汽车上有人比你早下车，有人比你多坐两站，你也会这么难过吗？姨姥姥不就是比你少坐了几站车吗！”即便是为了安慰妈妈，即便是孩子的话并非全无道理，我还是被孩子的“冷酷”惊呆了。想到在家长报告会上听专家讲过的“情商”，我怀疑女儿的“情商”是否出了问题，要不然，她怎么会对生命的消逝表现得如此冷漠？情商对孩子的未来究竟有多重要？

▲症结："多情的父母"给了孩子"情感缺失的教育"

对他人生命的冷漠，的确属于"情商"问题。产生情商问题的原因，多半与早期情感教育的缺失有关。普天下的父母对孩子都一往情深。绝大多数父母在危险袭来的时候，会毫不犹豫地把死的危险留给自己，生的机会留给孩子。那位在飞机失事时用身体做成防护罩让婴儿幸免于难的母亲，用血肉之躯谱写的爱心之歌足以感天地，泣鬼神。然而，许多家长在"倾情"满足孩子一切需要、密切关注孩子智商发育的同时，却忽略了对孩子的情感教育，从而导致了孩子情商发育不良。许多孩子可能智力年龄超过了生理年龄，但情感年龄低于生理年龄和智力年龄的问题却越来越具有普遍性。

◆他山之石："情商"意味着总是能够找到自己恰当的位置

这是一个成功者的故事。他小时候智商并不出众，但无论出现在任何场合都招人喜爱。他顺利地度过了自己的学生时代，职业生涯非常顺遂，35岁已经创办了自己的公司而且非常成功。许多下属都认为他是一个善于竞争、凡是必争第一的人。然而，在他的办公室里最醒目的位置，一个精致的镜框里镶嵌的人生格言却是："我永远是第三。"一位下属不解地问：为什么是第三？成功者简洁地回答：妈妈从小就教导我，处理任何问题都必须坚持的原则是：上帝第一，他人第二，我第三。正是遵循了这句格言，我才一步步走到今天。

可见，情商并不神秘。良好的情商仅仅意味着一个人在任何情况下总是能找到属于自己的恰当的位置——在人与自然的关系中、在人与人的关系中、在各种矛盾和摩擦中。

☆应对策略：把情商培养放到家庭教育的优先位置

笼统地评价智商和情商哪个更重要没有意义。智商和情商是成功人生的两翼。在智力正常的前提下，情商的高低对事业成功、生活幸福的影响是决定性的，这已经被许多研究所证明。所有明智的父母都应当把孩子的情商培养摆在家庭教育的优先位置。

培养孩子良好的情商，关键是从小帮助孩子明白，世界不是为他而存在的，他不是生活的中心。对于绝大多数中国家长，做到这一点并非易事，尤其是在独生子女家庭。无论是“四二一”模式，还是“隔代抚养”家庭，家庭生活模式基本都是以孩子为轴心展开的。买房、租房优先考虑孩子入托上学方便，为了孩子就近就便上学，许多家庭不惜“孟母三迁”；作息时间表根据孩子需要制定，明明大人9点钟才上班，为了保证孩子早餐吃得好，零点休息的父母也会6点起床为孩子做饭；饮食结构根据孩子发育需要调整，凡是孩子需要的，理所当然成为全家人的食谱，需要特别添加的营养食品列为“专供”；家庭支出中孩子的花销是“绝对优先”项目，妈妈可以几年不添新衣服，爸爸可以吸最便宜的烟，给孩子买钢琴、请家教、上辅导班、买健脑食品的钱绝对省不得……如果这种以孩子为中心的生活模式不打破，孩子便会把所有人为自己付出的一切视为理所当然，甚至认为生活本来就“应当如此”。因此，在为孩子付出的同时，家长有义务告诉孩子，爷爷奶奶、外公外婆帮助爸爸妈妈照料你是非常辛苦的；家长每天为你早起是牺牲了睡眠甚至健康的；父母辛勤工作、精打细算让你接受尽可能好的教育是很不容易的；你的成长是包含了许多人辛勤劳动的；吃着农民种的粮、穿着工人制的衣是应当心怀感激的；得到关心是幸福的，有能力关心和帮助别人是更大的幸福；被别人原谅是值得庆幸的，能原谅别人的胸怀是慈爱的；当有能力为他人做点事情的时候，应当是尽心尽力的；有限的资源是应当共享的……精心地照料没有生活自理能力的孩子是家长的责任，让孩子在接受照料的同时学会感恩，学会在力所能及的情况下用关心回报关心、用爱回报爱，是家长更重要的责任。情商只能在生活过程中一点一滴地培养。

◎7.“好孩子”有标准吗？

家长都希望养个好孩子。可是孩子成长过程中，我对于好孩子的标准却感到越来越困惑了。如果“好”的“上限”意味着“优秀”，可能大多数孩子永远没有机会做好孩子。所以，我没有要求孩子学习必须考第一，体育比赛一定要拿冠军。但是，好孩子总得有个“底线”吧？我觉得这个底线起码是不犯错误。昨天和同学打架，今天违反了课堂纪律，时不时地被老师批评，已经成了我儿子的“家常便饭”。可是，当我耐着性子要求儿子做个不再犯错误的好孩子时，儿子的一句话差点没把我噎死：死人才不犯错误呢！上回你还说伟人也会犯错误，凭什么我就不能犯错误？孩子的话让我感觉到，“好孩子”的标准还真的不那么好把握呢！

▲症结：把“好孩子”等同于“不犯错误的孩子”

把“好孩子”等同于“不犯错误的孩子”，而且是“底线”，这是许多家长常犯的“逻辑错误”。既然已经意识到通常使用的好孩子概念达不到“优秀”的标准，又把“不犯错误”作为“底线”，换句话说，孩子可以不“优秀”，但必须“完美”。这不是很荒谬吗？用一个逻辑三段论来表示，我们将得到下面的推论：

前提：好孩子是不犯错误的孩子；

事实：优秀的孩子也会犯错误；

结论：优秀的孩子也不是好孩子！

这个“完全符合逻辑”的推论显然违反了“生活的逻辑”。

用这样自相矛盾的标准要求孩子，合理吗？

◆他山之石：把天捅出窟窿的“好孩子”

如果一个从小被父母宠爱的孩子，很争气地成为本地区的高考状元，有谁怀疑他是好孩子吗？彭刚曾经是我国南方某大都市的高考状元。当他以全市第一名、全省第三名的优异成绩考入北京某名牌大学的时候，父母觉得18年的辛劳得到了最好的回报，街坊四邻都羡慕不已。然而，缺少独立生活能力、不善交往的彭刚却因为不能适应集体生活罹患身心疾病，中途休学。接到学校的复读通知后，因恐惧重返校园而跳楼自杀，放逐了自己年轻的生命，也毁掉了父母的全部希望。

如果一个贫困农村地区的孩子，靠自己顽强的努力考上了重点大学，家长会不会很自豪，周围的人会不会拿他作为教育孩子的榜样？来自贫困地区的大学生马加爵，从小就是人们眼里的“好孩子”，也是第一个被国家公安部A级通缉令在全国通缉的“大学生杀手”。仅仅因为和同学玩牌发生口角，这个学习生命科学的大学生就在3天之内连续杀害4名同学。其动机之“简单”，手段之残忍，案发后态度之“冷静”，迄今仍然让许多善良的人感到无法理解。

如果一个孩子，从小学到大学一路成绩领先，成为海外名牌大学的洋博士，你承认不承认他非常优秀？卢刚出身于北京一个普通的工人家庭，18岁考进北京大学物理系。毕业后以两门课程197分的成绩获得了李政道主持的中美物理学交流计划奖学金，赴美攻读博士学位。几乎所有的人都认为这个聪明并且成绩优异的年轻人前程无量。然而,6年后的1991年11月1日(这一天恰恰是美国的万圣节,一个悼念亡灵的日子),已经取得了博士学位的卢刚却开枪打死了自己的两位导师、一位系主任、一位分管学生工作的副校长、一名中国博士后留学生,打伤一名女职员后开枪自杀,制造了震惊大洋两岸教育界的惊天血案。在卢刚的枪声中,包括他自己在内,5位优秀的或可能是优秀的天体物理学家、1位资深的大学副校长死于非命,1位年轻的姑娘终身瘫痪,7个家庭瞬间陷入灭顶之灾,一个高水平的学术团队永久消失,生命和学术的损失难以估量。也许,直到血案发生前的最后一刻,没有人怀疑过卢刚的"优秀"。

当然,这些典型的个案并不代表整体。但是,当这些学习成绩优秀的"好孩子"把天捅出个窟窿的时候,我们却不得不承认,好孩子的标准确实不像许多家长通常理解的那么简单。这些表面上一帆风顺成长起来的好孩子,之所以面对生活中的困难和挫折、人际关系中时常发生的小小摩擦不堪一击,动不动就"赌"上自己或他人的性命,其人格养成过程中片面的"好孩子"标准难辞其咎。

☆应对策略:把握"好孩子"标准,鼓励孩子在"改错"中成长

孩子成长过程中必然伴随大大小小的错误,"尝试错误"常常是进步的阶梯。不让孩子犯错误,等于剥夺了孩子生存的权利。因此,"好孩子"不是"完人",他们有犯错误和改正错误的权利。尽管我们可以在一般意义上把身体好、品德好、学习好作为"好孩子"标准的上限,但必须同时明确,只要没有重大的品德缺陷,所有能够在错误中学习和成长的孩子都是好孩子。

鼓励孩子在"尝试错误"和改正错误的过程中学习和成长,并不意味着家长可以放手让孩子去犯错误。恰恰相反,家长要运用自己的全部知识、经验、人生阅历,帮助孩子了解罪行、错误、过失之间的界限,引导孩子远离黄、赌、毒等罪恶的诱惑;提醒孩子少犯和尽可能不犯自己无法承担后果的"人生犯不起的错误";引导孩子及时改正不可避免的错误;鼓励孩子尽量减少过失带来的损失。

◎8.我属于哪种类型的家长?

平心而论,我觉得自己是个尽心尽力的家长。孩子小的时候,关心照顾无微不至,工作以外的时间基本上都花在孩子身上。吃的生怕缺乏营养,穿的生怕不够舒适，玩的生怕不够安全，用的生怕不够时尚。幼儿园、小学都是选最好的，第二课堂、家教花多少钱从不吝啬。为了保证孩子的营养，大人宁可节衣缩食；为了孩子的安全，大人可以每天4趟接送；为了给孩子挤出点儿午休时间，大人宁愿到学校附近高价租房；为了保证孩子的安全，我们规定了至少100个“不准”；再加上孩子小的时候，三天两头闹个小症候，半夜三更跑医院，早晨还要按时上班……说实话，有了孩子，活得真累呀！没想到好不容易盼着孩子上了中学，反倒挑起爹妈的毛病来了，今天嫌爸妈唠叨，明天嫌爸妈没本事，还动不动说我们压根儿就不懂得家庭教育，不是“民主型”的家长。当家长也得“有型”吗？我们把一切都给了孩子，难道还不算好家长吗？

▲症结："三大误区"困扰着家长

“把一切都给了孩子”，是许多家长自愿的选择。浓浓爱心掩盖了现代家庭教育的“三大误区”。

第一，重身轻心的抚养方式。在整个社会由温饱向小康过渡的阶段，曾经亲身经历过贫困和物质匮乏的家长们格外关注孩子的身体发育和物质享受。“我没有得到的，我的孩子应当得到”，“别人的孩子有的，我的孩子也要有”。在诸如此类的思想支配下，不少家长自己节衣缩食，却给孩子设计了以“超前消费”为特色的生活方式，造就了火爆的儿童营养品市场、儿童玩具市场和越来越多的肥胖但未必健康的儿童，也鼓励了孩子们之间的盲目攀比之风愈演愈烈。一份来自上海的跟踪调查表明，8所中小学140名学生的零花钱在3年内上升了61%，远远高出了社会经济增长和家庭收入增加的幅度。作为家庭的“重点保护对象”，孩子们一旦习惯了这种“以我为中心”的生活方式，就会理所当然地认为，生活本来就“应当如此”，他们就会心安理得地享受一切而毫无“感激之情”。而许多家长对孩子在日常生活中表现出的自私、任性、骄纵、脆弱等不良的心理品质，则缺少应有的敏感。直到孩子的要求超出了家庭的承受能力而且对父母的难处毫不体谅，用他们的“自我中心主义”深深地刺伤父母之心的时候，许多父母才如梦初醒：在用高营养的食品滋养孩子身体的时候，我们似乎忘记了用高品位的精神食粮滋养孩子的心灵。为什么我们能对孩子的伤风感冒如临大敌，却对孩子人格上的缺陷无动于衷？

第二，重智轻德的教育方式。当代中国青少年的父母，基本上是由两代人构成的。一代是在动乱的岁月中中断了学业的“被耽误了的老五届”，另一代是“改革开放”以来出生并成长起来的人。独特的人生体验和充满竞争的生活环境，使这两代人更深切地了解和看重知识的价值。于是，在子女的智力开发方面家长不惜工本，不计代价。令人遗憾的是，“家庭是孩子人生的第一所学校，家长是孩子人生的第一任教师”这样一个正确的命题被许多家长片面地理解为：家庭这所学校就是帮孩子学好功课，家长作为老师就是要为孩子检查作业。于是，有些家庭成了孩子的第二课堂，学完了学校老师布置的，再学家长加码要求的；做完了课堂上布置的家庭作业，还要做家长布置的琴、棋、书、画练习。好不容易盼来了周末、节假日，家长已经早有了第三课堂的“系统安排”：星期六上午完成全部作业，下午上英语辅导班；星期天上午背英语课文、下午预习数理化；假期机会难得，去年钢琴才过六级，今年努力考八级，争取升学择校！在这样的家庭环境中，孩子成了学习和考试的机器，而兴趣与情感、意志与性格、思想品德等对孩子成长更为重要的因素却常常被忽视了。北京青少年研究所一项关于独生子女适应能力的研究表明，85.6%的家长认为“好孩子、好学生”就是“学习好、分数高”。厦门大学的一份调查报告也表明，无论是独生子女还是非独生子女，父母最关心的都是孩子的学习成绩。其中，独生子女家长做此项选择的为 36.74%，非独生子女家长为 48.48%；被家长们排在第二位的是身体健康；第三才是道德品行。因此，在一些家庭中，孩子的考试分数便成了性命攸关的大事。1985 年北京的隋鑫事件、1987 年青海果洛的夏斐事件、1996 年江苏宜兴的周源事件都是由于过分重视考试分数导致的不该发生的悲剧。与对成绩、分数的重视构成鲜明对比的，是家庭德育意识的淡化。不少家长能一口气报出孩子各学年的考试成绩，并对其成败得失分析得头头是道，但对孩子的个性心理品质、人格特征、道德水平、价值观念、感情生活却所知甚少。山东青少年研究所的青春热线信息表明，“家长过分关注学习成绩”已成为导致中学生心理压力的重要原因。对于孩子们来说，从“小皇帝”到“小奴隶”只有一步之差：走向饭桌是“小皇帝”，食不厌精，应有尽有；走向书桌是“小奴隶”，少考一分也不行！

第三，重他律轻自律的行为养成模式。家庭是孩子行为习惯的养成所，许多童年时代在家庭生活中形成的习惯甚至可以伴随人的一生，这已经被大量的观察与研究所证明。1994 年北京师范大学教育系在“希望工程——手拉手走向未来”的夏令营活动中，进行了一项少年儿童社会公德调查，调查结果显示，150 名小营员在填写问卷时的选择与日常行为选择之间有许多的不一致甚至自相矛盾之处。比如，他们几乎人人懂得爱护公物是社会公德的基本要求，但又对倒在地上的椅子、对营区内的长明灯、流水的龙头、离开房间时仍然转动的电风扇熟视无睹;他们不喜欢在休息时受到别人打扰,也知道打扰别人是不礼貌的行为,但他们自己却常常吵闹并影响别人。山东万名青年思想道德状况调查亦表明,这种道德认知与道德行为之间的反差在青年人身上同样存在。深入的研究则证明,造成青少年明确的道德意识、正确的道德判断与行为选择脱节的一个重要原因,就是耻感文化氛围下形成的、重他律轻自律的家庭行为养成模式。许多家长用来规范孩子行为的"刹手锏"就是喊"狼来了"。从"红眼绿鼻子、四个毛蹄子、走路啪啪响、专抓哭孩子"的"善意的恐吓",到"小心点,闯红灯警察要罚款"的谆谆教导,客观上都在向孩子传递着这样一种信息:社会行为规范是一种凌驾于一切人之上的"异己的力量"。而无意识的"怕警察"心理便在此基础上逐步形成了思维和行为定势。至于自觉遵守社会行为规范能给行为主体带来的方便与好处,在这种行为养成模式中常常是被忽视的。因此,由五尺高的大人规定的"应当怎样",很难内化为孩子自觉的行为准则。一个仅仅是为了逃避惩罚才循规蹈矩的孩子,在无人监督的场合可能会怎样行动,就是不难想象的了。"重荣辱,轻是非"的"耻感文化",使孩子们从小学会了"爱面子"、"怕警察",缺少自律的行为习惯又使他们很难达到"随心所欲而不逾矩"的"自觉"境界。这种让孩子们感到尴尬的二律背反现象,正是由家长的不当教育一手造成的。

几年前,在省城一个车水马龙的十字街头,笔者曾经亲眼目睹了这样一件"小事":正前方,红灯亮着,警察在岗亭上指挥着南来北往的车辆,斑马线前,赤橙黄绿青蓝紫,停着一片人和车。在离笔者不远处,一个坐在大人自行车前座上的小女孩儿好奇地提出了自己的问题:"爸爸, 为什么红灯一亮咱们就得停下来?今天从家里出来,都停了 4 回了,这多耽误时间哪?""丫头,没瞅见马路橛子在那儿站着吗?"爸爸漫不经心地回答。"爸爸,马路橛子是什么?"小姑娘似乎没弄明白爸爸的意思,因为在幼儿园里,老师只教他们认过画片上的动物、植物和人,从来没听说过"马路橛子"这个名词。小姑娘的话引起了周围人们的注意,父亲似乎也为女儿的聪明伶俐感到自豪,摸了摸小姑娘的脑袋,亲切地说:"记住了,丫头,马路橛子就是那些戴大盖帽的警察。如果咱们闯了红灯,警察走过来,嚓!撕给咱一张罚款条,他说 3 块就 3 块,他说 5 块就 5 块,爸爸今天带你出来玩,冰激凌雪糕可就全没了!"这回小姑娘好像是听懂了,带着不加掩饰的童真的愤怒,不满地问:"爸爸,马路橛子凭什么要咱的钱哪?""这个嘛……"就在爸爸为这个问题沉吟时,前方绿灯亮了,车流人流滚滚,淹没了父亲的尴尬。当时，笔者真想和那位父亲讨论一下，今天我们应当怎样做父母，怎样教导我们的孩子。当孩子提出这样一个生活常识性问题的时候，对孩子进行人身安全教育、交通法规教育、尊重警察叔叔平凡劳动的教育，是一个多好的教育契机啊！然而，这位父亲却三言两语就把孩子求知的欲望扼杀了。不仅如此，他还漫不经心地在孩子心中播下了一颗“他律的种子”。不久的将来，当小姑娘可以独自过马路时，她只会因为怕警察而遵守交通规则，并用同样的语言去“教导”身边的小弟弟小妹妹。遵守交通规则对于个人安全、社会秩序的本质意义则会被完全忽略不计了。类似的故事在我们生活中发生的频率是如此之高，以至于我们许多人已经见惯不惊、习以为常。的确，似乎每一代人都是以这样的方式被教养长大的，他律的父母教导出不自觉的儿女，儿女们做了父母之后，又用同样的语言和方式教导他们的儿女……他律人格就这样世代相传，成为一种令人汗颜的民族文化特色。

无论父母的文化水平高低、自身教养如何，在家庭教育中没有被上述三大误区困扰过的家长究竟有多少？

◆他山之石：5种类型的家长和家庭教育模式

在长期从事家庭教育对青少年成长的正负面影响研究的过程中，笔者曾经根据家长对孩子关心的程度、家长对孩子控制的程度和亲子关系状况，把现代中国家长和家庭教育模式划分为5种基本类型。

第一，权威型。家长对孩子高关心、高控制，宠爱和严加管束结合，构成了权威型的家庭教养模式。在这种教养模式下，家长对孩子全权负责，全程呵护，亲子关系表现为“权威与服从”。由于经历过奋斗的艰辛，并深知未来竞争之激烈残酷，许多独生子女家长对孩子既投入了全部的爱心，也寄予了全部的希望。孩子小时候，他们对照书本要求喂养，三天两头检查发育水平；孩子长大点，要挑选最好的幼儿园、小学、中学，并对孩子提出相当高的成绩要求，从小学低年级的双百分，到小学高年级的年级前三名、中学时的班级前五名，似乎孩子得到了无可挑剔的照料就应该考出无可挑剔的成绩；为了让孩子有更多的出人头地的机会，他们常常像填鸭子一样为孩子安排各种各样的“第二课堂”活动，自己则不辞劳苦地陪学、陪练；对于孩子在校园生活中遇到的大大小小的问题，家长统统出面摆平；甚至孩子交朋友、找工作也由家长包办。许多“高分低能”的孩子就是在这种“权威型”家庭培养出来的。家长过分的保护、过高的期望、过多的包揽，使孩子的自信心、独立性完全失去了成长的可能，他们很容易形成怯懦胆小、意志薄弱、娇嫩、清高孤傲等不良个性心理特征。一旦遇到不能由父母解决的事情，他们便一筹莫展。因此，“抱大的一代”已经成为一个使用频率很高的专用名词并不需要任何注解。

第二，溺爱型。家长高关心、低控制，盲目溺爱和疏于管束结合，构成了溺爱型的家庭教养模式。孩子成了家庭生活的中心，亲子关系成了“主仆关系”，孩子是“主人”，家长是“仆人”。把不让孩子受任何“委屈”，不让孩子感到任何“欠缺”作为“没有遗憾”的标准的父母，往往对孩子的一切要求无条件地迁就，对孩子的不良行为以“树大自然直”为由姑息纵容。自我中心、骄横跋扈、懒惰散漫、贪婪无度的“霸王”心态，就是在这种“溺爱型”的家庭逐步形成的。这种小霸王心态如果不能得到及时矫正，则很容易发展为反社会型人格，给孩子将来适应社会留下巨大的隐患。

第三，专制型。家长低关心、低控制，缺少关爱与粗暴的管教方式结合，构成专制型家庭教养模式。在这种类型的家庭里，家长用棍棒和责骂维系着长辈不可动摇的权威。亲子关系常常是“猫鼠关系”。一些文化层次不高、封建意识浓厚，而且教子无方的家长只好用这种最原始的方式保持自己对子女的控制力。对于这部分家长来说，孩子只是传宗接代的工具，是我的私有物。我生了他、养了他，就有权利支配他；他吃我的、穿我的、住我的，就有义务听我的。孩子的人格、孩子的自尊、孩子的意志、孩子的权利，在家长的意志面前统统被忽略不计。亲子关系变成了一种简单到不能再简单的支配关系。长期得不到亲情温暖的孩子对父母自然会生出疏离、戒备、不信任感。由于经常被责骂，他们还会变得消极、自卑、暴躁或富有攻击性。

第四，放任型。家长低关心、低控制，对孩子放任自流便构成了放任型家庭教养模式。放任型的教养模式实际上是压根儿就没有教育。亲子关系像两条永不相交的平行线。家庭只是吃饭和睡觉的地方。放任型的家长一般由三类人构成：一类是所谓的“工作狂”，他们过于专注于自己的工作或社交活动，完全无暇顾及孩子的教育。甚至连一些纯消遣性的应酬也被摆在了子女教育之上。这实在是一个不能原谅的过失。日理万机的周恩来总理尚能抽出时间抚养教导烈士遗孤，平凡的我们怎敢说自己忙到没有时间教育自己唯一的孩子？第二类是一些文化程度、抱负水平较低，又缺少家教意识的家长。他们对孩子的衣食住行尚能予以关照，对子女的教育却是心有余而力不足。他们对自己的责任定位仅仅局限于把孩子养大，教育孩子的任务一股脑儿推给学校和社会。所以，他们既不对孩子的前途抱很高的期望，也不存在焦虑与失望，对孩子的学业成绩、思想品德、心理健康都表现得比较麻木。第三类是一些没有教育资格的家长。他们或劣迹斑斑，或放荡不羁、玩世不恭、游戏人生，他们既没有能力，也没有兴致考虑孩子的教育问题，有时甚至连孩子的一日三餐都料理不到，常常是三两块钱就把孩子打发了。在放任型的家庭教养方式下，孩子由于得不到必需的教育指导，常常更容易受到友伴群体、社区环境的影响，染之苍则苍，染之黄则黄。向不同方向发展的概率往往难以估计。街头少年、流浪儿童，通宵上网、被社会黑恶势力胁迫从事非法行为的孩子，常常来自放任型家庭。

第五，"民主型"。家长适度关心、适度控制，合理管教与尊重孩子结合构成了民主型的家庭教养模式。在理论上，这种教养方式是比较理想的，但在实际生活中，能够用好民主型教养方式的家庭并不多见，我们日常观察到的许多"民主型"家庭常常徒有其表。小刚的父母都是国家公务员，爸爸在人大工作，非常善于用"少数服从多数"的"民主原则"解决家庭矛盾。当希望孩子分担家务时，爸爸妈妈就"2:1"表决孩子该干什么，当拒绝孩子要求的时候，爸爸妈妈也会用多数人的意见构成压力，甚至周末应该怎么过，常常也是孩子服从家长的"多数人意见"。久而久之，小刚明白了一个道理，所谓"民主"不过是爸爸妈妈改变了一下控制自己的手段而已。于是，聪明的小刚很快学会了"以其人之道还治其人之身"。当他想达到某一目的时，他会向爷爷奶奶有时还包括外公外婆陈述"充足理由"，争取"5:2"否决爸爸妈妈可能是正确的意见。显然，这不是民主型家庭教育的理想状态。

☆应对策略："对号入座"，对症"自疗"

既然没有完美的家长和完美的家庭教育，无论属于哪种类型的家长，都不妨先给自己"对号入座"，看看自己的日常教育模式主要属于哪种类型，或兼有哪几种教育模式的特点，然后分析自己的家庭教育中和亲子关系中存在的主要问题，和孩子一起讨论这些问题，找到双方都可以接受的改进措施。

几乎所有的家庭矛盾、亲子冲突，都与当事人思考问题"角色立场"有关。心理学的研究表明，通常亲子交往过程中双方各自都有 3 种基本的"角色立场"，即儿童角色、家长角色、成人角色。双方选择的角色立场不同，结果也大相径庭。在大多数情况下，家长习惯于用"家长——儿童"模式，"儿童——儿童"模式处理家庭教育问题，由此带来的角色冲突，常常使家庭教育效果大打折扣。

下面是家庭生活中常见的3个生活场景：

场景一：期末考试前，家长和孩子对话。

"如果期末考试进不了前8名，下个学期你就甭想再玩电脑！"家长发出了指令。

"知道了。前8名太难了，前15名行不行？"孩子讨价还价。

"没门！"家长强硬地拒绝。

这时，可能出现3种情况：

本来学习基础不错的孩子感到有机可乘，会提出进一步"奖励要求"："如果我考进了前8名，玩电脑的时间可不可以每周增加1小时？"——如果得到肯定的答复，也许会有所行动，但学习动机变成了"为了更多地玩电脑而努力"。

缺少自信的孩子："真倒霉！"——无奈地接受，但结果常常无法预料。

认为自己根本不可能达到父母要求的孩子："反正我进不了前8名，下学期肯定是玩不成电脑了，不如现在抓紧玩个够本！"——用行动"抗命"，学习进一步下滑。

这是典型的"家长——儿童"模式——命令与服从。

场景二：邻居小朋友告状。闯祸的孩子回到家，爸爸的脸拉得很长。

"你算个什么东西？三天不打，上房揭瓦。看我今天怎么收拾你！"父亲发出愤怒的咆哮。

"他才不是东西呢，打小报告，有本事跟我单挑！"孩子满脸不服气。

"我不管你有什么理由，今天这顿打你是跑不了的！"爸爸不由分说举起了巴掌。

"打人犯法，侵犯人权！"孩子高声抗议。

"你能打别人，我就不能打你？奇怪了，我今天就是'犯法'也得教训你！"爸爸的巴掌毫不犹豫地拍了下来。

"别以为我打不过你！如果你不是我爸，今天谁输谁赢还说不准呢！"孩子壮实得像小树干一样的胳膊把爸爸的巴掌擎在空中。

爸爸满脸愕然……

这是典型的"儿童——儿童"模式——谁怕谁呀！

场景三：孩子考试成绩不理想，耷拉着脑袋回家。

"儿子，看来今天'出师不利'啊？"妈妈关切地询问。

“别提了，今天这卷子出得也忒刁了点儿，我这回丢人丢大发了，只考了79分。”孩子一肚子郁闷。

“卷子‘刁’到什么程度？全军覆没了？”妈妈进一步询问。

“那倒不至于，班里还有几个80分以上的。”儿子有一搭没一搭地回应。

“要是这样的话，妈妈可要恭喜你了！虽然79分，可毕竟还是班级前几名呀！”妈妈的话带着幽默，透着鼓励。

“话是这么说，毕竟是下了80分，这门课我还没有这么差过。有点窝囊。”孩子进一步释放负面情绪。

“窝囊肯定也消耗能量。不如先吃饭，再好好睡一觉，明天起来‘挖地雷’就是了。偶尔考一回79分不一定是坏事，可以帮助你发现自己知识网络上的小窟窿，早做弥补。以免关键时刻成为‘陷阱’。”妈妈安慰中包含着忠告。

“得嘞！今天好好休息，明天我非把这份刁钻古怪的卷子琢磨透了不可！”吃饭之前，孩子脸上的阴霾已经一扫而空。

这是典型的“成人——成人”模式——平等交流，重在鼓励。

比较上述三种角色立场，每位家长都可以重新作出选择。

◎9.权威型家长一定有“权威”吗？

我是一名现役军人，我相信在教育子女的问题上家长必须有权威。对孩子平日里表现出的小毛病，我们从不姑息，总是严格要求他。我们的家规之严和孩子的听话、懂事、有礼貌在宿舍大院都是出了名的。但是，一个偶然的机会，我发现孩子和小朋友一起玩耍时，表现得却像个“窝囊废”。别的孩子当红军，他就是“白狗子”，别的孩子要演警察，他就扮小偷。和同龄的孩子相比，我的儿子明显地缺少主见，胆小怕事，不像其他孩子那样开朗自信。坦率地说，我和爱人都是大事儿小事儿拿得起也放得下的人，不知道为什么儿子会如此懦弱、盲从？其实，我很清楚，孩子也想当红军、当警察，但是，他好像不会拒绝别人的任何要求。玩个游戏还无所谓，如果遇到真事儿上，这小子会不会当“汉奸”？

▲症结：“一贯正确”的家长教会了孩子“盲从”

这是一位“权威型”的家长。他给了孩子全面的关心，也对孩子提出了“全方位的要求”。由于家长本身素质较高，又注重以身作则，在孩子眼里的形象是近乎完美的。更何况，这种类型的家长还常常运用自己的社会支持系统，包办孩子从幼儿园到就业岗位的“全程服务”。在“一贯正确”的“全能家长”面前，孩子除了“服从”还能做什么呢？久而久之，孩子便形成了一种思维和行为定势：只要听话、服从，努力按照家长的要求去做，前面就是“一马平川”，万事无虞。盲从一旦成了习惯，即便是更换了发号施令的对象，孩子也不习惯用自己的头脑思考，用自己的理智判断，甚至也不习惯表达自己的意见了——因为通常他很少有自己的主见。这是“权威型”家庭教育模式中经常遭遇的问题。因此，正是权威的家长“教会”了孩子盲从，剥夺了孩子选择的权利。

◆他山之石：家长权威的“首因效应”

行为心理学家曾经认真地观察过许多动物包括人类婴儿的早期认知行为发展，结果发现了许多类似的现象。刚出壳的小鸭子，会毫不犹豫地追随它睁开眼睛看到的第一个移动目标，无论这个目标是不是它的鸭妈妈；婴儿会对自己看到的第一张面孔（一般是妈妈）格外关注，而对其他面孔表现得比较冷漠；从小盯着电视屏幕长大的孩子，看电视的专注程度也明显高于其他孩子，甚至听不到别人的呼唤。这种现象被称为“首因效应”，也叫“刻印效应”。首因效应说明了最早接触最熟悉的人和事物对孩子的影响根深蒂固。在孩子成长的过程中，家庭教育的影响具有首因效应。当然，这种首因效应的影响包括正负两个方面。良好的家庭文化环境、父母相对健全的人格，有利于孩子的全面发展；而不良的家庭环境，也会使孩子“如入鲍鱼之肆，久而不闻其臭”。因此，家长权威对孩子的影响也具有两面性：在孩子年幼、尚不具备辨别和选择能力的时候，家长的权威起保护和规范作用，在孩子开始主动探索，并自己作出选择的时候，家长的权威常常起压制作用。

☆应对策略：在家长权威和孩子权利之间寻找“平衡”

任何权威都以尊重与服从为支撑。没有孩子发自内心的对父母的尊重和心悦诚服，家长的权威就无从谈起。是否尊重父母、服从父母，选择的权利在孩子手中。因此，在家长权威与孩子权利之间存在着一种微妙的平衡关系。

第一，体现家长权威的“家规”，不应当成为家长管理孩子的“单向指令”。如果家规只是家长“规矩”孩子的手段，那么家长和孩子之间就失去了最起码的人格平等。家长既是“立法者”又是“执法者”，而且享有不受制约的特权，孩子成了“管制对象”，他们对家规的态度自然会变得消极。因此，家规应当成为家庭成员共同制定、共同遵守的行为规范，即便是父母违反了，也应受到批评和惩罚。这样孩子在守规矩的同时，也掌握了“规矩面前人人平等”的原则，为将来的社会适应打下良好的基础。

第二，制定家规和保持家长权威的目的不是仅仅让孩子学会服从，而应当是让孩子懂得“正确行为的益处”。例如，按时作息可以保持充沛的精力；讲究卫生可以保证身体健康；礼貌待人会融洽人与人之间的关系；遵守纪律可以使自己得到更多的自由等等。明白了这些道理，孩子就不会因为“怕家长”而守规矩，而是认同了规矩本身的合理性。

第三，在日常生活中，家长要鼓励孩子表达自己的意见和看法，尊重孩子保留自己意见的权利。即便家长的意见完全正确，也要允许孩子有一个逐渐接受的过程；家长错怪了孩子或做错了事情，也应当坦率地承认错误，这样做，不仅不会损害家长的权威，反而能使孩子更加尊重家长并学会独立思考问题。

◎10.专制型家长为什么“治不了”孩子？

和孩子许多同学的家长相比，我是个粗人，给孩子讲不出多少道理，但有一点我明白，无论到什么时代，老子和儿子都不能差了辈分。为了教孩子走正道，我连打加骂，总算让调皮捣蛋的小子有了点“怕头儿”。孩子上小学时，我基本上能说一不二，现在孩子上了中学，人高马大的，讲道理，根本说不过他；动手吧，他力气比我还大。看着孩子瞪着我那种凶神恶煞的眼神儿，我心里明白，这孩子是“治”不了了，他现在对大人是口也不服心也不服。班主任老师曾经告诉我，学校有一次搞调查，让孩子回答“自己最想做的事情是什么”，这混账小子竟然写下了“最想快快长大，早点离开不喜欢自己的老爸和自己也不喜欢的家！”听了这话，不知怎么的，我的眼泪一下子就涌上来了。我甘愿当“恶人”图的是啥？不就是为了叫他长点出息吗？

▲症结：“被管制”的敌意消解了一切教育效果

也许没有人会怀疑这位家长对孩子的“恨铁不成钢”的心情所包含的真诚

的爱。但是，企图用棍棒和责骂让孩子了解这一点，通常是徒劳的。使用这种最原始的方式保持自己对子女的控制力，往往在孩子幼小的时候比较“灵验”。因为相对于五尺高的大人，孩子是“弱者”，只能逆来顺受。但是，孩子会长大、会反抗，甚至有一天必然还会因此看不起父母。特别是处于心理断乳期、自我意识迅速发展、强烈渴望得到尊重和认可的中学生，由“被管制”产生的敌意足以消解一切教育效果，甚至从根本上动摇他们对父母之爱的信任。在极端的情况下，还会导致离家出走等悲剧事件的发生。

◆他山之石：孤僻的孩子为何杀了母亲

这是国内许多报纸转载过的一则特别报道。“1997 年 9 月 28 日，古城西安，高二学生关晖回到了自己的家。因为放学后玩了一会儿电脑游戏加上最近考试成绩下降，关晖心中照例有某种紧张，像往常一样敲开家门，他准备接受来自母亲的任何责骂和惩罚。果然，母亲大发脾气，越骂越气，随手拿起跳绳开始抽打他。关晖一声不吭，准备硬抗一会儿。然而母亲抽打了 20 多分钟后气还没有消。关晖抓住母亲的手不让她打，母亲更加愤怒。她走向厨房去拿擀面杖，扬言要打断关晖的腿。关晖从背后拉住母亲的双手不让她进厨房，而此刻绳子刚好压在母亲脖子上，关晖就拖着将母亲拉离了厨房。母亲挣扎着、责骂着，关晖紧紧地勒住，不一会儿，母亲倒地身亡。”案发之后，据老师同学讲，16 岁的关晖平日并不是凶狠乖戾之人，只是性格内向、孤僻，学习不算差，也没犯过什么大错误。邻居介绍，关晖的母亲为人颇凶，经常打骂孩子。这是否可以构成关晖在冲动状态杀下死亲生母亲的潜在原因，需要深入考证。

这个极端的案例，对于许多专制型的家长，应当是一服清醒剂。假如关晖的母亲地下有知，不知会作何感想？

☆应对策略：帮助孩子长起来，家长先要蹲下来

孤僻的孩子杀了母亲这是生活中不该发生的悲剧。它提示普天之下望子成龙的父母，在感叹“种树种出个木棍儿，养儿养出个冤家”的同时，再也不能固守“棍棒底下出孝子”的古训了。孩子需要通情达理、善解人意的父母，他们可以没有高深的学问、优越的社会地位、大把的钞票，但是必须了解孩子、尊重孩子、平等地对待孩子，以孩子能够接受的方式引导孩子。

要帮助孩子顺利长起来，父母首先应当“蹲”下来。当然，这个“蹲”字不是一种“姿态”，而是一种“心态”。在孩子幼小的时候，蹲下来和孩子平等对话，倾听孩子的心声，了解孩子的愿望，保留一份“童心”、“童趣”，投入地分享孩子成功的欢乐和成长的烦恼。决不可以简单地用成人的标准要求孩子，不“达标”就“男子单打”、“女子单打”、“男女混合双打”伺候；在孩子渐长的过程中，蹲下来以“仰视”的目光欣赏孩子的成长。细心的家长会欣喜地发现，成长是孩子生命本能的要求，既不需要家长拔苗助长，更不需要家长急风暴雨地摧残。家长唯一要做的，是研究孩子成长的需要，并以春风化雨的方式提供“场外指导”。

◎11.溺爱型家长一定能培养出有“爱心”的孩子吗？

中国有句老话叫“种瓜得瓜，种豆得豆”，这话我信。上大学之前，我曾亲身体验过“清明前后，种瓜种豆”的乐趣和“春种一粒粟，秋收万颗籽”的喜悦。由于小时候家庭条件差，父母比较严厉，我觉得自己记忆中好像没有多少童年的欢乐。做了母亲之后，我下决心做个天底下最慈爱的母亲，给孩子一份没有遗憾的爱。我不是一个没有事业心的人，但是，为了孩子我可以放弃许多事业上的追求；我天生对美有很好的鉴赏力，但为了孩子我甘愿抑制许多个人消费；女儿稚嫩的童声提出的每一项要求，对我来说都是至高无上的命令。丈夫经常半开玩笑半认真地提醒我，你看看丫头被你惯成什么样儿了？为了孩子，连自个儿是谁都忘了！的确，对女儿的爱常常让我忘了自己。我相信，用爱滋养出来的孩子肯定会更有爱心。可是，周围许多人，包括父母、丈夫、朋友都认为我“爱”得太多，而且不讲原则。我只知道不爱孩子的人不配做父母，难道爱孩子也会有错？

▲症结：把“爱”理解为无条件满足

把爱理解为“无条件满足孩子的一切要求”的家长大有人在。可是，很少有人想到，泡在“蜜水”里的孩子在心安理得地享受这份爱的时候，将会怎样领悟生活。苏联教育家马卡连柯在其著名的教育学代表作《父母必读》中，记述了一位优秀的图书管理员维拉的家庭生活悲剧。这位在工厂里备受尊重的先进工作者，在家里却是一名真正的仆人。她不仅承担全部家务劳动，而且把个人消费压缩到最低限度。整整一个漫长的夏天，她只有一条黑色的旧裙子应付一切场合，鞋子也是补了又补的。一位本来端庄典雅、风韵犹存的中年女性，硬是被沉重的生活压成了一个“丑老太婆”。而她的两个正在上中学的儿女却什么活儿都不干。儿子游手好闲,女儿花枝招展,并且理直气壮地像使役仆人那样对妈妈颐指气使。维拉不忍心要求女儿干粗重的家务活儿,因为她不愿意看到女儿白嫩的小手变得像自己的双手那样粗糙;维拉不舍得为自己添置一件像样的衣裳,因为她知道女儿随时会有新的要求等待她去满足;维拉从不要求身强力壮的儿子帮她一把,因为她知道男孩子不愿被圈在家里。于是,她用自己的爱心与默默的奉献,保证了一双儿女优裕的生活,也培植了他们敌视劳动、贪图享乐的恶劣的习惯。针对维拉的悲剧,马卡连柯尖锐地指出,人们时常说,我是母亲,我是父亲,一切都该让给孩子,为他们牺牲一切,甚至牺牲自己的幸福。这实在是父母能够送给孩子的最可怕的礼物了。这种可怕的礼物可以这样来比方:如果你想毒死你的孩子,你就给他饱喝一剂定量你个人幸福的药,于是他就被毒死了。在我们的生活中,像维拉这样的父母又何止万千!

◈他山之石:狐狸妈妈的爱

动画片《狐狸之歌》中有这样一个片段:狐狸妈妈养了几只小狐狸。它非常爱自己活泼可爱的孩子们。它从冰天雪地里找来食物,一点一点地撕成碎块,喂养自己的孩子。阳光明媚的春天,狐狸妈妈带孩子们在山坡上嬉戏,但是,它不再把孩子喂饱,而是训练它们自己去捕捉一些小猎物;暴风雨的夏天,小狐狸胆怯地躲在山洞里不肯出去,狐狸妈妈叼起它们一只只地扔出洞外,把住洞门不准进来,孩子们在风雨中冻得瑟瑟发抖,它们在风雨中狂奔,它们抱成一团互相取暖,它们不得不为自己到处寻找可以充饥的食物;秋天来了,小狐狸们开始独立谋生并学会了合作打猎,它们不仅可以养活自己,而且日渐强壮;又是一个寒冷的冬天,当狐狸妈妈病倒在山洞里的时候,小狐狸们竟然为妈妈带回了山鸡、野兔。狐狸妈妈欣慰地笑了。

连狐狸妈妈都知道:真正的爱决不只是无条件满足孩子的要求。

☆应对策略:给孩子理性之爱

血浓于水的骨肉亲情,从孩子第一声啼哭开始养成的关注和满足孩子一切需要的抚养习惯,使许多父母的爱心情不自禁地“跟着感觉走”。困了给枕头,饿了给食物,冷了给衣服,宁可自己千难万难也不让孩子受委屈,成了家长表达爱的“通用模式”。缺少理性的爱只能培养出习惯于拥有、获得、索取的孩子。给孩子理性之爱，家长需要把握3个原则：

第一，永远只给孩子健康成长必需的东西，而不是奢侈的东西。孩子上体育课、参加运动会、户外活动需要一双大小合脚、比较舒适的运动鞋，在家庭条件允许的情况下，这是应当满足的，但是，非要高价位的名牌，就是“虚荣”而不是“必需”；孩子身体发育需要荤素搭配、营养合理的配餐，但山珍海味不是必需的；孩子需要课外读物，同样内容的简装本就可以满足阅读需要，豪华精装版不是必需；穿衣服的原则是保暖舒适、活动方便、大方得体，追赶时髦绝非必需，尤其是在校学生。

第二，永远只为孩子做他们成长必需的，但他们暂时还力所不能及的事情。凡是孩子自己能做的事情，家长都不必继续代劳。比如，家长应当给不会拿勺的婴儿喂饭，但进入幼儿园之前，他们必须学会自己吃饭；家长可以替上幼儿园小班的孩子系鞋带，但孩子必须尽快学会自己做；家长可以帮助上小学的孩子洗大件衣物，但内衣袜子他们完全有能力自己洗干净；小学高年级以后，包括整理房间、洗衣、做饭等孩子则应当完全自理。学习方面也是一样，记住老师布置的作业，独立完成家庭作业都是孩子“自己的事情”，都属于“自己做”的范畴。家长决不能越俎代庖。否则，你的孩子可能永远长不大，或者拒绝长大。

第三，当孩子遇到“成长烦恼”的时候，只做“场外指导”，决不“下场击球”。孩子的成长必须付出代价。代价之一就是遭遇各种困难和挫折。陪伴孩子成长的过程是家长的责任，替孩子解决问题却是愚蠢的方法。“授人以鱼”和“授人以渔”的差别对家庭教育效果的影响是巨大的，因为几乎没有家长能一辈子为孩子遮风挡雨。学学狐狸妈妈吧，让我们的父母之爱更加理性。

◎12.放任型家长能“放心”吗？

我是个没有多少文化的家长。送孩子上小学的第一天，咱就实实在在地对老师说过：从今天开始，这孩子就交给老师了，不听话，打他骂他都可以，孩子成龙成虫全靠您了。凭我们当家长的这点文化水平，的确也教不了孩子。老师，这么着吧，吃喝拉撒归我管，教育的事儿归您了。从那以后，孩子学校里的事儿我就没问过，我相信老师总会比家长办法多。可没想到，孩子就是不争气，三天两头给家长惹麻烦。我现在一接到老师的电话就紧张，不知道不省心的孩子又闯了什么祸。说实话，心里是有点儿抱怨老师的。难道把孩子交给懂教育的人也不行吗？

▲症结："放任"和"放心"像鱼和熊掌一样不可兼得

放任型的家庭教育方式最突出的特点是"养而不教"。家长把教育的责任一股脑儿地推给了学校，却忽略了学校只是孩子生活时间和空间的1/3。即便学校给孩子的影响全部都是正确的(事实并非如此，学校教育也有自身的缺陷，孩子在学校也会遇到各种烦恼)，这种影响也在时时刻刻与社会环境、家庭影响互相作用，有时候还会互相抵消。对孩子的教育采取放任自流的态度，父母不关心孩子心灵的成长，孩子在不同的生活环境中得到的大量互相矛盾的信息，就会使他们无所适从。在面对几十名学生的情况下，老师也不可能与每一个学生有充分的思想交流。事实上，学校在绝大多数情况下，充其量也只能对学生校园内的言行进行教育和管理。除全日制寄宿学校外，学生的8小时之外的言行，学校是鞭长莫及的。于是，放任型家庭的孩子就有了一个无人监护的"灰色地带"，染之苍则苍，染之黄则黄，由错误认知导致的偏差行为在所难免。因此，"放任"和"放心"就像鱼和熊掌一样是不可能兼得的。

◆他山之石：31个犯罪少年和62位追悔莫及的家长

20世纪90年代中期，沿海某省青少年犯罪研究会的学术年会上，笔者读到了这样一篇研究报告。

某市破获了一个31名在校学生组成的犯罪团伙。年龄最大的17岁、最小的11岁，全部都是在校中小学生。他们模仿影视屏幕上黑社会的组织方式和活动手法，尝试了除杀人、放火、抢银行之外的几乎所有犯罪行为。他们偷盗、拦路抢劫、拦路强奸，然后花天酒地、挥霍一空，进入下一个作案周期。令人不可思议的是，在公安机关破案之前，竟然没有一位犯罪青少年家长了解自己的孩子在外面做了什么！当孩子作为团伙成员被拘押时，得到通知的家长们第一反应是不相信：有没有搞错，我的孩子每天早晨都背着书包按时出门去上学，每天下午按时放学回家，没有什么不正常啊？当听到自己的孩子亲口说出所犯罪行时，家长们第二反应是震惊：这是怎么回事？孩子逃学干坏事我怎么一点也不知道，一点感觉也没有？当了解到孩子经常出门后在隐蔽处藏好书包，按照约定地点或聚集郊外拦路抢劫强奸，或去游戏厅、饭馆挥霍时，当了解到老师不止一次地让孩子捎信给家长,而孩子每次都封锁消息时,家长们陷入了深深的追悔之中:原以为辛辛苦苦工作给孩子创造一个尽可能好点儿的生活环境,送进条件不坏的学校,家长就算尽到责任了,没想到孩子却这么不学好,这么没出息!

满足于辛苦工作养活孩子,满足于把孩子送进学校,对孩子出了家门的事情一概不管不问,62 名放任型家长的教训当为前车之鉴。

☆应对策略:别把文化低当成逃避责任的借口

家长拥有较高的文化素养的确是实施家庭教育的有利条件,但这并不意味着文化水平低的家长就可以逃避教育责任。许多大字不识的农民能把孩子培养成人、培养成才,显然是靠了文化水平以外的人格力量。在中央电视台一个有关"代际关系"的谈话节目中,笔者曾经看到这样感人的一幕:一位名牌大学的来自贫困家庭的寒门学子,向大家介绍在家乡务农的、没有文化的父亲给他的教诲。那是县城高中开学的日子,父亲揣着亲戚朋友、乡亲们凑起来的学费,推着行李送儿子报到。来到学校门口,满脸是汗的父亲把钱和行李递到儿子手里,只说了一句话:"孩子,你能来上学,不易! 打今儿起,你上好你的学,我种好我的地。"攥着带着父亲汗渍的钱,望着父亲远去的背影,想着父亲说过的话,这位农家少年好像一下子长大了。这位没文化的农民父亲,用最质朴的语言教育了自己的儿子:上好学是你的任务,种好地是我的义务,咱得各人干好各人的事儿!没文化的家长身上,不可以缺少这种让孩子敬重的人格力量。

针对文化水平低给家庭教育带来的困难和尴尬,愿意承担教育责任的家长不妨尝试以下做法:

第一,以现身说法教育孩子明白没有文化的难处和苦处,激发孩子自觉学习、改变命运的内在动力。

第二,树立终身学习的态度,鼓励孩子把学会的东西"教"给父母,父母和孩子一起学习、一起成长。

第三,通过向孩子传递人生经验,潜移默化地教给孩子最基本的做人道理,在品德、行为方面给孩子正面的影响。

第四,遇到孩子挑战父母"没文化"的错误行为,家长没有必要在孩子面前感到自卑。比如,父母督促孩子完成作业,孩子很不耐烦地一把扔过作业本,挑衅地说:给你看,你看得懂吗? 此时,家长的暴怒和蛮横态度只会增加孩子的"优越感"和对家长的蔑视。理性的做法应当是,真诚地承认,的确,你一天天长大了，学问越来越多，你的作业我们真的看不懂了。但是，即便看不懂作业内容，你写作业的认真、工整同样可以让我们高兴。看不懂孩子的作业，是当家长的悲哀。我们希望这样的悲哀将来不会落在你的身上。

面对家长的理性与真诚，孩子怎么可能不感动？

◎13.家长该不该和孩子真讲“民主”？

我是一名受过高等教育的家长，我知道对孩子不能采用溺爱、专制等错误的教育方式，我希望能用平等、民主的方式培养出有“绅士风度”的儿子。于是，我就和妻子商量，把少数服从多数的民主原则引进了家庭教育。一开始还挺有效的。但时间不长，这个办法就不灵了。现在，儿子已经学会了用“民主”的办法否定爸爸妈妈的正确意见，老是拉上爷爷奶奶、外公外婆对我们搞3:2或5:2否决。看到儿子得意洋洋的神气劲儿，我真的很窝火，觉得自己是“搬起石头砸了自己的脚”。现在，我很迷茫，不知道该不该和儿子讲什么“民主”。

▲症结：把“民主”当成父母联合起来“为孩子做主”

正像我们不能把民主理解成“为民做主”一样，民主型的家庭教育也不等于父母联合起来“为孩子做主”。在日常生活中，越来越多的家长意识到民主型家庭教育模式的合理性，但根深蒂固的“家长意识”使许多家长都把“民主”仅仅当成一种教育策略，目标仍然定位于：用一切可能的方式让孩子遵循家长的意志。因此，父母揣着已经达成的“多数意见”，装模作样地和孩子“民主”一回，孩子一旦不同意父母意见，自然由表决结果“保底”。一旦西洋镜被孩子戳穿，受损的则不仅仅是父母的形象，同时还会导致孩子对他们并不真正了解的“民主”的厌恶。

◆他山之石：马克思的自白书

作为伟大的思想家和革命导师，马克思始终把孩子看成“人类的未来”。他对孩子怀有真挚的情感和无限的期望，并主张父母既要教育孩子，也要受孩子的教育、影响、鼓舞、鞭策。对待自己年幼的女儿们，马克思从不摆架子、发脾气，坚持劝导而不强迫，和女儿之间形成了一种真正的民主、平等的融洽关系。对于孩子们提出的问题,他也总是认真地、真诚地作出回答,而孩子也总是能从这种民主平等的讨论中深获教益。

19 世纪 60 年代,伦敦曾经流行一种填写“自白书”的游戏。有一天,马克思的大女儿燕妮和二女儿劳拉拿了一张自白书要马克思如实填写。下面就是马克思回答女儿的问题留下的著名的自白书:

您最珍重的品德——朴素;

您的主要特点——目标始终如一;

您对幸福的理解——斗争;

您对不幸的理解——屈服;

您厌恶的缺点——逢迎;

您最不能容忍的缺点——奴颜婢膝;

您喜爱的英雄——斯巴达克;

您喜爱的诗人——埃斯库罗斯、莎士比亚、歌德;

您喜爱的散文家——狄德罗;

您喜爱做的事——啃书本;

您喜爱的颜色——红色;

你喜爱的格言——人所具有的我都具有;

您喜爱的箴言——怀疑一切。

民主的前提是平等,是家庭成员不因大小、强弱而有所区别的人格平等。平等地问与答,平等地讨论一切共同关心的问题,马克思为我们做出了很好的榜样。

☆应对策略:在平等理念下讲民主

希望用民主的方式教育孩子,动机无可指责。问题不在于该不该和孩子讲民主,而是基于什么样的立场、用什么样的方式与孩子讲民主。在平等的理念下讲民主,家长要善于营造一种“互喻型”家庭文化氛围,而不是简单地“少数服从多数”。当饭后该不该由孩子去洗碗也要进行“民主表决”时,显然是曲解了“民主”的真正含义。如果一个孩子从小就学会了用“符合民主程序”的方式,通过撒娇、耍赖争取到多数家庭成员对其不合理愿望的支持,那么,被培植起来的决不是真正的民主精神。与孩子讲民主,必须坚持以下原则:

第一,倾听的原则。民主首先意味着所有的成员都有充分发表自己意见的权利。作为家长,要学会倾听孩子的想法,孩子也必须学会倾听家长的意见。孩子和家长都可能发表不正确的意见,但发表意见的权利必须得到尊重。倾听的过程,是家庭成员间思想沟通的过程,互相理解的过程。

第二,比较与讨论的原则。在家庭成员充分发表自己意见的基础上,对同一问题的不同想法和建议可以进行论证与比较。比如,孩子要求买一双“耐克”运动鞋,理由是许多同学都有了,而且上体育课总得要有运动鞋。妈妈的意见是可以买,赞成的原因是一分钱一分货,名牌是“物有所值”,何况家里也不缺这点钱。爸爸的意见是运动鞋应当买,但不一定非要名牌。买 1 双名牌鞋的价格可以买 10 双以上普通运动鞋, 而且鞋的品牌和体育课的质量之间没有必然的逻辑关系。加上孩子脚长得快,买名牌不等穿坏就小了,经济上不合算。而且,攀比穿名牌还容易养成高消费的习惯和虚荣心。不如用买普通运动鞋省下的钱更新家里的电脑软件。如果简单地“民主表决”,也许爸爸的意见很轻易地被否决,但经过充分的民主讨论,说不定这个“少数人的意见”能得到认同。

第三,集中正确意见的原则。民主是进行家庭科学管理的手段,它本身不是目的。在多数情况下,家庭成员各抒己见的结果,是每个人的意见中都有合理的成分,也都有不完善的地方。在民主讨论的基础上,集中正确意见并形成共识,才是家庭民主管理的真正目标。因此,家长要善于集中家庭全体成员的正确意见,尤其是不要忽略孩子意见的合理成分。真正的民主,其理想结果不是谁输谁赢,而是大家一起找到了解决问题的最佳方案。在这种真正的民主氛围中,孩子也会学到许多终身受益的东西。

◎14.假如孩子可以选择,我是好家长吗?

小虎子是个虎头虎脑聪明活泼的孩子,身体健康、精力充沛,玩起来不知疲倦。虽然学习不错,还有绘画特长,但是父母的期望总是超过孩子的成长,老觉得虎子应该少玩点儿,学业应该更优秀点,绘画应该得更高层次的奖项。所以,无论虎子取得了什么成绩,爸爸妈妈的肯定总是轻描淡写,更高的要求和“不许骄傲”的警告总是不绝于耳。有一次,小虎子因为粗心,单元考试没有考好,看到考试成绩的那一瞬间, 爸爸妈妈同时爆发, 排山倒海般的批评几乎把虎子给“淹”死了:

“妈妈说什么来着，你这孩子就是小胜即骄，再这样下去，关键时刻的考试肯定会一败涂地，你这辈子就完了！”

“爸爸给你说过多少次了，粗心、粗心、总是粗心，你要真缺心眼儿也就罢了，你不是比谁也不笨吗？不知道一天到晚心思都用到什么地方去了，怎么养了你这么个不争气的东西！”

气急败坏的小虎子也不甘示弱：“唠叨、唠叨，就知道唠叨！我是个不争气的东西，有本事你们生出个爱因斯坦来！早知道你们就会发火骂人，我才不愿意给你们当儿子呢！”

虎子的话让爸爸妈妈面面相觑。

——这是个问题。假如孩子可以选择，你是好家长吗？

▲症结：从来就没有人思考过“好家长”的标准

长期以来，所有的家长都在用自己头脑中“好孩子”的尺子度量自己的孩子，可很少有人静下心来思考“好家长的标准”。

许多家长满足于“我辛辛苦苦养活了孩子”。

——孩子说：那是连母鸡都会做的事情；

许多家长陶醉于“我省吃俭用为孩子准备了充足的教育基金”。

——孩子说：那是为了实现你们自己没能实现的光宗耀祖的理想；

许多家长自得于“只要听从家长安排，我们有足够的社会资源可以为孩子一路保驾护航”。

——孩子说：为什么我要一辈子听你们的？

可见，多数父母心底认可的好家长标准，仍然是自己的一相情愿。

◆他山之石：孩子眼里的父母形象

孩子眼里的父母形象和父母的自我评价常常相距甚远。

2000年，中国青少年研究中心出版了我国第一部少年儿童蓝皮书《新发现：当代中国少年儿童报告》。该书依据对4300多名少年儿童的问卷调查，描述了世纪之交我国少年儿童的生存状况。其中，涉及亲子关系的一组数据，格外引人注目。当被问到“在家里父亲在哪些方面对你关心比较多”时，86.7%的孩子选择了“学习功课”，72.5%的孩子选择了“健康”，48.4%的孩子选择了“思想品德”，36.7%的孩子选择了“吃饭穿衣”，35.8%的孩子选择了“体育锻炼”；母亲关心的问题依次为：学习功课82.8%，健康73.8%，吃饭穿衣54%，思想品德46.7%，与同学交往32.3%。显然，孩子们了解家长对自己的关心，而且清楚地知道家长最关心什么。但这并不是孩子渴望的全部。

孩子渴望父母的陪伴。“当你在一个陌生的地方，如果只能有一个人同你在一起，你会选择谁？”面对这样的问题，65.8%的孩子选择了父母中的一个，而且年龄越小选择比例越高，充分表达了孩子对父母的信任与依恋。但是，在实际生活中，45%的孩子和同学、小伙伴在一起度过的空闲时间远远超过了和父母在一起的时间，经常陪伴孩子的母亲为28.7%，父亲只有10.1%。

孩子渴望尊重，渴望友谊，渴望参与家庭事务。但是，在日常生活中，79.5%的孩子认为自己得到的尊重不是来自母亲，83.7%的孩子认为得到的尊重不是来自父亲，42.2%的孩子认为“父母遇到事情，不愿意听取我的意见”，30.6%的孩子感觉“父母总是训斥我”，30.8%的孩子感觉“父母限制我交朋友”，39.3%的孩子感觉“父母只关心我的学习成绩”，12.8%的孩子表示“在家里经常挨父母打”，20%的孩子“感到孤独”，26.7%的孩子“朋友比自己期望的少得多”，22.1%的孩子“没有什么知心朋友”……

如果把这些问题反过来解读，也许我们会找到“孩子心目中的好家长”的许多完全不同于成人世界的判断标准，它们更多的可能不是家长关心的“硬件”建设，而是两代人之间的心灵互动的水平，是亲子关系带给双方的幸福感。孩子幸福指数的高低肯定和家庭基本生活条件密切相关；但是，在小康水平之上，则更多地依赖人文关怀。

☆应对策略：用社会标准和孩子的合理要求为好家长定位

在通常情况下，一种产品能否被市场接受，并不取决于生产者的主观动机，而是取决于它满足社会和消费者需要的程度。人类社会已经进入了“顾客主导”的时代。工业社会，人们的消费取决于社会能生产出什么，后工业社会的生产则取决于消费者需要什么。表面上，面对企业这个庞然大物，消费者是弱小的，但消费者的口碑以几何级数的扩散，对产品的存亡却拥有最终决定权。

同样的道理，家庭教育也是一种满足社会对未来人才需求和孩子成长需要的“服务型产品”，它融先进的教育理念、科学的教育方法、家长的人格魅力、家庭的骨肉亲情为一体，通过潜移默化的方式渗透于孩子成长的全过程。而家庭教育只有与社会发展进步的要求相一致，而且能被孩子理解和接受时，提供这种服务型产品的家长才能被命名为“好家长”。

基于以上分析，好家长的社会标准应当是：能为社会培养出奉公守法的公民、自食其力的劳动者，能用自己创造性的劳动造福社会的人；孩子心目中的好家长应当是理解孩子、尊重孩子、在需要的时候陪伴孩子、指导孩子的良师益友，而不仅仅是生命的孕育者、生活的供养者、行为的裁判者。

◎15.家长有哪些“法定的义务”？

这是发生在我们生活中的一个真实的故事。

周末的早晨，5岁的小孙子赖在床上，不愿意起来去上少儿英语班。奶奶软硬兼施总算把他从被窝里拖了出来。吃饭时又发生了冲突，一把推洒了奶奶煮好的牛奶，孩子坚持要冰镇酸奶。眼看就要迟到了，着急上火的奶奶忍不住打了小孙子的屁股，孩子号啕着奔向电话机。

爷爷问，你想干吗？

小孙子毫不含糊：打“110”，叫警察叔叔来抓奶奶，她打人犯法！

奶奶哭笑不得：你这个小东西还真长本事了，奶奶给你擦屎擦尿犯不犯法？我就不信奶奶还没有权利管教孙子了！

要不是爷爷一把摁住了电话，小孙子也许就把“110”拨出去了。

▲症结：尴尬源于家长与孩子的“双盲状态”

关于家长法定的权利和义务，大多数孩子和家长同时处于双盲状态。孩子在凭借自己一知半解，有时甚至是道听途说的法律知识维护自己权利和尊严的同时，往往会忽略了家长依法享有的监护教育权利；而家长在履行教养义务，特别是执行“家法”的时候，又往往忽略了孩子依法享有的基本权利。虽然大多数情况下作为一般的家庭内部矛盾不会被诉诸法律，可一旦矛盾激化，没有“主观恶意”的家长同样必须承担法律后果。

在儿童权利保护法规比较健全的发达国家，父母因管教子女方式不当被法庭以“虐待罪”起诉的案例屡见不鲜。1989年11月20日，联合国大会通过了《儿童权利公约》。1991年12月29日，我国第七届全国人民代表大会常务委员会第二十三次会议决定批准，并声明承诺履行《公约》第六条规定的“确认每个儿童均固有的生命权和最大限度地确保儿童的存活与发展”的规定。随着我国成为联合国《儿童权利公约》的正式签约国,我国法律体系中关于未成年人权益保护的条款也日臻完善。因此,明明白白做家长,首先不能当“法盲”。

◆他山之石:我国未成年人家庭保护和犯罪预防的15项法律责任

家长的法定义务与孩子法定的权利是一枚硬币的两面。1991年9月4日由第七届全国人民代表大会第二十一次会议通过,2006年12月29日由第十届全国人民代表大会第二十五次会议修订通过的《中华人民共和国未成年人保护法》,吸收世界各国未成年人保护法规之精华,从我国现阶段未成年人权益保护现状出发,对家庭保护提出了非常明确的要求,规定了父母或其他监护人的7项法律责任:

第一,父母或者其他监护人应当创造良好、和睦的家庭环境,依法履行对未成年人的监护职责和抚养义务。禁止对未成年人实施家庭暴力,禁止虐待、遗弃未成年人,禁止溺婴和其他残害幼儿的行为,不得歧视女性未成年人和有残疾的未成年人。

第二,父母或者其他监护人应当关注未成年人的生理、心理状况和行为习惯,以健康的思想、良好的品行和适当的方法教育和影响未成年人,引导未成年人进行有益身心健康的活动,预防和禁止未成年人吸烟、酗酒、流浪、沉迷网络以及赌博、吸毒和卖淫等行为。

第三,父母或者其他监护人应当学习家庭教育知识,正确履行监护职责,抚养教育未成年人。有关国家机关和社会组织应当为未成年人的父母或者其他监护人提供家庭教育指导。

第四,父母或者其他监护人应当尊重未成年人受教育的权利,必须使适龄未成年人依法入学接受并完成义务教育,不得使接受义务教育的未成年人辍学。

第五,父母或者其他监护人应当根据未成年人的年龄和智力发展状况,在作出与未成年人权益有关的决定时告知其本人,并听取他们的意见。

第六,父母或者其他监护人不得允许或者迫使未成年人结婚,不得为未成年人订立婚约。

第七,父母因外出务工或者其他原因不能履行对未成年人监护职责的,应当委托有监护能力的其他成年人代为监护。

父母或者其他监护人不依法履行监护职责,或者侵害未成年人合法权益的，由其所在单位或者居民委员会予以劝戒、制止；构成违反治安管理行为的，由公安机关依法给予行政处罚。

1999年11月1日开始实行的《中华人民共和国预防未成年人犯罪法》也明确规定，未成年人的父母或者其他监护人对未成年人的法制教育负有直接责任。在预防未成年人犯罪方面，未成年人父母和其他监护人负有8项法律责任：

第一，未成年人的父母或者其他监护人和学校应当教育未成年人不得吸烟、酗酒。

第二，未成年人擅自外出夜不归宿的，其父母或者其他监护人、其所在的寄宿制学校应当及时查找，或者向公安机关请求帮助。收留夜不归宿的未成年人的，应当征得其父母或者其他监护人的同意，或者在24小时内及时通知其父母或者其他监护人、所在学校或者及时向公安机关报告。

第三，未成年人的父母或者其他监护人和学校发现未成年人组织或者参加实施不良行为的团伙的，应当及时予以制止。发现该团伙有违法犯罪行为的，应当向公安机关报告。

第四，未成年人的父母或者其他监护人和学校发现有人教唆、胁迫、引诱未成年人违法犯罪的，应当向公安机关报告。公安机关接到报告后，应当及时依法查处，对未成年人人身安全受到威胁的，应当及时采取有效措施，保护其人身安全。

第五，未成年人的父母或者其他监护人，不得让不满16周岁的未成年人脱离监护单独居住。

第六，未成年人的父母或者其他监护人对未成年人不得放任不管，不得迫使其离家出走，放弃监护职责。未成年人离家出走的，其父母或者其他监护人应当及时查找，或者向公安机关请求帮助。

第七，未成年人的父母离异的，离异双方对子女都有教育的义务，任何一方都不得因离异而不履行教育子女的义务。

第八，继父母、养父母对受其抚养教育的未成年继子女、养子女，应当履行本法规定的父母对未成年子女在预防犯罪方面的职责。

未成年人的父母或者其他监护人不履行监护职责，放任未成年人有本法规定的不良行为或严重不良行为的，由公安机关对未成年人父母或者其他监护人予以训诫或责令其严加管教。未成年人的父母或者其他监护人违反本法规定，让不满16周岁的未成年人脱离监护单独居住的，由公安机关对未成年人的父母或者其他监护人予以训诫,责令其立即改正。

如果按照我国法律规定的家庭保护和家庭预防未成年人犯罪的15项责任逐一对照,不少家长可以清楚地看到自己在履行抚养、教育、保护和预防未成年子女犯罪等方面存在的问题与缺陷。

☆应对策略:在情与法之间寻找一个平衡点

仅仅履行法定的责任和义务,显然不是成为"好家长"的充分条件,但至少是"必备条件",是一个基本的底线。对孩子的爱通常超过了法律责任,也许正是这种超越,模糊了许多家长心目中"情"与"法"的界限。许多家长打孩子甚至打死孩子的唯一理由是"恨铁不成钢",偷看孩子日记是"为了防止孩子犯错误",把孩子关在家里是"防止孩子被伤害"……以"爱"的名义对未成年人权利的侵害常常发生在不经意间。因此,在情与法之间寻找一个平衡点,要求家长始终绷紧法制这根弦。

第一,父母和其他监护人必须清楚地了解未成年人依法平等地享有生存权、发展权、受保护权、受教育权、参与权所包括的全部含义,了解保护未成年人应当遵循的"尊重未成年人人格尊严"、"适应未成年人身心发展的规律和特点"、"教育与保护相结合"的3项基本原则。

第二,当面临不可避免的亲子冲突时,父母和其他监护人必须保持清醒的头脑,防止任何形式的身心伤害,因为许多本来可以避免的家庭悲剧常常都是双方情绪冲动的结果。

第三,即便孩子确实有错,甚至是有罪,也必须用合法的方式予以劝戒和矫治。家长不是执法者,"为民除害"同样不是实行家庭暴力的"正当理由"。

◎16.家长的"道义责任"有边界吗?

这是一则曾产生过广泛社会影响的报道。一名21岁考上"专升本"的女大学生,因为家长没有能力继续提供读书费用,一纸诉状把父母告上法庭。理由很充分:我从7岁开始上学,至今没有任何经济收入,所以,父母有义务继续供养我,家庭有困难是父母的问题,大人总比孩子有办法吧?面对理直气壮的女儿,贫病交加享受"低保"的父母满怀愧疚:的确是我们无能,不能供孩子继续上学。

这个案例引发了热烈的讨论。最终法庭判定:已经丧失经济供养能力的父母没有法定义务继续供养已经成年的女儿,女儿败诉。

女儿既委屈又不满:虽然按法律我已经成年,但是,从道义上讲,生了我、养了我的父母在我还没有独立生活能力的时候,至少还有一份道义的责任吧?

虽然依法可以不再承担自己力所不能及的女儿高等教育费用,但父母同样认可女儿的观点:从情理上说,孩子的要求不过分。是她投错了胎,是我们当父母的没本事!

旁观者也是莫衷一是。

▲症结:被忽视的责任边界

世界上从来就不存在无限的责任,无论是法律的还是道义的。在这个案例中,女儿的委屈和父母的愧疚同样来自长期被忽视的责任边界。

比如,眼睁睁看到有人跳河寻死,现场所有"有救助能力的人"都有救助的道义责任,否则,就要受到"见死不救"的道德谴责。但是,既不会游泳也没有通讯工具可以报警求助的人,肯定没有为了证明自己的同情心而跳下去"陪死"的道义责任。

同样的道理,我们的道德规范中有"爱护国家财产"的要求。面对肆虐的火灾,为了避免更大的牺牲和损失,消防队员和有救助能力的成年人,牺牲有时候是不可避免的。但我们决不提倡现场的老弱病残者和未成年人为了抢救某一物品而"奋不顾身"地牺牲自己的生命——与财产相比,人的生命无疑具有更高的伦理价值。

因此,正如法律责任只能针对"有责任能力"的成年人一样,道义责任同样只适用于有责任能力且"应当履行责任"的人。

一旦责任边界模糊不清,索取者会理直气壮地索取而不知感恩,奉献者奉献一切后仍然会充满无奈和愧疚,人与人之间的和谐也将无从谈起。

如果这位起诉父母的女儿真正了解了父母道义责任的边界,也许她高中毕业之后的那个暑假就开始打工,也许她会通过做家教、寻找校内勤工助学的岗位,甚至通过助学贷款等渠道为自己筹措学费——这是一场本来可以避免的官司。

◆他山之石:麦克父母的态度

美国电视剧《成长的烦恼》中,有一个镜头给作者留下了深刻印象。

长子麦克18岁了,他渴望独立的生活空间。于是,他要求父母同意他搬到车库上面的阁楼上去居住。稍加沉思,父母同意了。但是要求儿子为“自己的房子”支付“租金”,而且要自己收拾。不仅如此,当麦克兴冲冲地花掉了自己的零花钱买上了心仪已久的水床,布置好自己的房间,回到厨房吃饭时,父亲送上了装满食物的托盘,幽默地说“麦克先生,您需要为这顿晚餐支付××元!”看到父亲向“房客”伸出的手,麦克似乎开始懂得了“独立的代价”。

麦克父母的做法“不近人情”吗?

显然不是。

他们清楚自己责任的边界,也给“自认为成年”的儿子划出了权利的边界。

☆应对策略:指导孩子学会承担“成长的责任”

成长是生命的必然要求。成长同时意味着个体对他人的依赖逐渐减少,而对自己、对家庭、对社会承担的责任越来越多。这些责任不是在18岁生日那一天骤然强加到孩子的头上的。在18年成长的过程中,从一点一滴的生活小事入手,家长可以帮助孩子为全面承担人生的责任做好充分的准备。

第一,要帮助孩子了解家长对他们的成长只负“有限责任”:抚养的责任、教育的责任、监护的责任,而选择人生道路、生活方式则是他们自己的责任。

第二,要帮助孩子“发现”和培养自己承担责任的能力。上幼儿园之前,要让孩子“发现”自己有吃饭、洗手、洗脸、擦屁股、穿衣服、系鞋带的能力,问候别人和回答问题的能力,和小朋友一起玩耍的能力;上小学之前,要帮助孩子“发现”自己有能力按时起床、整理书包、认真听课、提问和回答、记录老师布置的作业、遵守学校纪律、按照交通指示灯安全过马路等;上中学之前,要帮助孩子“发现”自己不仅对骤然增加的课业有了应对的准备,而且对青春期可能遭遇的各种身心发展问题也有了大概的了解,完全可以“从容应对”;上高中之前,帮助“发现”未来的世界需要各种各样的人才,天生我才必有用,我有权利选择属于自己的人生道路,也有责任管理好自己的生活……倘若如此,在孩子离开父母之前,家长就可以放心地对自己说,我的孩子已经学会了承担成长的责任,可以“单飞”了。

课业之惑

◎17.孩子上学越早越好吗?

春节过后,我的女儿就5岁了。虽然个头在同龄孩子中不算高的,身体也不是特别强壮,但聪明伶俐,语言表达能力特别强。最近我们一直在讨论什么时候让她上学好,爷爷奶奶、外公外婆心疼孩子,主张晚一点,可是,我们当父母的则认为现代社会竞争越来越激烈,就业压力越来越大,孩子上学还是早点好,至少在起跑线上可以多一点"年龄优势"。如果今年夏天上学,她5岁半,等到明年上学就6岁半了,是不是太晚了点?

孩子上学越早越好吗?早到什么年龄?有没有一个底线?

类似的咨询电话,青少年咨询热线的每一位咨询员都曾经接听过。

来自小学的信息也显示,希望孩子早点上学的家长还真不少。虽然原因各种各样,有的是家长不满意社区的幼儿教育,怕误了孩子;有的是父母工作忙,怕带不好孩子;有的是不愿意孩子长期隔代抚养,想早点把孩子从老人身边接出来等等,但最主要的理由大都是:早起的鸟儿有虫吃。

▲症结:只看到"早起的鸟儿有虫吃",没看到"早起的虫儿被鸟吃"

许多家长之所以被孩子要不要早上学的问题困扰,相信"早起的鸟儿有虫吃"是根源所在。特别是在社会竞争日趋激烈的今天,让孩子先行一步、"抢占先机"的观念已经被越来越多的家长所接受。但是,家长们在肯定早起的鸟儿有虫吃的同时,却常常忽略了另外一个事实:早起的虫儿被鸟吃!

假如我们用鸟儿和虫儿分别代表强与弱的生命状态,婴儿期的年龄差别通常用"月"作为比较单位,8个月的婴儿大多开始爬行,2个月的婴儿则做不到。1岁左右的婴儿开始学步,14个月的婴儿通常可以抛开支持物独自迈步,1岁半的孩子大多可以行走自如。8 个月的婴儿和 14 个月的婴儿则分别代表了“爬”与“走”的完全不同的生命发展阶段。可见，婴儿期的半岁之差，远远大于成年人的半岁之差；儿童期的发展通常用年作为比较单位。6 岁以上儿童轻易可以做到的事情，5 岁以下幼儿则会感到困难。虽然 2.5 岁~6 岁幼儿的语言能力迅速发展，但 5 岁孩子的词汇量通常是 3 岁幼儿的 1 倍，6 岁儿童则能够达到 3 岁时的大约 3 倍。不同的发育水平对儿童的校园生活带来的影响和问题也会大不相同。

近年来，发展心理学关于中小学校园欺辱行为的大量研究也表明，性格懦弱、身体羸弱、身材瘦小的孩子常常成为被欺辱的对象。

相对弱小的早起的虫儿，遇上了相对较强的晚起的鸟儿，结果会怎样呢？

◆他山之石：女儿“留级”带给父母的惊喜

囡囡是个乖巧聪明的孩子。因为爸爸妈妈工作忙，送幼儿园又太远，爸爸妈妈狠狠心在她 6 岁零 2 个月时送她上了学(当时规定入学年龄是 7 周岁)。一年读下来，学习成绩一般，但得到老师的“格外关照”。考了同样的分数，别的孩子得不到表扬，囡囡能得到，因为她小；劳动、活动跟不上，老师会说，除了囡囡，其他同学必须做到，因为囡囡比大家都小！囡囡自己似乎也很享受“小不点儿的待遇”。看到女儿的状态，爸爸心里犯了嘀咕：难道女儿从现在开始就跟在大孩子后面当一辈子“小跟班儿”？

征求老师意见后，囡囡的爸爸妈妈说服孩子主动“留在一年级”，把过去的一年全当上了“学前班”。于是，囡囡摇身一变，成了班上的大姐姐，并产生了“榜样意识”。小学、初中、高中、大学一路领先，班长、少先队大队长、红领巾记者团小团长、中学团支部书记、大学学生会主席、优秀学生干部……现在，25 岁的囡囡是重点大学的保送研究生，研究生会主席，对未来的职业生涯充满信心。

“留级”把一个“小跟班儿”变成了“学生楷模”，带给了囡囡的父母一份意外的惊喜。

当然，生活中也不乏出类拔萃的少年大学生，“人小鬼大”的小机灵儿，所以，留级的孩子未必都像囡囡一样带给父母一份惊喜，早上学的孩子也未必都成了小跟班儿，所以，上学的最佳时间很难一概而论。

☆应对策略：根据孩子的实际发育水平确定最佳入学年龄

开始上学，是孩子成长过程中的一个具有里程碑意义的“重大事件”。为这一重大事件选择一个最佳年龄起点是必要的。尽管我们的九年制义务教育根据城乡和经济社会发展水平、当代儿童身心整体发育水平、人口年龄结构变化等规定了6岁~7岁的平均入学年龄，但孩子个体不同的发育水平仍然是确定入学最佳年龄最重要的参考坐标。

对于绝大多数孩子来说，按照平均入学年龄进入小学是明智的选择。甚至那些在某一方面有明显特长的孩子也是一样。面对基础教育这个人生无法逾越的阶段，特长不能成为拔苗助长的理由。喜欢唱歌跳舞、书法绘画，并不意味着孩子社会化水平也高于同龄儿童。基本的读、写、听、说、计算能力的发展，对集体生活的适应、对社会游戏规则的把握，大多数同龄儿童的人生起点是类似的。和同龄人一起成长，是最正常不过的选择。

对于少部分发育明显超前，智商、情商、活动能力均高于同龄水平，而且家庭有较好的教育素养的孩子，在规定入学年龄1岁以内，可以考虑上学时间适当提前。或者仍然选择正常入学，在确有把握时鼓励孩子跳级。但作出这种选择需要格外慎重。除非孩子学有余力、跃跃欲试、充满自信、志在必得。决不可用家长的意志决定孩子的选择，用家长的梦想增加孩子的压力。

对于极少数由于先天和后天原因发育滞后、比较弱小的孩子，在进行必要的专业测试后，可以在教育专家的指导下，适当推迟孩子的入学时间；对于有明显的智力障碍的孩子，则要早期鉴别并尽早开始特殊教育，把康复的希望留给孩子。

◎18.孩子为什么对学习没兴趣？

我的儿子上小学三年级，学习成绩一塌糊涂。作为家长，我最怕学校开家长会，每次老师留下“问题学生”的家长“单兵教练”，我都感到非常难堪。其实，所有的任课老师都说孩子并不笨，就是太贪玩儿，明显缺少学习兴趣。每天晚饭后写家庭作业，更是一场软磨硬泡、斗智斗勇的拉锯战，经常拖到睡觉前的几分钟才能勉强应付写完，有时干脆就不写作业。老师天天批、家长经常训，陪读、悬赏、打骂，软办法、硬办法都试过了，孩子毫无长进，我该怎么办？

▲症结：学习成了负担，“求知”的过程不再快乐

如果问孩子们什么时候最快乐？几乎所有的家长和孩子都会说，当然是玩儿的时候最快乐。许多孩子对功课之所以不感兴趣，根本的原因正在于作为“求知”过程的学习被人为地变成了“任务”和“负担”，求知的过程变成了完成老师家长“规定任务”的过程，孩子成了被动的学习机器。因此，笼统地说孩子缺少“学习兴趣”，可能并不公允。对于孩子来说，“学习”并不仅仅是教科书上规定的生字和习题，它还包括孩子用自己的眼睛看世界所了解的一切事物，甚至也包括在游戏中。孩子在玩儿的过程中“学”到的东西常常超出了成人的想象。对于许多家长来说，更应当关心的问题恰恰是：我的孩子对哪些事物最感兴趣？其中是否包含了激发学习动机的积极因素？

◆他山之石：“玩儿”出来的大学问

进化论的创始人达尔文从小也贪玩儿。像我们身边许多普通的孩子一样，他喜欢收集各种各样好玩儿的东西：邮票、画片、矿石、钱币、动植物……他 8 岁进入教会学校读书，学习成绩一直平常，唯独各种“玩”兴不减。甚至长到 16 岁被父亲送进爱丁堡大学学医，他仍然没有学习兴趣。两年后，转入剑桥大学学习神学，神学院的课程还是不能让达尔文产生兴趣。在今天的父母看来，达尔文不仅“贪玩儿”，而且“总也长不大”。

一个非常偶然的机会，达尔文参加了“贝格尔”号军舰的环球考察。始终对自然界、动植物有着浓厚兴趣的达尔文，终于有机会做自己最“有兴趣”的事情了。5 年的环球考察，最终把一名神学院的学生造就成生物进化论的伟大开创者。显然，达尔文从小对邮票、画片上的事物，对矿石、动植物的兴趣，使他具备了探索自然奥妙的巨大潜力。谁说“玩儿”中没有“学习的兴趣”？

☆应对策略：让孩子感受“求知”的快乐

第一，要努力发现孩子的中心兴趣。对课程学习缺少兴趣的孩子并不一定对任何事情都不感兴趣。对自己喜欢的游戏、活动、电视节目、连环画，甚至自己喜爱的某种手工劳动等，许多孩子都会表现出异乎寻常的兴趣。家长如果能尽早发现孩子比较稳定的中心兴趣并给予肯定和指导，对帮助孩子提升学习兴趣会产生积极的效果。家长可以从研究孩子“玩儿的兴趣”入手，发现孩子“玩儿的学问”，即游戏中包含的“求知的萌芽”。比如，有的孩子特别喜欢收集各种汽车图片，对各种新款汽车如数家珍；有的孩子喜欢自己动手制作各种模型，为自己创造性劳动的成果深深陶醉；有的孩子喜欢玩儿电脑游戏，从“三国演义”、“星际争霸”到“魔兽世界”无所不通……诸如此类的玩儿,都有可能耽误功课,但如果引导得法,也有可能转变为学习的动力。喜欢收集汽车图片的孩子可能梦想有朝一日自己成为汽车设计师;喜欢小制作的孩子可能希望把小模型变成大发明;沉迷游戏的孩子可能希望自己将来成为更高明的电脑游戏制作者……家长如果能够充分肯定孩子玩儿的权利,看到孩子玩儿的内容本身的“科技含量”,再引导孩子处理好学与玩的关系就会容易多了。

第二,家长要耐心地寻找孩子对功课不感兴趣的原因。有的孩子不爱学习是由于遭遇了太多的挫折导致了深深的自卑;有的孩子是因为方法不当,对大量简单重复的练习感到厌倦;也有的孩子可能因为对学校环境适应困难,将一种消极的情绪迁移到功课上……无论属于哪种情况,过多的批评训斥打骂都不可能真正解决问题。分析孩子对功课“不感兴趣”的原因时,还要注意是“整体”还是“局部”兴趣缺乏,即对所有的功课都不感兴趣还是有选择地不感兴趣。一旦找到了真正的原因,就可以对症下药了。

第三,培养孩子的学习兴趣,可以采用以下做法:

帮助孩子树立信心,在表面上“一塌糊涂”的功课中,找出他的“相对优势”,给予充分的肯定,鼓励孩子“单项突破”,使孩子感到“稍加努力,我也行”。即便孩子所有的功课都不及格,也许其中某一门功课达到50多分,离及格只有一步之遥,稍加努力即可“闯关”。在这种情况下,与其批评孩子“一事无成”就不如鼓励孩子“突破一点”更加有效。

当孩子对某一门功课由于成功而产生自信和兴趣之后,及时引导孩子将这种积极的情绪体验迁移到其他学科,从“突破一点”到“各个击破”。

指导孩子“主动学习”,赶在老师的教学进度之前,鼓励通过课前预习,像勇敢的小猎人那样,在老师上课之前就自己找到“新的知识点”。在主动预习功课的过程中,孩子会体验到“追求与探索”的乐趣。仅仅知道学习的重要,一个孩子会认真完成“学习任务”,而感到学习本身就是人生的一种乐趣,孩子则会“乐此不疲”。

◎19.学习需要“提前量”吗?

现代社会,竞争从幼儿园开始。我的孩子现在是幼儿园中班。身边许多家长已经开始教孩子小学课程了，说是要打“提前量”。虽然给4岁半的孩子教小学课程感到有点“离谱”，但是孩子将来的课程学习要不要一个“提前量”，看来还真是个问题。如果说幼儿园的孩子应该提前学习小学课程，六年级的孩子应当提前学习初中课程，初三的孩子应当提前学习高中课程，那么高中生是不是应当提前学习大学课程了？这可能吗？必要吗？

▲症结：误读了“提前量”的本来含义

中小学课程改革是素质教育中一个非常重要的课题。自然科学、社会科学、人文科学知识是关于自然、社会、人类思维的分科的知识体系。这个庞大的知识体系有其内在的逻辑性和系统性。用人类文明创造的最优秀的成果武装孩子的头脑、滋养孩子的心灵，必须按照孩子的认知和行为能力发展的客观规律，精心设计课程体系，使之与大多数孩子的理解接受能力大致吻合。因此，除了极个别智力超常的孩子，绝大多数孩子学习的过程都是循序渐进的。当较为基础的知识还没有真正掌握时，理解和掌握更高深的知识常常事倍功半。在现实生活中，望子成龙的家长常常把打“提前量”误读为“提前学习掌握下一阶段的知识”。当这种提前量超出了孩子的理解能力时，其唯一的作用就是培养孩子对学习的畏难和厌倦情绪；即便这种提前量可以被孩子接受，提前学习导致的“优越感”和其中包含的不系统、不完整等问题，也会给正式学习阶段带来不必要的“阻抗”。

◆他山之石：“提前量”失灵了

东东的父母都受过研究生教育，而且一个学文、一个学理，自信教大中专毕业的小学老师也绰绰有余，更何况小学生那点“小儿科”知识。于是，孩子上学的前一年，夫妻双方作了明确分工，妈妈教语文，爸爸教数学，培养出一个“学习的天才”。于是，正式上学之前，东东已经提前学完了一年级的课程。上学以后，东东真的“挺给爸妈长脸”，第一次单元考试就是双百分。老师夸他聪明，同学们羡慕他的100分，东东的小下巴颏总是抬得高高的。尤其让老师感到惊讶的是，这孩子课堂上似乎并不怎么用功啊！进入二年级以后，情况变得有点儿不妙了。爸爸提了处长，妈妈评了副高，两个人的工作越来越忙，孩子的提前量教育自然有点儿懈怠。可是，已经习惯了依赖父母“开小灶”的东东却无法保持自己的“优越地位”了。到三年级时，甚至连父母都不再认为自己的儿子是“学习天才”了。

提前量有效，也有限。父母能给孩子打一辈子提前量吗？

☆应对策略:预习是最好的提前量

所谓学习要打提前量,是指根据已经掌握的知识尝试着了解后续学习中新的知识点,并与已有知识建立连接的一种学习方法。一般说来,预习就是最好的提前量。

预习的目的并不是提前掌握下一阶段应当掌握的知识,而是要提前了解下一阶段新的知识点、学习的重点和难点。

比如,在一个知识单元内,上一堂课和下一堂课之间,在两个临近的知识单元之间,有哪些相同相似或不同的内容?这些不同的内容对原有的知识是横向的扩展还是纵向的延伸?根据已经掌握的知识,这些新的知识点能否被理解?最令人困扰的问题是什么?在预习的过程中,如果把握住了不明白的问题,带着问题去听课,学习效率通常会大大提高。

与其勉为其难地要求自己给孩子提前开小灶,不如从小培养孩子预习的习惯,在孩子漫长的求学生涯中,预习作为良好的学习习惯可以使其受益无穷。

◎20.孩子上课为什么“老走神儿”?

我的儿子上小学二年级,他最大的问题是上课老走神儿,经常做小动作。所有的任课老师都说,这孩子几乎在每堂课上都要弄出点动静来,要么是玩自己偷偷带到学校的小玩具,要么摆弄铅笔盒里的文具,要么从作业本上撕下张纸折叠小飞机,甚至阳光照在窗户上的树影也能吸引他的目光。老师警告,如果他一直这样走神儿下去,学习很快就会“掉队”的。

▲症结:“有意注意”尚未发展到自觉水平

做事情不专心、注意力不集中,是儿童常有的行为表现。出现这一问题的原因可能比较复杂,有时与儿童身心发育不成熟的状况有关;有时与课堂教学吸引力大小有关;有时可能由于早期教育缺陷导致的不良习惯有关。心理学的研究表明,注意力不集中的内部原因恰恰在于儿童、少年阶段“有意注意”还没有完成从不自觉到自觉水平的转变。通常情况下,小学高年级的孩子保持集中注意力的状态能达到30分钟左右,小学低年级的孩子自然持续时间更短一些。他们在学习过程中，更多地“跟着感觉走”，被某些东西所吸引，而不是由于意识到学习的重要而主动集中精力。

◆他山之石："有意注意"发展的一般规律

有意注意是指预先有自觉的目的，必要时经过意志努力，主动地对一定事物进行的关注。在孩子成长过程中，“有意注意”的发展要晚于“无意注意”。襁褓中的婴儿目光也会追随一些目标移动，如有色彩的、能发出声音的玩具，出现在面前的人或物等，表面上看起来，他们也在“注意”，但事实上他们只是被“吸引”而已。孩子睁开眼睛看世界，开始都是“无意”的，看见什么算什么，他们“注意”某事物，并不是因为他们“想了解”什么，而是因为这东西“刚好”进入了他们的视野。所以，“无意注意”是变换不定的。1岁左右，孩子们开始学习与身边的照料者进行口语交往，并尝试表达自己的要求，这时“有意注意”开始出现。幼儿阶段，随着大脑结构、机能的迅速发展，内部语言的出现，游戏成为主导活动，孩子开始学习简单的自我服务性质的劳动，他们经常需要“找到自己需要的东西”，在成人的引导下，“有意注意”得到迅速发展。当孩子对某事物产生好奇和了解的愿望时，会不断地提出“是什么”和“为什么”的疑问，并要求得到回答，这是“有意注意”的逻辑起点。加上他们用自己的眼睛看世界，头脑中的“为什么”也越来越多，从而为将来的学习做了“心理铺垫”。学习是学龄儿童的主导活动，他们必须“有意识”地完成学习任务，参加集体活动，“有意注意”开始取代“无意注意”占据主导地位，开始经历由不自觉向自觉的转变。少年阶段，大多数孩子可以主动上学、独立完成作业、上课专心听讲的时间也由小学高年级的集中注意30分钟上升到初中阶段的40分钟左右。高中阶段，孩子的有意注意一般可以达到或接近成人水平，即根据任务需要自主地决定注意保持的时间。

由于个体发育水平和教养方式的差异，每个孩子集中注意力的水平也有明显的个体差异，但上述研究结果可以帮助家长了解孩子注意力发展水平的高低。

☆应对策略：培养"有意注意"的坚持性，传授"走神儿的窍门"

在排除“多动症”等病理原因的前提下，培养孩子的“有意注意”，应当从孩提时代开始，循序渐进。

幼儿阶段和儿童早期，孩子的无意注意占据主导地位，有意注意常常会被无意注意所取代，因而孩子就会表现出注意力不集中、转换频繁的特点。因此，必须结合日常生活中的点滴小事，循序渐进地培养孩子的有意注意及其坚持性。

幼儿阶段，可以让孩子习惯地把玩具摆放在固定位置，每次玩过之后提醒孩子放回原来的地方；引导孩子自己寻找生活必需品，比如，孩子要喝水，提醒他，看看宝宝的奶瓶、水杯在哪里？要到户外去活动，鼓励孩子自己想一想要去哪里？往哪个方向走，要坐几路车？家长读书看报或集中精力做某件事情时，要告诉孩子：15分钟内不要打搅爸爸妈妈，爸爸妈妈只有做完某某事情才能陪你玩儿，现在去和你的小黑熊玩15分钟，好吗？

进入学龄阶段，从第一次上课开始，就必须告诉孩子，为了认识我们生活的世界，人人都要学习必要的知识。这些知识是互相关联的，从简单到复杂，从基础到高深，集中精力认真听课可以提高学习效率，否则事倍功半。在孩子完成家庭作业、进行体育锻炼、培养业余爱好、进行课外阅读的过程中，也可以通过肯定、鼓励，有效地培养其对事物有意注意的坚持性。

针对孩子“必然要走神儿”的现实，家长还可以教给孩子一点“走神儿的窍门”。比如，教孩子通过提前预习，找到课程内容的“新知识点”，并做出自己便于识别的标记。听课过程中提醒自己，在老师讲授新知识点时决不走神儿。这样，即便孩子课堂上偶有走神儿、疲倦，也不会影响到对新知识的掌握，走神儿对学习效果的负面影响将大大降低。

◎21.孩子写作业磨蹭怎么办？

据老师说，我的女儿在学校是个文文静静、招人喜欢的丫头。尊敬老师，和同学相处也不错，虽然学习成绩老是吊在中间，但从来也不让老师操心。可在家里，女儿的磨蹭却消耗了我们的全部耐心。晚上睡觉之前，安顿自己的布娃娃睡觉得10多分钟，自己洗漱又得10多分钟，早晨起床至少磨蹭10多分钟。这都是小事儿。最叫人不能忍受的，就是无论作业多少，不磨蹭到睡觉时间肯定做不完。从女儿上小学开始，写作业就成了我们家最头疼的事儿。刚上小学的时候，我们曾经要求女儿放学以后写完作业再玩，可女儿耍赖说，上了一天学，想歇一会儿。加上我们下班晚，要求她放了学就写作业实际上也没法监督。于是，很自然地，写作业就成了晚饭后家中唯一的大事儿。为了这个，晚饭以后我们连电视机都关了，生怕孩子受到干扰。我们请教过老师，也问过孩子同学的家长，发现虽然不少孩子都有磨磨蹭蹭的毛病，但像她磨蹭得这么“有耐心”的孩子还真不多见。眼看就要上中学了，现在3门功课的作业就得写到10点半，将来七八门功课一起布置作业，她还有时间睡觉吗？

有一段时间，我们曾经怀疑女儿的智商有问题，担心她比同龄孩子反应慢，但老师认为孩子智力很正常。于是，我们注意观察了一下，发现孩子趴在书桌上的时间虽然很长，但1/3以上的时间手并没有动，眼睛忽闪忽闪的，不知道是在思考作业中的问题还是在想别的。对于爸爸妈妈的催促，女儿多数时候不吭声，实在被催急了，女儿会不耐烦地来一句：反正写完了也不能干别的，急什么呀！

▲症结：“唯一任务”带来的惰性

爱玩好动是孩子的天性。当孩子上了六七节课后，适当地放松身心是非常必要的。写作业磨蹭的背后，可能有态度问题、习惯问题，甚至方法问题，但一个不可忽视的原因恰恰在于“反正写完了也不能干别的”，或者“反正写完了也不让干别的”。整整一个晚上，让充满幻想、注意力不断变化的孩子面对“唯一的任务”，而且这个唯一的任务常常又是单调的、沉闷的、重温日间功课的重复劳动，缺少热情的孩子只能选择磨洋工了。孩子的课余生活需要调节，除了作业之外，他们需要能令人兴奋的至少是感兴趣的活动，而这一点恰恰被许多家长忽视了。“唯一任务”带来的惰性，是许多孩子写作业磨蹭的重要原因。

◆他山之石：乐乐为什么喜欢又好又快地写作业

乐乐从小学到高中都是品学兼优、全面发展的三好学生。她学舞蹈、学游泳、练长跑，每周3个晚上有“第二课堂”活动，还一直担任学生干部，但她的作业也是全班写得最清爽、最认真、正确率最高的。据乐乐的父母介绍，乐乐兴趣广泛，喜欢挑战，而且对美非常敏感。小学一年级时，看到六一儿童节别的小朋友优美的舞蹈，乐乐要求学跳舞。由于少年宫离家远，怕耽误孩子学习，爸爸妈妈建议她认真考虑后再作决定。乐乐毫不犹豫地表示，决不会因为学跳舞影响学习。于是，乐乐开始精心安排自己的时间，如果放学以后在学校把作业写完，妈妈直接接我去少年宫，上完舞蹈课回家吃晚饭，晚饭后只要预习第二天的功课就可以了。听了乐乐的想法，爸爸妈妈同意了报舞蹈班的要求。小学二年级开始，乐乐不仅学业优秀，她的独舞也成了学校六一儿童节、迎新联欢会的“压轴好戏”。中学阶段，乐乐为了锻炼身体，又选择了游泳和长跑，虽然没有打算成为专业运动员，但她仍然取得了学校运动会女子组400米跑第一名。每周一次的游泳训练对增强体质、磨炼意志也产生了明显效果。完成学习任务后，“我的时间我做主”，已经成了父母和乐乐的共识。又好又快地完成作业，给乐乐带来丰富多彩的课余活动，乐乐也由于生活中的七彩阳光更加快乐。

☆应对策略："有条件地"把课余时间的支配权还给孩子

学习是学生生活的主要内容，完成作业是学生的义务，这是无可争议的。但是，这决不意味着学习是学生生活的全部内容，作业是课余的唯一任务。家长作为第一监护人，有责任督促孩子圆满完成学习任务，实现发展目标，但没有权利把孩子变成“学习机器”。在保证完成学习任务和保证身心健康的前提下，把课余时间的支配权还给孩子，也许可以一劳永逸地结束家长与孩子之间围绕写作业磨蹭展开的“消耗战”。

第一，帮助孩子了解“我的地盘我做主，我的时间我做主”既是一种权利，也是一种责任。课余时间的利用不仅关系到今天的成长，同时关系到明天的发展，不能盲目地“跟着感觉走”，需要进行科学的规划，才能有助于实现自己发展的目标。

第二，鼓励孩子根据自己的学习能力和兴趣爱好，对课余时间分配作出计划，对计划中不切实际的部分，不要简单地批评指责，而要耐心地和孩子讨论。提醒孩子计划中应当包括的“优先保证项目”和不能兑现时的“自我惩罚”措施。比如，“每天按时完成家庭作业并进行课前预习。每天可以看1小时内容健康有益的电视节目，每周玩电脑游戏1小时，但不得影响学习和身体锻炼，一旦学习和正常生活受到影响，如当天没有完成学习计划或没能按时作息，则取消第二天的电视节目(黄金时段的少儿节目一般在下午6:30~7:00，在此之前小学高年级的孩子和中学生几乎不可能完成全部作业)；如果期中、期末考试成绩下降，则取消玩电脑游戏计划，直至学习达到预期水平方可恢复”等。在确信该计划可以保证学习任务完成并有利于孩子身心健康的前提下，计划应当得到家长的认可和尊重。

第三，督促孩子实践自己的计划。当由于缺少自控能力计划落实受到影响时，家长应当提醒孩子执行“自我惩罚”条款，并将问题上升到信守承诺的做人原则和获得尊重的前提条件之高度，唤醒孩子的内在自尊，并对执行中的计划做出必要调整。

◎22.孩子“敌视”作业怎么办？

我的孩子似乎生来就和写作业有“仇”。为了不写作业，没有他想不出来的“招儿”：不记作业，少记作业，作业本或者记作业的本子“忘到学校里，而且学校锁门了”。如果要求他打电话问问同学，他会倒打一耙：现在叫我问同学了，从小就不让我带同学来家玩儿，我谁的电话也不知道！真不知道他那个脑袋里还有多少拒绝作业的“损招儿”。几年下来，几乎所有的任课老师都没辙了。我从老师的表情中能看得出来，他们已经放弃了这个孩子。但是，让我感到不甘心的是，这个几乎从来不写作业的孩子，在班里考试竟然不是“倒数第一”！这似乎给了他不写作业的充分理由，既然有的同学天天写作业，分数也不比我高多少，有的甚至不如我，谁知道写这些东西有什么用？面对这个软硬不吃、打骂无效的孩子，我该怎么办？

▲症结：谁知道写这些东西有什么用

“谁知道写这些东西有什么用？”也许道出了孩子拒绝作业的真正的困惑。虽然拒绝作业的孩子平时干的许多事儿，在家长和老师眼里未必就是“有用的东西”，但至少可以满足孩子爱玩好动的天性，让他们“喜欢”。而“喜欢”本身就是动力，就有“令人高兴”的价值。孩子不是精明的商人，他们不会在认真地计算了某一件事情的“回报率”之后才决定取舍，所以他们常常跟着“好玩的感觉”走；孩子正在长大，他们必须按照社会的要求发展自己，因此，他们也不得不按照成人的要求，去完成自己或者了解、或者并不完全了解其价值的许多事情。“不知道写这些东西有什么用”，恰恰是这种矛盾的反映，说明孩子对待作业的态度中缺少了一点儿“成长动机”。

◆他山之石：“匮乏动机”与“成长动机”

按照人本主义心理学家马斯洛动机理论，人的一切行为都是为了满足某种需求，而人的需求是分层次的。生理、安全、归属、尊重、自我实现、求知、求美是需求的7大层次。其中，为满足生理、安全、归属、尊重的需求而行动的动机，被称为“匮乏动机”，为满足自我实现、求知、求美的内在需求而行动的动机，被称为“发展动机”。当匮乏动机占主导地位时，行为能够满足的只是最基本的需求，即解除紧张、避免伤病、维持平衡。比如，缺乏食物会饥饿，缺乏基本保护会受到伤害，不被接受认可会孤独，得不到尊重会自卑等。只有在成长动机占主导地位时，人才会感到快乐、有成就感，真正享受学习和工作的过程，得到求知和审美的愉悦，取得从事某一活动持久的内部动力。在生活中我们经常会见到一些给老师、家长写作业的孩子，为得“小红花”写作业的孩子，偶尔也会见到因为喜欢、高兴、有成就感而写作业的孩子，他们的差别就在于需要层次不同。因此，培养孩子“成长动机”，帮助孩子了解“为什么要写这些东西”。追求更高层次的需求满足，会比简单的责骂更有效。

☆应对策略：把写作业的过程变成“证明学习能力的过程”

着眼于培养成长动机，引导孩子正确对待家庭作业，家长需要把握以下几个环节：

第一，永远不要从“任务”、“负担”的角度和孩子讨论作业问题。当孩子开始对作业表示抵触时，明智的做法是告诉孩子，农民春天耕耘，有权利看到秋天的收获；工人辛苦做工，有权利看到劳动的成果；科学家废寝忘食工作，有权利欣赏自己发明创造的成果；好几位老师教了你们一天，有权利知道自己教会了多少；你们辛辛苦苦地听了一天课，也同样有权利盘点一下自己的收获，看看自己比昨天多“知道”了些什么。既然老师布置作业和学生完成作业的唯一目的，就是了解“教”和“学”的成果，哪个孩子不愿意和老师一起“收获”呢？

第二，引导孩子把完成家庭作业的过程作为证明自己能力的“成长”过程。孩子智力优势有差别，兴趣爱好不同、学习习惯不同，写作业花费的时间亦不同，但所有的孩子都可以通过完成作业证明自己的能力，见证自己的成长。家长应当多给孩子正面的鼓励，而不是批评指责。

第三，永远不要拿孩子的作业完成情况和其他孩子作比较，无论你的孩子比别人“好”还是“差”。因为这种比较通常会让孩子“很受伤”：要么证明你的孩子不如别人，要么证明你的孩子还应该“更好”——总之，他现在“不够好”，他有理由为自己感到沮丧——无论他是否已经努力。因此，鼓励孩子和自己的昨天比，为自己的进步感到鼓舞，为遇到的问题寻找解决办法，则有助于孩子逐步养成主动地、有计划地完成作业的习惯。

◎23.孩子为什么总是粗心？

我的孩子健康、聪明、活泼，走到哪里都有“人缘儿”，老师喜欢，朋友也多。学习成绩还过得去，从小学到初中，一直是班里的前15名。但特别“可恨”的就是太粗心。他所有的作业和考试错误90%以上都是“低级错误”。把加减乘除符号搞错，计算正确答案写错，做选择题“勾”打对了，括号里标号填错，或者压根儿就没有仔细审题，大大咧咧地就给出答案，类似的错误不胜枚举。小学的时候，作业错误家长还可以帮着纠正，上中学以后，家长也帮不上忙了。用老师“恨铁不成钢”的话说，这孩子没能取得更好的成绩，纯属“咎由自取”，让人没有办法同情。按说为了粗心的毛病，也挨了不少批评，但孩子为什么总也不长记性，是不是脑筋有毛病？

▲症结：依赖型学习是造就粗心的温床

根据家长陈述孩子的总体情况和学业成绩，基本上可以排除“脑筋有毛病”的怀疑。但是“小学的时候，作业的错误家长还可以帮着纠正”，也许道出了孩子“总是粗心”的一个重要原因：他已经习惯了“有人帮助指出错误”。这是典型的依赖型学习——一种不良的学习习惯。也许，看到幼小的孩子写作业辛苦，也许因为小学低年级老师对家长提出了帮助孩子检查作业的要求，也许为了节省自己和孩子时间，许多家长在“看着”孩子写作业时，会随时指点孩子，这里错了，那里不对……正是这些不经意的做法，逐渐培养了孩子对他人的依赖。进入中学阶段，有些家长会把指导孩子完成作业、纠正错误的任务转交给家庭教师，久而久之，孩子形成了一种“惯性”：写作业是我的任务，发现错误是家长和家教的事，粗心的毛病自然延续下来，直到为此付出重大代价。因此，依赖型学习是造就粗心的真正“温床”。

◆他山之石：一个句号的代价

一位商人在美国加州某城市接到了一张电报报价单：1万吨大麦，每吨400美元，高不高？买不买？

按照通常的约定，如果他认为价格不太高，手下人就会为他接受这单货物。

但商人觉得这次价格太贵了，他想回电报表态，“不。太高。”但是，在写电报稿的时候，因为粗心，他漏掉了一个句号。电报内容变成了“不太高。”

于是，大麦以每吨400美元的价格被购进。这笔生意，商人损失了1000多美元。

漏掉一个句号，商人损失的只是钱财；

如果航天科学家点错一个小数点，我们发射的卫星可能永远无法到达指定地点，航天飞机可能再也回不了地球；

如果医生粗心，给病人用错了药，可能会害人性命……

粗心，肯定不是小问题。

☆应对策略：让孩子自己充当“小猎人”

帮助孩子预防粗心的毛病，首先要帮助孩子明白“失之毫厘，差之千里”的道理，懂得“细节决定成败”。运筹帷幄的将军，可能会因为马蹄铁上少了一颗小钉子在战场上落马被俘；万里长堤可能会因为一个没有被发现的蚂蚁洞一溃千里；严谨细致的习惯则会使人终身受益。

帮助孩子克服粗心的毛病，家长要尽量不做“拐杖”，让孩子没有机会“依赖”。当然，对于小学低年级的孩子，在学习适应期内，家长帮助检查作业并指导孩子养成自己检查的习惯是必要的。但正确的做法是和孩子一起检查，而不是家长越俎代庖。

如果家长经常使用诸如“好吧，让我们一起来看一看今天的作业战果如何，还有没有没挖完的‘地雷’！”而后开始和孩子一起认真检查，和孩子一起分享“做对了”的快乐，一起为找到“地雷”而兴奋，一起分析“地雷”被留下的原因，对于培养孩子自觉检查作业的习惯会有很大的帮助。

当孩子度过了最初的学习适应期之后（每个孩子成长经历不同，学前教育背景不同，适应期的长短会有较大的个体差异），家长就应该转变角色，让自己成为“场外指导”，鼓励孩子自己充当“小猎人”、“排雷工兵”，去“发现”作业中的错误。对于孩子自己没有发现的问题，也不要直接指点错在哪里，而要适当缩小搜索范围，鼓励孩子进行“二次扫描”。比如，“很不错，计算题现在都对了，但是应用题当中还有一个地雷，用你那双鹰一样的眼睛，再找找看！”通常情况下，经过两次扫描，孩子可以自己解决由粗心产生的大部分问题。将这种做法迁移到对试卷的检查、对学习用品和个人物品的整理等方面，则有助于培养孩子细心的习惯。

有时候，孩子会因为“没有学会”某些内容而无法发现错误。但这已经不属于“粗心”的问题了。在这种情况下，家长可以指出具体错误，并鼓励孩子向同学老师请教。

◎24.孩子聪明但不用功怎么办？

我的儿子“聪明”是大家公认的。上幼儿园就是“一点通”。从小学到初中，凭着这点聪明学习始终没掉队，但从来也没有拔过尖。现在上初二了，听老师说，初二是个分水岭，孩子有没有机会上好大学，初中二年级的底子很关键。但是，儿子好像仍然“胸有成竹”的样子，动不动就是“凭咱的脑袋瓜儿，大不了初三拼一把”。好像只要他想拼一把，重点高中就十拿九稳似的。我们当家长的可没有这么乐观。这年头，聪明孩子多了去了，但重点高中招生名额可不是“满足供应”的。听儿子讲，他们这些初中生，最佩服的就是像他这样虽然不用功，但成绩还过得去的“酷哥”，那些“头悬梁，锥刺股”死用功的学生，就是名列前茅，大家也不佩服，他可不愿意为了一个名次丢了这份“酷儿”。对这个聪明但不知道用功的儿子，我们该怎么办？

▲症结：成人的归因偏差导致了孩子虚荣心膨胀

近年来，对中小学生的评价中，“聪明但不用功”几乎成了一个“固定标签”被随意地贴到所有学习成绩不理想的孩子身上。说一个孩子“聪明，就是不用功”，较之于其他评价，更容易被孩子、家长、老师所接受。孩子乐于接受这个评价，是因为在被批评“不用功”的时候，自己的“聪明”得到了肯定；家长接受这种说法，潜在原因是它无意中标榜自己生了一个聪明的孩子，至少遗传没有智力缺陷；老师愿意使用这种评价，因为面对学习有问题的学生家长，这样的评价不会导致教师、家长之间的“责任追究”，成人携手对付“不用功的孩子”，就免去了反思各自教育缺陷的“心理负担”。如此一来，一个本来从未被证明过的评价，就变成了“群体无意识”的“共识”，而每个孩子可能完全不同的真实问题反而被忽略了。

“聪明但不用功”,对于某些孩子来说可能是一个客观的描述,但对于大多数孩子,“不用功”只是表面现象而不是产生问题的原因。成人在这个问题上的归因错误对孩子产生的最严重的误导就是,为了保持“聪明”的外部印象,孩子“不能太用功”。因为,当“我”不用功的时候,大人还承认我“聪明”,如果我用功了,成绩也没上去,那我岂不成了大家眼中的“笨蛋”?做一个“懒惰的聪明人”通常比做一个“勤奋的笨蛋”要轻松很多,在没有弄明白“自尊心”和“虚荣心”之间的差别时,孩子们“跟着感觉”作出了“聪明的选择”,膨胀的虚荣心让他们“不敢用功”了。

这也许是许多家长和老师始料不及的吧?

◆他山之石:归因方式与归因训练

人的思维逻辑决定了当面对问题时情不自禁地去探究原因的需要。但是,不同的归因方式会导致对问题不同的理解并引发不同的应对方式。比如,一个孩子将自己学习不好的原因归结为老师教得不好、家庭环境不好,他就会减轻自己的内疚,心安理得地接受成绩不好的现实,并没完没了地抱怨老师,抱怨家长;当他将好成绩归结为“自己脑袋瓜聪明”时,他也会在增强自信的同时盲目乐观;当他把成绩好归结为自己努力时,他也会用更加努力的行动争取更好的成绩……可见,不同的归因方式结果也大相径庭。

心理学的归因理论认为,恰当的归因训练可以帮助人们形成更加积极的归因方式。对于尚未形成归因定势的青少年,归因训练常常更加有效。

对于儿童,可以用强化矫正法进行归因训练。当孩子对某一件事情作出了积极的归因时,应当给予肯定、表扬、奖励;当孩子对某些事情归因不当时应当给予提示。比如,小学生考试取得了好成绩,可能会归因于自己聪明或者题目太简单,也可能会归因于自己认真、仔细、学得扎实。明智的家长不难看出哪一种归因更应该得到肯定和鼓励。

对于青少年,鼓励他们参加专业老师指导下的“团体辅导”,与同学朋友一起分享各种不同的归因方式及其后果,对于他们形成积极归因可以产生令人惊喜的效果。如果没有这样的条件,家长以自己学生时代的经历和孩子平等讨论不同的归因结论对自己的积极或消极影响,帮助孩子明白,一个人如果总是把自己遇到的困难挫折归因为外部因素,我们就会变得消极、依赖、怨天尤人;如果多从内部原因思考问题,就会发现,只要努力,除了先天条件之外,其他许多事情都是可以改变的，我们就会更加乐观、积极，反而有助于问题的解决。

☆应对策略：给聪明插上用功的翅膀

对于自认为聪明，或者为了保持聪明的外观而不肯用功的孩子，家长可以从以下几个方面帮助孩子成长。

第一，根据孩子的接受能力，选择合适的语言表达方式和孩子讨论“什么是聪明”，澄清孩子对聪明的误解。比如，对小学低年级的孩子，可以简单地“说文解字”：“聪，就是耳朵能听到所有的声音；明，就是眼睛像白天的太阳、夜晚的月亮一样明亮，能看清万事万物。课堂上，你的耳朵总是能听见老师在讲什么，你的眼睛总是能看清楚书本上、黑板上的文字吗？”对进入青少年阶段的孩子，可以用更加“学术的表达方式”：聪明是对人们智力水平的通俗说法，一个人是否聪明首先应当看智商水平。如果进行智力测量的话，绝大多数人的智力都是中常水平，也就是智力量表得分在90分~110分之间。少数人可能智力超常，个别人可能有智力障碍。事实上绝大多数人“聪明程度”是差不多的。因此，人不可以过分自信，认为自己比多数人聪明；人也没有必要自卑，认为自己比多数人愚笨。

第二，培养孩子积极的归因方式，引导孩子从对聪明“自我陶醉”中摆脱出来，更加清醒地看到自己面临的问题，理智地分析产生问题的原因，找到解决的办法，而不是躲进“聪明但不用功”的帽子下面自我麻醉。

第三，即便孩子真的“智力超常”，也要帮助他们明白仅有“聪明”是不够的。超常的智力仅仅意味着某一个方面的智力优势而已，并不表明你就是“全才”。所谓天才只是1%的灵感加上99%的血汗。所有的成功者都是比常人更执著、更努力、更精细、更认真的人。父母给了你不呆不傻的“聪明”，是人生的一笔财富，善于运用它的人，会给聪明插上用功的翅膀，好好学习，天天向上，一步一个脚印地去实现人生的理想。

◎25.孩子厌学怎么办？

我的孩子上初中，家庭条件还算可以，虽然不是大富大贵人家，但收入比较稳定。为了不让孩子受委屈，孩子从小就是奶奶和小保姆一起带大的，还上过一年学前班，是个聪明活泼的孩子。不知为什么，这孩子就是讨厌学习，刚上学那阵子还好点，还有点好奇心，长大了反倒不如小时候，好像是给爸爸妈妈和老师学习似的。苦口婆心地讲道理、批评，甚至打骂都不能让他振作起来，孩子公开声明，世界上所有的事归到一堆儿，他最讨厌的就是“上学”。他好像讨厌学校的一切，老师讲课和批评人的方式、无聊的课本、死抠分数的同学，还有恶心人的作业……要不是怕父母受不了，他早就不想上学了。好在到目前为止，孩子还觉得自己应该每天按时去学校，但是，去了以后学不学那就只有他自己知道了。明年就要中考了，一辈子的前途在此一举，看到他现在的样子，我们简直急死了，怎样才能让孩子不厌学？

▲症结：厌烦情绪的泛化

厌学是孩子对相对单调的学习生活适应不良产生的一种消极情绪，是指向不同对象的“厌烦情绪”的一种。孩子们使用频率很高的“讨厌”常常反映了这种厌烦情绪。厌烦情绪不仅消极，而且很容易迁移。比如，因为受到批评，孩子可能会“讨厌”某一位老师，进而发展到讨厌这位老师讲授的课程；因为讨厌某个同学做的某件事情，进而讨厌所有做同样事情的同学；因为讨厌自己不够优秀的学业成绩，进而讨厌所有使自己显得不优秀的人和事。当诸如此类的感受积累到一定程度，孩子在校园生活中的乐趣就会越来越少。一个在学校很少有“成就感”的孩子，厌烦情绪就会泛化为对“上学”的反感，孩子在“上学的任务”面前“睡着了”，需要提高“唤醒水平”。

◆他山之石：“唤醒”与“唤醒水平”

高效率的学习与工作，要求当事人处于“唤醒状态”并保持适当的“唤醒水平”。生活的常识告诉我们，一个昏昏欲睡的孩子不可能又好又快地完成作业，就像一个处于职业倦怠期、对工作已经麻木的人不可能保持对新事物的敏感一样。生理心理学家提出的“唤醒”，是一个推测性概念。意思是说当一个外部刺激作用于人的感觉系统时，神经冲动沿着特异性神经通路到达大脑皮层的特定区域，会引起特定的感觉；神经冲动沿着非特异性神经通路弥散性地投射到大脑皮层的广大区域，引起所经过的区域的兴奋状态，叫做唤醒或激活。唤醒对于维持大脑皮层的兴奋性，保持人的觉醒状态起主要作用。唤醒水平应当与任务要求相适应。兴奋过度可能导致非理性行为。如过分重视分数的孩子，无论有无必要都要坚持学习到深夜两点，把自己搞得疲惫不堪，就属于“唤醒过度”；唤醒不足则无法激活原有的潜能，使人无法达到本来应该达到的水平。保持“够用”但不会“透支”的唤醒水平，才是“适当”的。

☆应对策略：找到“唤醒”孩子的刺激点

针灸必须找准穴位。要唤醒厌学的孩子，家长首先要做的事情就是帮助孩子找到“厌烦”的源头。比如，家长可以心平气和地对孩子说，你目前的状态让爸爸妈妈感到担心，我们很想知道在学校哪些事情让你不快乐？也许孩子会说出许多具体的事件与感受。接下来，家长和孩子一起或者指导孩子（根据孩子年龄和理解能力决定是一起做还是指导孩子自己做）给这些问题分类，并从中找出 1 个或 2 个导致孩子不喜欢学校、不喜欢上学的关键性原因。可能有的孩子是因为在按照分数排名次的单一评价体系中始终得不到肯定性评价；有的孩子是因为性格孤僻被同学排斥；有的可能因为批评与逆反导致师生关系紧张；有的可能遭遇情感困扰等等。一旦找到原因，对应的策略应该不难选择。

由于导致厌学的原因经常不是单一的，唤醒厌学的孩子，也不可能一蹴而就。每次探讨一个问题，取得一点进展即可，不能期望“毕其功于一役”。

提高厌学孩子的唤醒水平，还需要把握“刺激强度”。孩子的兴奋水平并不是越高越好，过犹不及。从“学不学无所谓”一步跨到“学习不优秀这辈子就完了”，从厌学发展到过度学习，同样会让孩子受到伤害。正确的做法应当是，在解决导致孩子厌学的某一个具体问题时，也要循序渐进，不能拔苗助长。比如，对于学业成绩差，缺少表扬和鼓励的孩子，可以把唤醒的起点定在孩子稍加努力便可以达到的水平上，由争取最喜欢的一门课程及格，到其他课程逐步及格，由一门良好到全部良好，其间的每一点微小进步都给予肯定和表扬，直到孩子能够以比较理性的态度对待成绩和表扬。

◎26.孩子逃学怎么办？

我和老公在市场上租了个摊位养家。进货、看摊差不多就占了两个整人，平时没有多少时间管孩子。每天早晨给孩子 10 元~20 元钱，一天的饭就由他自己打发。作为家长，我们可能对孩子关心得少了点，但是，我们起早贪黑地干，还不就是为了孩子有个好前程？但是，没想到孩子越来越不争气了。上个学期开家长会，老师就说过孩子学习不咋地，我们回来也教训了他。可没曾想这学期不但没有好转，反而变本加厉地发展到“逃学”了。说实话，听到老师在电话里说孩子最近经常逃学的时候，我的脑子一下子就蒙了：多没良心的小畜生，大人辛辛苦苦为他忙活儿，放着好好的学不上，他竟然逃学！更让我没有想到的是，当我和他爸爸追问他为什么逃学，逃学时间干什么的时候，这小子竟然“理直气壮”地说，反正我也不是学习的料，大不了长大了也去摆摊儿！一句话差点儿噎死我。他爸爸骂了句“小兔崽子，不是为了你，你以为爹妈真想摆摊啊！”抡起巴掌就打了下去。后来，看到妈妈气哭了，爸爸打累了，孩子好像知道祸闯大了，坦白说，逃学也没干啥坏事儿，就是在街上瞎溜达，如果算准爸妈不在家，也在家里看看电视，偶尔也去过网吧。最后还表决心说以后不逃学了。其实，我心里明白，这孩子是口服心不服，不定哪天还会旧病复发。

▲症结：压力与适应不良

“反正我也不是学习的料！”这句近乎绝望的自我否定，可能反映了孩子逃学背后的真实原因，即对自己学业的失望。一个对自己不再抱有希望的孩子，即便是在家长、老师的压力之下重新回到课堂，能否兑现自己的承诺也是未知数，因为困扰孩子的问题并没有真正解决。

孩子逃学的直接诱因可能各不相同，但逃学的本质都可以归结为对某种压力环境适应不良而产生的消极“逃避”行为。学习压力、考试压力、人际交往压力、情感压力，甚至衣食住行互相攀比带来的心理压力等，都可能导致“比不过躲得过”、“惹不起躲得起”等逃避行为。毕竟对于身心尚未成熟、人格尚未定型的孩子，选择逃避要比迎接挑战“轻松”得多。但是，在选择逃避的时候，孩子们往往忽略了一个最关键的问题：无论逃到哪里，问题仍然存在。

◆他山之石：寒号鸟的悲剧

这是20世纪60年代我国小学课本中的一个故事：懒惰的寒号鸟住在崖缝里。春天阳光明媚，邻居们开始修理自己的鸟巢，准备迎接夏日的风雨，寒号鸟尽情嬉戏；夏天天气炎热，寒号鸟无忧无虑地在崖缝里躲避风雨；秋天来了，邻居们收藏食物，加盖茅草，把自己的小窝修整得温暖舒适，而寒号鸟却在这个食物充足的季节放纵享乐。冬天来了，寒号鸟终于感到了生活的严峻。四面透风的崖缝里，寒号鸟唱着悲哀的歌：哆啰啰、哆啰啰，寒风冻死我，明天就垒窝……天亮了，太阳出来了，寒号鸟逃出冰冷的崖缝，飞进温暖的阳光，它好像忘记了夜晚的寒冷，也忘记了自己的决心。天又暗了下来，又一个更加严寒的冬夜降临了。

哆啰啰、哆啰啰，寒风冻死我，明天就垒窝！哆啰啰、哆啰啰，寒风冻死我……当新一轮太阳升起的时候，人们没有看到寒号鸟再从崖缝里飞出来……

寒号鸟一直期待自己也能有一个温暖的家，但是，它始终逃避不得不开始的劳作，于是就有了上面的悲剧。

☆应对策略：鼓励孩子挑战"挡道的大石头"

孩子逃学通常是在头脑中夸大了面临的"障碍"，我们姑且把这种障碍称之为"挡道的大石头"。假如一位农民被地里的一块大石头碰坏了自己的犁铧，他的第一选择很可能是一气之下像愚公移山那样把这块讨厌的大石头连根刨起；科学家会在第605次失败后开始第606次努力。他们都不会选择逃避，因为生命不是用来逃避的。

对于逃学的孩子，家长应首先帮助他们意识到，学校生活中遇到的问题，只有在学校才能解决。逃到网吧、逃到街上、逃到乡下外婆家，可能会暂时忘却烦恼或者得到一点同情、安慰，但都不能解决问题。就像愚公要走出去，就必须面对门前的两座大山一样。

帮助孩子走出逃学的阴影，家长还应当指导孩子找到他面前那块"挡道的大石头"，澄清他想逃避的究竟是什么？找到造成逃学的主要原因，是解决问题最重要的一步。也许在家长看来，这个原因微不足道，但对于孩子来说，可能就是"充分理由"。因此，家长绝不可以取笑、讽刺、挖苦孩子，而应当和孩子一起分析被"这块石头"挡住的原因。也许，最初它只是一粒硌了脚的小石子，因为怕"疼"，以后见到它你就绕着走，所以，越来越多的小石子堆积起来，成了今天挡道的大石头。

了解了问题的成因后，就可以鼓励孩子寻找解决的办法了。此时，家长要做的不是简单地为孩子"支招儿"，告诉他应当如何如何，而是提出问题，让孩子自己找到答案。比如：

愚公能一天挖掉太行山和王屋山吗？

答案是：肯定不行！

愚公通过天天挖山不止，可以让山变得越来越小吗？

答案就变成了:会的!

现在你面前有一大堆过去积累下来的学习难题,你能一下子全部解决吗?

孩子将肯定地回答:当然不能!

如果每天解决其中 1~2 个最简单小问题,你可以做到吗?

孩子会带着几分信心回答:应该行吧?

到底行不行?

孩子可能经过思考,非常肯定地回答:行!

好,接下来你打算怎么办?

从今天开始,从最简单的问题入手,一点一点地清理这堆挡道的烂石头,行吗?

当然行!但是你今天的目标是搬掉哪一块小石头呢?

就从消灭作业中写错的运算符号开始吧!这家伙让我吃的苦头太多了。

好!我们一言为定!

选择从最简单的小问题入手,可以有效地培养孩子克服困难的自信,同时也有利于循序渐进地解决问题。“最简单的小问题”永远是个相对的概念,当孩子解决了一些比较简单的小问题后,剩下的问题中仍然可以找到“最简单的小问题”,在挑战困难,每天进步一点点的过程中,孩子会越来越接近成长的目标。

就逃学说逃学解决不了的问题,通过这样的讨论,也许会取得更好的效果。

◎27.孩子爱翘尾巴怎么办?

我的女儿很聪明,老师说无论学什么都是“一点就透”的孩子,就是太浮躁,而且虚荣心强,只能说好,不能说孬,有点成绩就翘尾巴,而且经常喜欢往下比,报告成绩时总是先说这次考试班里有多少人不及格,很少说有多少人考得比她好。学习成绩也起起伏伏的,只要她考试回来自我感觉良好,结果常常反倒不太理想,而她缺少自信的时候,成绩反而不像预料的那么糟,也许应了那句“骄兵必败”的老话吧。怎样才能帮助孩子克服好翘尾巴的毛病,学会“胜不骄,败不馁”?

▲症结:为了保持“自尊”而降低目标

情绪浮躁、动不动就翘翘小尾巴,是聪明孩子常有的毛病。正因为“一听就懂”、“一点就透”，所以往往容易不求甚解，关键时刻还会犯点粗心大意的“低级错误”。出现这种情况，常常与目标定位不够高有关系。在现实生活中，当孩子轻轻松松就能实现“自己确定”的学习目标时，自然会“人无压力轻飘飘”；学什么都觉得不太难，这种“什么都能来两下子”的感觉特别容易使孩子们自我陶醉。因此，他们觉得自己“有资格”翘尾巴。

从心理的角度分析，孩子翘尾巴的幅度大致等于他给自己的目标定位和实际能力之间的空隙。比如，同样是考试成绩良好的孩子，如果他给自己确定的目标就是良好，实际上也只能达到良好水平，他既不会骄傲，也不会自卑，他会非常坦然地接受这个结果并继续努力；如果他内心的目标是优秀，面对良好的结果，他也许会内疚、自责，甚至对自己失望，但决不会骄傲；只有当他给自己确定的目标低于实际达到的水平时，他才有机会翘尾巴。因此，为了让自己“感觉良好”，有些孩子宁可选择“降低目标”来保持“自尊”，于是表现出与实际水平不相符的自负。可见，骄傲在很大程度上与一个人的实际成就无关，与一个人对自己的心理期待相关。在现实生活中，我们很少见到真正有成就的人会狂妄自大，因为面对头顶的浩瀚星空，面对无尽的未知世界，真正成熟的人必定满怀谦卑。

◆他山之石：18大缸水和一位著名书法家

我国东晋时期的著名书法家王羲之，有一个后来和父亲齐名的儿子王献之。出身书法名门，献之从小习字，而且自我感觉很陶醉。有一天，小献之拿一篇自以为写得不错的大字给父亲点评，看到练字浮躁的儿子脸上得意的表情，王羲之没有多说什么，只是在儿子粗心漏掉末笔的“太”字上补了的一个“、”，然后叫儿子把这篇大字拿给他的母亲去评价。母亲欣赏了孩子的习作，很认真地指出，在所有的字当中，唯有这“太”字的一“点”最有功夫。于是，她非常亲切地对孩子说，“吾儿磨尽三缸水，唯有一‘点’似羲之。”母亲的话让得意洋洋的王献之惊得目瞪口呆。看着由父亲添上去的这一“、”，他在羞愧之余懂得了自己还要狠下工夫。又过了几年，王献之的字写得已经很不错了，但父亲仍然说他功夫不到家。于是他就向父亲讨要写好字的“绝招儿”。王羲之虽然心里不高兴，但仍然没有简单地训斥他，而是指着院子里的18口大缸，很耐心地对儿子说，“写字的秘诀是有的，就在咱家的18口大缸里，你把18口大缸里的水写完之后，自然就知道写字的秘诀了。”从此，王献之不再寻找所谓的“秘诀”和“捷径”，终于和父亲一样成了我国历史上著名的书法大家。

☆**应对策略:不要把骄傲当成“香喷喷的缺点”**

自尊与自负是互相关联又完全不同的概念。自尊是包括自我尊重和得到他人尊重、社会认可的一种心理需求,每个人都有要求独立、自由、取得成就名望、得到他人尊重的权利。而自负则是为自己并不存在的成就而自我陶醉的妄自尊大。因此,孩子的自尊心应当得到保护和培育,自负作为人格缺陷则需要认真克服。

第一,家长要引导孩子弄明白骄傲自满翘尾巴不是真正的自尊。真正的自尊应当建立在对自己客观评价与建立合理目标的基础上。对于确实因学有余力而骄傲的孩子,可以鼓励他们把目标定得稍微高一些,去摘那些需要跳一跳才能摘到的果子。比如,鼓励孩子参加奥林匹克学科竞赛,参加科技发明、竞技体育等活动,在活动中孩子会发现人外有人、天外有天,会产生比较明确的目标追求。一个总是为实现已经确定的目标而努力的孩子,一般不太容易翘尾巴。

第二,对于正在自我陶醉的孩子,不要急于批评训斥,不妨先用欣赏的眼光看一看孩子翘起的小尾巴,甚至可以为孩子的成绩和进步喝一声彩,然后再指出孩子继续努力的方向。当然,许多家长可能不具备对孩子进行专业指导的能力,但是,王羲之帮助儿子克服自满情绪的教育思路却是值得所有家长借鉴的。

第三,当孩子重复翘尾巴的毛病时,可以带着幽默感提醒孩子:当猴子爬到竿子顶上,高高兴兴地翘起尾巴时,暴露给人们的是什么?答案:是最丑陋的红屁股。“自”和“大”加上一个“、”是什么字?答案:臭。因此,不可以把骄傲当成“香喷喷的缺点”。以这种方式提醒孩子在成绩面前保持清醒的头脑,可能比简单的批评训斥效果要好。

凡事过犹不及。帮助孩子克服骄傲情绪,不能矫枉过正,否则可能纠正了翘尾巴的毛病,又损害了孩子的自信心。比较好的做法是,在指出孩子的毛病之前,首先肯定孩子“自信”的优点,“自豪”的权利,让孩子明白“自尊”和“自负”的本质差别,克服自负,保持自尊自信。

◎28.为什么孩子考试总是紧张?

我的孩子平时学习态度很认真,作业很仔细,进了高中更知道用功,就差

“头悬梁，锥刺股”了，有时候她会努力到让家长心疼。老师同学公认她学习好，而且学得扎实，平时成绩也挺好的。根据她学习的一贯成绩，老师认为“一本”应当有把握。但是，让老师、家长、孩子自己都很困惑的是，这孩子怕考试。按说，平时不好好学习的孩子怕考试还有情可原，因为他们心里没有“底”，但是，为什么天天吃竹笋，本来“胸有成竹”的孩子也会怕考试？据孩子自己说，大大小小的考试她都紧张。基本上是小考小紧张、大考大紧张，关键时刻的考试更是紧张得一塌糊涂，有时候甚至大脑一片空白。考试前后，她经常会做梦，有时梦见从未见过的难题，有时梦见赶不上进考场的时间，有时甚至梦见已经考“砸”了的场面。而且，无论准备得多么充分，她都会觉得肯定还有自己没想到的问题。虽然到目前为止还没有真正考砸过，但影响水平发挥的事儿肯定是免不了的。孩子现在已经高二了，明年就是决定命运的高考，怎样才能帮助孩子克服考试紧张？

▲症结：患得患失必有失

考试紧张也叫“考试焦虑”，是学习过程中常见的心理困扰，严重时可以发展为考试恐惧症。就像生活中有人从“晕船”发展到“晕码头”一样。弗洛伊德曾经对这种焦虑作了很“学术”的定义，认为考试焦虑和儿童时期因不端行为受到的惩罚有关，而且会无意识中受到过去经验的强化。用通俗的话说，就是焦虑情绪产生和起源于童年某些不愉快的经历有关。这个观点提醒我们，同样是面对考试焦虑的困扰，每个孩子的初始原因可能很不相同。倘若能够发掘出孩子第一次焦虑的诱因，对比较彻底地解决问题会很有帮助。上述的案例中，我们看到的是一个“无论准备得多么充分，学得多么踏实，都还觉得自己没有准备好”的孩子。虽然从家长的叙述中我们难以看到“初始原因”，但过分追求完美，过分看重考试之外的东西导致的患得患失，无疑是心理紧张的重要原因。

◆他山之石：好猎手的眼睛

喜欢狩猎的父亲带着 3 个儿子来到一望无际的大草原。“天苍苍，野茫茫，风吹草低见牛羊”的风景尽收眼底。父亲问儿子们现在看到了什么。大儿子报告，我看到了蓝天、白云、绿草地，还有 4 个手握猎枪、威风凛凛的男子汉；二儿子报告，除了哥哥看到的东西，我还看到了远处牧人的炊烟和草丛里跑过的小动物。父亲对他们两个人的报告未作评价。三儿子报告说，我只看到了正在跑的野兔子。父亲高兴地回答，这就对了！好猎人的眼睛里应当只有猎物。

好猎人的眼睛里应当只有猎物，同样的道理，考场上，学生的眼里和心里，也容不得试题之外的东西。

☆应对策略：克服“不合理信念”，让注意力向“学习过程”聚焦

关心学习成绩、考试排名，是无论对于老师、学生和家长都是非常正常的。通过成绩评定，我们可以大致了解老师教的水平、学生学的状况，是改进教学的重要依据。更何况关键时刻的考试又是人生道路的分水岭呢？从这个意义上讲，考试紧张是必然的。只要不过分，适度的紧张甚至有利于激发学习动机，帮助孩子保持良好的学习状态。比如，时不我待的紧迫感、圆满完成学习任务的责任感等，都伴随着适度的心理紧张。但病态的紧张焦虑则影响水平发挥，需要进行调适。在少数情况下，严重的考试焦虑特别是伴随躯体症状的焦虑，需要专业心理辅导师或心理医生的帮助。大多数情况下的考试紧张可以通过自我调节得到缓解。家长帮助孩子“减压”可以采取以下措施：

第一，家长可以尝试指导孩子澄清对考试的认知，克服“不合理的信念”。许多考试紧张的孩子都存在这样那样的“不合理信念”。比如：(1)别人都很从容，只有我胆战心惊——以偏概全；(2)虽然我平时成绩还可以，但是我害怕考试，总是小考小紧张、大考大紧张，关键时刻紧张得一塌糊涂，不可能考出本来的水平——绝对化；(3) 现在离考试还有好几天，我就开始紧张了，这次肯定会砸——糟糕至极！

正是由于诸如此类不合理信念的存在，孩子常常人还没进考场，心理上先输了“底气”。因此，可以引导孩子逐个分析并破除上述不合理信念：(1)别人未必都从容，多数人和我一样紧张，有人可能比我还紧张——这是完整的事实；(2)过去虽然我考试经常紧张，但实际上考试成绩并不太糟糕，可能比我的期望有时低了点，但决不是“逢考必败”，我不应该自己吓唬自己——不应该先输了志气；(3)如果我从现在开始放松心情，保持正常的作息规律，眼睛只盯住需要复习准备的科目，“只问耕耘不问收获”，全当是了解一下自己知识掌握的情况——考就考吧，没什么可怕的，我没有必要想得太多。

随着不合理信念逐一被攻破，孩子的心理紧张会得到一定程度的缓解。

第二，考试之前，考试过程中，要指导孩子养成注意力向学习过程、解题过程“聚焦”的习惯，摒除无关的杂念，把握此时此刻。陀螺在高速运转时平衡度最好，因为中心集中在一个点上。学习与考试的过程本来是很单纯的，前者为了掌握知识、形成能力，后者是为了测量学习过程取得的效果，并证明已经具备的能力。考试不需要“无中生有”，而是真实再现自己已经掌握的东西。好猎人的眼睛里应当只有猎物；考场上，学生眼里也应当只有尚未解决的问题。至于身边有人提前交卷、已经回答的卷面能得多少分、如果考砸了怎么办等毫不相干的问题，决不应该占用宝贵的脑细胞去思考和关注。

第三，对于确实曾经因为紧张而考试失手，而且尚未走出失败阴影的孩子，在征求专家意见的基础上，可以采取必要的治疗手段或“安慰剂疗法”。即根据心理医生的处方服用必要的镇静药物或替代药物，为孩子营造一个安静的心理环境：心理医生已经帮助了我，今天我不会再紧张了。

对于习惯性考试紧张的孩子，还可以在心理辅导老师的指导下，进行一些必要的行为训练，如放飞压力气球，身体放松训练等，通常也会产生明显的效果。

◎29.孩子考试受挫怎么办？

刚刚过去的这次期末考试，一贯成绩稳定在班级前10名的儿子考砸了。名次比正常水平倒退了接近20位，正经掉到了“第二梯队”。老师家长很吃惊，孩子特别沮丧。看到孩子寝食难安、不断自责的样子，家长既不忍心责备他，又不知道怎样安慰他，想知道问题究竟出在什么地方又不敢问，因为就是问出来了，学业上的事儿我们也帮不了他。眼睁睁地看着孩子因为考试受挫而痛苦，我们当家长的该做点什么？

▲症结：对偶然失利缺少心理准备

经常考砸的孩子一般不会产生如此深刻的自责，只有“常胜将军”才会对一次偶然的失利耿耿于怀，因为他们从来没有“失败”的心理准备。通常，人们对成功的预期越高，失败带来的打击越大，这孩子看来是被这次偶然的失败打蒙了。他需要一个“苏醒”的过程，经历从震惊（怎么可能？）——愤怒（为什么是我？）——悲哀（简直糟透了！）——接受（既然已经考砸了，痛又何益？）——反思（我得找找原因！）的一系列情感体验。这是一次从失败中学习的经历，没有人可以代替他，但家长或老师可以推动这一体验的进程。

◆**他山之石：塞翁失马，焉知非福？**

我国古籍《淮南子·人间训》中有一段流传甚广的哲理故事叫“塞翁失马”。讲的是边塞上一个老头儿丢了一匹马，别人知道了来安慰他。没想到老头儿比安慰他的人还要想得开：怎么知道这不是件好事儿呢？几天之后，这匹走失的马竟然带着另外一匹马回来了。于是，有了一个千古流传的成语“塞翁失马，焉知非福”。当然，这个故事不是简单地告诉人们丢掉的东西可以带着加倍的补偿回来，更不是鼓励人们坦然接受“无意之财”，而是说明坏事情在一定条件下有可能转化为好事情的道理，鼓励人们在逆境中、困境中保持达观的心态。

考试失利对于孩子肯定不是好事，但如果以达观的心态面对，他从中学到的东西肯定是不可替代的。

☆**应对策略：把“失利”当成修补知识漏洞的最好时机**

面对因考试失利而沮丧的孩子，家长应以温柔体贴之心待之。

第一，理解孩子的震惊与不安，明确告诉孩子，爸爸妈妈也和你同样感到惊讶：因为“这不代表你的真实水平”——同情理解中包含肯定，让孩子感觉到虽然自己这次考砸了，但父母仍然充分肯定我的学习能力。

第二，理解和包容孩子“莫名的愤怒”——孩子的愤怒并不针对任何人，而是这个不能接受的考试结果。也许，家里会出现这样的场面：“孩子，该吃饭了！”“我不饿！”“考砸了也不能和肚子赌气吧？有什么事儿吃饱了再说。”“你们烦不烦哪？能不能叫我一个人待会儿？”此刻，面对孩子的不冷静，家长最忌讳的一句话就是：自己考砸了，对大人发脾气，你还有理了？理智的回应应当是，口头或书面方式告诉孩子：爸爸妈妈知道你心里难受，你可以自己待会儿，饭菜在桌上，吃的时候要加热。温柔提醒：别误了上学！

第三，鼓励孩子把压抑的情绪宣泄出来。当孩子开始表达自己的沮丧和难过时，家长应给予体谅的回应。语言的回应包括我知道……我了解……肢体动作的回应包括给哭泣的孩子递上纸巾、轻轻地拍打后背、拥抱等，让孩子感觉到情感的支持。

第四，当负面情绪宣泄之后，鼓励孩子反思考试失利的原因，从塞翁失马中寻找有利因素。此刻可以明确地告诉孩子，爸爸妈妈并不认为偶尔考砸一回就是坏事情。如果通过分析考砸的原因，找到自己知识网络上的“漏洞”，你就消除了未来更重大考试或实际应用知识时的隐患，不也是坏事变成好事的转折点吗？当孩子理解了这一点，寻找考试本身的问题，通常是无须家长帮忙的——那是孩子自己的事儿。

不经一事，不长一智，从失败中学习，也是孩子成长的必修课。

◎30.孩子过分看重名次怎么办？

我的孩子在学习方面比较省心，成绩也还不错。一、二年级经常考“双百”，三年级以后成绩也没有掉下过前8名。孩子喜欢考第一的感觉。有时候，兴冲冲地拿着双百分回来，还会问大人，“考双百就是第一名，对吧？如果有12个同学都考了双百，谁是第一？”可能我曾经漫不经心地回答过“那叫并列第一”。可没想到孩子对“并列名次”也很在乎。最近的一次期中考试，孩子拿到卷子是撅着嘴回来的。原因是老师在公布同样得分的并列第五名时，把他的名字放在了其他3名同学的后面。加上前4名也有并列成绩，所以他的名字被排在了第十位。虽然既没有张榜公布，也没有打印下发，但是，名字排在9名同学之后，显然让他“很受伤”：“凭什么都是并列第五名，老师最后才念我的名字？按姓氏笔画也不该把我排在后面呀？”孩子的话简直让我啼笑皆非：排在哪里你也是“并列第五名”，还有什么不同吗？小小年纪就这么在乎名次，太奇怪了！

作为家长，既认为孩子不应该这么在乎排名，又担心说得不好让孩子连学习成绩也不在乎了，对这种过分在乎名次的孩子应该怎么办？

▲症结：荣誉感被扭曲为虚荣心

荣誉感通常是指人们追求光荣名誉的情感。它包括个人荣誉感、集体荣誉感、国家民族荣誉感等非常丰富的内容。荣誉感可以促人奋发向上，为了光荣的名誉不惜牺牲个人利益甚至生命。而虚荣心则是追求表面光彩的一种负面心理。革命烈士牺牲时慷慨高歌：砍头不要紧，只要主义真，杀了我一个，自有后来人！彰显的是为革命事业献身的荣誉感；而犯罪分子伏法之前来一句：18年后，老子又是一条好汉。表现的则是追求表面光彩的虚荣心。

儿童青少年时代，荣誉感和虚荣心之间常常缺少清晰的界限。孩子们有时候会注意到表面的光彩而对事物的本质缺乏深刻了解。当荣誉感被扭曲为虚荣心的时候，在学习上就会表现为关心名次超过关心实际掌握的知识，关心别人的赞誉超过关心自己内心的体验。虚荣心发展到一定程度，孩子甚至会为了面子，丢了“里子”，不惜以考试作弊“保住”或“提升”名次，谋求本来自己不配享有的荣誉和利益。

◆他山之石：把金质奖章给孩子当玩具的居里夫人

居里夫人因为在科学研究领域的卓越贡献，两次获得诺贝尔奖，其他奖章就更多了。但是，她历来主张在科学上人们应当注意事，而不是注意人。有一天，居里夫人的一位朋友来看望她，很惊讶地发现居里夫人的小女儿正在玩前不久英国皇家协会刚刚颁发给她的一枚金质奖章。于是情不自禁地问道：“英国皇家协会的奖章是极高的荣誉，怎么可以随便让孩子玩呢？”

居里夫人坦然地回答：“我想让孩子们从小就知道，荣誉就像玩具，只能玩玩而已，决不能永远守着它，否则就会一事无成。”

爱因斯坦曾经对居里夫人发出由衷的赞叹：“在所有的著名人物中，居里夫人是唯一不为荣誉所倾倒的人。”

居里夫人对荣誉的态度，当为广大家长鉴。

☆应对策略：关注名次，更要关心名次背后的东西

在升学、就业、人才选拔仍然需要通过考试遴选的制度框架内，名次是个很“有用”的东西，有着很高的“含金量”。要求家长和孩子不在乎名次，既不可能，也没有必要。但是，关注名次和过分在乎名次是不同的。对于虚荣心较强的孩子，家长应当引导他们在关注名次的同时，更多地关心名次背后所包含的有价值的信息。

第一，应当肯定孩子在乎学习成绩、考试名次是有上进心、有责任感的表现，防止孩子由于简单地被批评为虚荣心作怪，把本来应有的荣誉感一起丢掉。

第二，要耐心地和孩子讨论上进心、荣誉感和虚荣心的差别，帮助孩子明白关注名次的真正目的应当是了解“名次”所代表的学习水平，了解在第一名和第八名之间，可能意味着对某些知识掌握和运用能力的差别，意味着各自知识网络上存在的漏洞大小、位置不同，但并不代表第一名一定比第八名“聪明”，防止孩子为名次而翘尾巴。

第三，分清正常范围的起伏和需要引起重视的异常情况。一般情况下，由于身体状况、粗心、考试情绪、试题偏离习惯的思维方式的程度、试题难度或题量大小等因素的影响，孩子的考试成绩在其本来所属的层次内，即上游、中游、下游各个层次内部的波动是基本正常的。一旦超出这个波动范围，则需要认真地分析特殊的原因。在排除考试作弊等非正常手段的前提下，对突然的名次上升要找到具体原因，总结经验的同时防止盲目乐观；对突然的、迅速的名次下降，则要耐心了解孩子的生活中出现了哪些干扰因素，有针对性地进行引导。

第四，要引导孩子正确对待名次的升降。正如战场上没有常胜将军一样，考场上也没有永远的“第一”。只要考出了自己真实的水平，没有太大的遗憾，就应当坦然地接受名次的升降。唯一需要关心的是通过每一次考试，不断完善自己的知识结构，提高自己解决更为复杂的问题的能力，保持积极乐观的心态。

◎31.孩子“偏科”怎么办?

按照现在的教育制度，孩子要高中二年级才分文理班。可是，我的孩子才上初中二年级，就已经明显“偏科”。数理化已经达到参加“奥赛”的水平，完成作业更是“小菜一碟”，经常有同学打电话请教他数学问题。但所有需要记忆、背诵的课程，政治、历史、地理、英语等，差距都很大，有的课程勉强及格，个别课程甚至不及格。老师、家长没少提醒他，可是根本没用。孩子动不动还发牢骚说：偏科有什么不对？本来就没有“全才”。我将来要么靠数理化成绩保送上大学，要么就是这种死板的考试制度断送了一个数理化天才！

其实，孩子的话虽然狂了点，但也不是没有道理。可是，当家长的知道，教育制度不会为了我们家的“数理化天才”网开一面，保送上大学的前提是先得上个好高中。所以，思来想去，指望数理化成绩保送还是“悬”，帮助孩子克服“偏科”才是正道。但是面对理直气壮偏科，而且“不思悔改”的孩子，真不知道如何是好。

▲症结：智力结构、兴趣、情感与挫折体验都可能导致偏科

导致孩子偏科的原因非常复杂。

从孩子自身分析，同样“聪明”的孩子，智力优势可能差别很大，有的善于形象思维，有的长于逻辑思维，有的理解优于记忆，有的记忆好于理解，有的擅长语言表达，有的擅长动手操作……通常，孩子们在自己擅长的领域一般会有更

优秀的表现,容易形成学科偏好;就兴趣而言,孩子们更是千差万别,有的喜欢体育,有的喜欢艺术,有的喜欢文学,有的喜欢机械,有的喜欢计算机网络,有的喜欢兵器知识、航天科技、汽车航模;从情感体验的角度,儿童青少年特别容易根据老师的好恶决定自己对某一门课程的态度,即通常所说的“亲其师,信其道”;从挫折体验的角度,孩子们还容易“讨厌”让自己“丢脸”的功课等等。

从外部影响分析,父母的职业、家庭文化氛围、教师的态度与行为、社会舆论的影响等,也都是孩子学科偏好形成的重要影响因素。比如,社会对比尔·盖茨的宣传与褒奖,可能是许多孩子喜欢计算机的重要诱因,老师的批评与表扬带来的不同感受,也会影响到孩子对课程的态度;父母职业成功与否以及职业满意度,也会间接影响孩子对学科的重视程度等。

既然有这么多的原因都可以导致偏科, 从中找到孩子偏科的主要原因,是寻求改善的当务之急。

◆他山之石:知识塑造性格

迄今为止,关于读书学习广泛涉猎各学科知识的益处,已经有太多的名人名言作过概括。其中,英国伟大的启蒙思想家、教育家弗朗西斯·培根的观点无疑是其中最精辟的论述之一:

求知可以改进人性,而经验又可以改进知识本身。人的天性犹如野生的花草,求知学习好比修剪移栽。

求知的目的不是为了吹嘘炫耀,而应该是为了寻找真理,启迪智慧。

读书使人充实,讨论使人机敏,写作则能使人精确。

读史使人明智,读诗使人聪慧,演算使人缜密,哲理使人深刻,道德使人高尚,逻辑修辞使人善辩。凡有所学,皆成性格。

不仅如此,精神上的各种缺陷,都可以通过求知来改善——正如身体上的缺陷,可以通过适当的运动来改善一样。一个思维不集中的人,可以研习数学,因为数学稍不仔细就会出错。缺乏分析判断能力的人可以研习形而上学,因为这门学问最讲究烦琐辩证。不善于推理的人可以研习法律案例。这种种心灵上的缺陷,都可以通过求知来治疗。

既然知识能够塑造人的性格,在职业目标尚未确定的青少年时代,把求知的过程作为塑造健全人格的过程是明智的选择。即便立志成为自然科学家,也需要基本的语文能力把自己的发明创造以人们能够理解的方式表达出来。如果希望自己的劳动创造造福人类，掌握母语之外的其他语言则是直接汲取人类文明精华和传播新的文明成果最便捷的方式。

☆应对策略：扬长补短，形成“T”型知识结构

人生苦短，全才难寻。要求孩子所有功课均衡发展、门门优秀对于绝大多数孩子是不可能的，更何况“全面发展”也不等于“平均发展”。未来社会既需要雄才大略的复合型管理人才，更需要各行各业的专门人才。“T”型的知识结构，则可以使孩子拥有更加广阔的发展空间。

所谓“T”型的知识结构，是强调相对全面的基础知识和专业特长所代表的“核心竞争力”。“T”字的一“横”，代表相对全面扎实的基础科学文化知识；“T”字的一“竖”，代表专长，即“人无我有，人有我精，人精我特”。在强手如林的人才竞争中，如果一位“IT”产业精英能够开发高水平的新软件，却难以用准确形象的语言表达它，并使用户了解和接受它，那么他的劳动就变成了“自娱自乐”，无法实现社会价值。可见，初中就开始偏科肯定会对合理的知识结构的形成产生不可挽回的影响。

矫正偏科不能用“削平山头”的消极办法，而应当在充分肯定孩子优势科目学习成绩和经验的基础上，逐步做到“群峰并立”，缩小落后科目的差距。

第一步，把消灭“不及格”科目作为近期奋斗目标，帮助孩子明白，不及格课程很可能成为实现发展目标的绊脚石，必须搬开。

第二步，在落后课程上升到“不拉后腿”的水平时，要鼓励孩子总结经验，寻找进一步提升的空间，直至孩子自己满意并达到相对稳定水平。

第三步，努力保持优势科目在学习过程中的领先地位，把长项发展到最高水平。这既可以增强孩子的自信，也可以通过这种自信心对其他学科的迁移带动整体提升。

针对偏科的不同原因，家长还要用心地在认识层面、师生互动层面、学习方法层面进行有针对性的引导。比如，对于因为不喜欢某一位老师而敌视其所教课程的孩子，可以引导他们客观地分析师生关系存在的问题，客观地评价老师的教学水平，正面讨论老师的教育方法给孩子带来的负面感受，把对老师的意见和对课程的态度区别开来。必要时也可以从改进师生关系入手推动问题解决。至少要帮助孩子学会从优秀的老师身上学习知识和人品，在“不够优秀”的老师身边也要认真学习“有用的知识”。

◎32.培养文体特长是一条人生捷径吗?

有一首流行歌的歌词是“只要你过得比我好”。我觉得这首歌唱出了天下父母对儿女的心声。这几年陪伴孩子从幼儿园到小学一路走来,亲身经历、亲眼目睹了许多“舔犊情深”的生活故事,让我深深地感觉到,今天的父母为了孩子是可以牺牲一切的。只要孩子能有个好前程,陪读、陪练、省吃俭用、掏干腰包,一切都认了。身边许多家长像押宝一样把孩子的前程、上大学的希望押在了特长培养上。好像孩子学会了某种文体技能,上大学就多了一条捷径、一道“保险”。可是,看着许多孩子放学后直接被家长送到第二课堂“加班加点”,回家后急匆匆地吃口饭再抓紧时间写当天的作业,小小年纪就像陀螺那样被抽打着旋转,而且家长和孩子之间除了课业之战又增加了“逼着练”的矛盾,使我既有几分“不忍”,又有几分顾虑:我要不要也给自己的孩子找一条这样的“人生捷径”?

▲症结:把文体特长培养当成了“敲门砖”

毋庸讳言,每年都有一些文化课成绩比较低的孩子凭借文体特长进入各类高等院校,甚至,有些名牌大学也出于各种考虑,降低标准接收一些特长生。这一事实给许多家长和孩子传递了一个“令人鼓舞”的信息:文体特长在关键时刻可以像“芝麻开门”一样,敲开本来不属于孩子的高校大门。于是,无论是否具备基本条件,家长都把“培养特长”当成了一块“敲门砖”。在强烈的功利目的支配下,在慷慨“投入”的同时,家长也对孩子第二课堂的“产出”寄予厚望,经常提出和第一课堂同样的、有时甚至是更高的要求。孩子自身的爱好兴趣反倒显得微不足道了。这既是许多孩子对特长培养“不领情”的重要因素,也是造成千军万马奔艺考,淘汰率不断攀升的根本原因——越来越多的孩子被家长一相情愿地推到了本来不适合他们的竞技场上,多了一次领略失败的机会。

◆他山之石:万名考生比拼290个名额——“捷径”变成“独木桥”

两点之间,直线距离最短。通常人们认为这就是“捷径”。特长生曾经被认为有机会坐直通车进入大学,所以才会被当成高考捷径。但是,现在情况已经发生了很大的变化。10年~20年前,中国绝大多数工薪家庭还没有能力为孩子支付购买钢琴、古筝、大贝司和艺术学习相对高昂的学费，只有极少数被老师认为“有天分”，而且家庭经济条件优越的孩子才有机会接受特长培养，许多特长生来自少年宫艺术团体或少年体校。改革开放30年间，随着经济发展、居民家庭生活的改善，价值数千元的钢琴进入寻常百姓家已经不是什么新鲜事了，参与各种考级的孩子越来越多，甚至每年艺考生的报名费都成了高校一笔可观的收入。但是，尽管高校扩招，艺术生的录取名额也在增加，但是，与庞大的社会需求相比，已经是杯水车薪。

2008年2月初，春寒料峭的北方都市泉城，一所提前招考艺术生的地方大学，290个录取名额，来了1万多名艺考生。本来想走升学捷径的孩子实实在在地遭遇了一场“滑铁卢”。类似的场面近年来陆续出现在许多城市。东西南北大赶考，不仅孩子被搞得疲惫不堪，家庭为此付出高昂的代价，而且，艺考的“命中率”却越来越低了。许多省份艺考竞争的激烈程度已经超过了普通高考，“捷径”事实上变成了更窄的“独木桥”——特长生升学的机会成本大大增加。

☆应对策略：效益最大化和遗憾最小化的文体特长培养方案

要求家长在孩子的文体特长培养方面完全放弃功利的考虑几乎是不可能的。家庭对孩子第二课堂付出的代价也应当有所收益，但是这种收益决不仅仅是敲开某高校的大门，而应该有更为丰富的内涵。在资源有限的情况下，选择效益最大化、遗憾最小化的文体特长培养方案，对于绝大多数工薪家庭是明智的。

所谓效益最大化，是用有限的时间、经费投入，换取最好的培养效果。所谓遗憾最小化，是这种投入即便达不到预想的最高目标，但结果仍然是有益的、可以接受的。比如，一个真心喜爱音乐的孩子学了钢琴，能如愿以偿考上音乐学院，将来成为著名钢琴家，可能达到效益最大化；但即使考级不过关，对升学没有什么帮助，这种高雅的业余爱好也可以伴随孩子终身，给他未来的生活增添一抹亮色，也是一个不错的结果。因此，效益最大化和遗憾最小化的特长培养方案，至少应当满足以下条件：

第一，以孩子真正的兴趣爱好和基础条件为重要参照，选择恰当的活动项目。“热爱是最好的老师”，牛不喝水强按头或者仅凭家长的兴趣为孩子选择第二课堂，常常事与愿违。有人说，孩子很小开始练童子功，选什么还不都是家长引导的？应当承认，在孩子的中心兴趣还没有定型时，可塑性是很强的。耳濡目染的家庭环境、家长的好恶会对他们产生很大的影响，但是，这并不意味着孩子本身没有自己的偏好。细心的家长其实不难发现,有的孩子一听到音乐就会手舞足蹈,而且很有“乐感”;有的孩子对所有能够拆卸的东西都要“大卸八块”,看看里面究竟有什么;有的孩子对色彩有一种本能的迷恋,“涂鸦”能给他们带来无尽的快乐;也有的孩子更喜欢做超越体能的尝试……诸如此类的表现都可能蕴涵着兴趣的萌芽。从孩子的兴趣爱好出发选择特长培养的方向可以收到事半功倍的效果。当然,兴趣和基本条件需要合理地匹配。比如,手指比较短的孩子弹钢琴会不太方便,某些慢性疾病不适合从事剧烈的体育运动,身高对一些竞技体育项目也会构成限制等等。了解了上述参照因素,特长培养就可以防止盲目从众或家长独断可能造成的被动。

第二,在确定具体的培养目标之前,允许孩子有一个尝试的过程。比如,通过在学校或少年宫参加尝试性的特长班,让孩子有机会“感觉”一下自己真正喜欢的是什么,然后再作决定。一旦作出决定,应当与孩子达成某种协定,让孩子认可“游戏规则”,减少管理的困难。

第三,引导孩子处理好文体特长培养与课业的关系,不可以喧宾夺主。尤其在九年制义务教育阶段,对于绝大多数孩子,牺牲基础文化教育培养文体特长是不可取的。在文体特长培养过程中,既要有循序渐进的要求,又要淡化功利心,让孩子“享受”训练过程中“成长的快乐”,愉悦身心,促进学习和意志品质的发展。

第四,当孩子文体特长发展未达到家长预期时,不要简单地批评抱怨,而应当在专业老师的指导下,耐心地和孩子一起分析原因,寻找改善的对策。对于兴趣还在,但怕苦怕累的孩子,要鼓励他们莫轻言放弃、尽量不要半途而废;对于丧失兴趣,或者难以兼顾爱好和学业的孩子,也不必过于勉强。孩子有权利在鱼和熊掌不能兼得时作出选择,而这种选择应当得到理解和尊重。

无论孩子的文体特长培养能否“修成正果”,至少给单调的学习生活增添了乐趣,给未来的人生准备了一种调味品。总之,在端正态度的前提下,文体特长培养没有输家,不是“赔本的买卖”。

◎33.任何特长都可以培养出来吗?

记得曾经读过的一本书上,有个著名的教育家曾经说过,给我一打儿童,我可以任意地把他们培养成法官、医生、艺术家、小偷和罪犯。当时的感觉是孩子就像一团橡皮泥，想捏成什么形状就可以捏成什么形状，如果孩子没有特长，那肯定是家长“雕塑”的功夫不行。但最近几年，我们先后给孩子找过画画的老师、芭蕾舞老师、小提琴老师，钱花了不少，但全都半途而废。如果孩子可以被培养成任何类型的人才，为什么我们的努力会付诸东流？

▲症结：过分夸大环境和教育的作用

这位家长叙述的观点来自美国行为主义心理学的创始人华生（1878~1958）。他否认遗传的作用，认为后天环境对人的行为具有压倒一切的影响。他曾经夸口说，给他一打健康的婴儿，让他在完全可以控制的环境中培养，他能把任何一个婴儿变成任何一种人物。随着20世纪行为主义心理学影响的不断扩大，华生的环境决定论和教育万能论的观点也产生了广泛的影响。后天环境和教育对孩子的影响非常重要，这是毫无疑问的。但是，这并不意味着“内因”不起作用。就连华生在夸口时也提出了两个基本的条件，要“一打健康的婴儿”和“完全可以控制的环境”。显然，婴儿生下来是否健康，更多地取决于父母的遗传而不是华生施加的后天影响。因此，在孩子特长培养问题上抛开一切先决条件强调任何特长都可以培养出来，是被环境决定论和教育万能论给“忽悠”了。即便华生本人，也不可能把一个天生的脑瘫儿培养成“任何一种人物”。同样的道理，凡是需要具备某些基本身体、智能条件的特长，都必须建立在唯物的基础上。所以，有些特长培养“半途而废”是不可避免的。

◆他山之石：特殊能力与特技儿童

特长就是特殊能力。比如，科学家的创造型思维，政治家的高瞻远瞩，军事家的运筹帷幄，外交家的纵横捭阖，以及文学家感悟人生透视生活的能力，艺术家表现美的才能，体育健将突破人类体能、运动能力极限的能力等，都属于特殊能力。绝大多数特殊能力的形成有赖于个体的先天素质、后天的培养锻炼和环境、时势的影响。我们不能期待生来就没有听力的孩子能辨别优美的音阶，也不可能让腿有残疾的儿童成为马拉松冠军；但是，同样的身高、体重、健康水平，姚明、杨丽萍却只有一个，这也说明后天的环境和努力对特殊能力形成具有非常重要的作用。

人们通常所说的“特技儿童”，是指那些在某一特殊领域如音乐、绘画、数学、机械技巧等方面具有超常能力，但其他方面未必优秀，甚至可能弱智的孩子。比如艺术形象阿甘，生活中的周周（音乐指挥家）等。对于这种特技儿童，一旦测验出某一方面的特殊能力，应当有意识地开发培养，使之形成可以谋生的一技之长，同时也要注意培养其基本的生活技能，使之达到基本可以自理的水平。

☆应对策略：培养特长不必刻意追求“特技”

特长包含特技但不等于特技。孩子的特长培养也不能简单地等于文体特技的培养。事实上，一个孩子有很好的语言表达能力、写作能力、组织活动能力、团结协作能力、创新思维能力、动手能力、活用已掌握的知识解决问题的能力等，都是非常宝贵的特长，虽然这些特长不像文体特长那样可以考试加分，但是作为未来生存发展的“核心竞争力”，可能比胜负难料的文体特长更具有普遍价值。因此，对孩子的特长培养，家长思路要开阔，不要动不动就用“我的孩子没有什么特长”这种狭义的主观判断伤害孩子的自尊心。

对于孩子在学习、生活、人际交往中已经表现出来的特殊能力，家长应当给予客观的评价和鼓励；对于暂时还没有表现出明显能力优势的孩子，家长要细心地观察，注意发现孩子的优势领域；在肯定和培养孩子某一方面特长的同时，要始终注意引导孩子德、智、体、美、劳全面发展，不要顾此失彼，因小失大。

◎34.怎样指导孩子度过学习的“平台期”？

我的孩子上高一，小学、初中阶段学习都不错，进入高中以后却明显地表现出不适应：一是认为“自己不再优秀”，别人都比自己强；二是面对大小考试，动不动就是“我死定了！”还没考就丧失了信心；三是投入时间不少、学习效率不高。我问过班主任老师，老师说孩子的学习稳定在班里的中游，基本上反映了他的实际水平，而且认为这孩子还有潜力。但是，我不知道怎样才能让孩子恢复信心。

▲症结：误把“平台”当“下坡”

从家长介绍的情况看，孩子很可能是进入了学习过程中暂时的“平台期”。许多经过中考的激烈角逐进入高中的孩子都曾经失望地发现，自己不像原来那样“优秀”了。这一方面是因为他们在学业上遇到了势均力敌的竞争对手,原来的“比较优势”不复存在;另一方面是因为面对全新的学习任务,他们还需要一个适应的过程。

所谓“平台期”就是原有的知识、技能不能适应新的学习内容要求,需要在一个新的起点上重新开始探索的特殊阶段。这个阶段的突出特点是表面上的“停滞”,稳定但没有明显的起色。平台不是下坡,不是退步,只是暂时还没有取得新的或明显的进步而已。

◆他山之石:治学三境界

有人曾经用我国历史上3位著名诗人的诗句中摘出的3句话描述作学问的3种境界:

第一句:昨夜西风凋碧树,独上高楼,望尽天涯路。(晏殊《蝶恋花》)

第二句:衣带渐宽终不悔,为伊消得人憔悴。(柳永《凤栖梧》)

第三句:众里寻他千百度,蓦然回首,那人却在灯火阑珊处。(辛弃疾《青玉案·元夕》)

用这几句古诗解读高中一年级学生的心态,我们可以看到这样一幅画面:

经过号称“人生第一搏”的中考,终于踏进高中这样一个新的奋斗平台,展望3年后的高考,身边强手如林,前面大小考试重重关山,巨大的压力油然而生;

1095个日日夜夜,为圆一个大学梦,他们将度过一生中睡眠最少、减肥效果最好、心情最郁闷的阶段。因为没有退路而不悔,因为辛苦而憔悴是必然的;

3年奋斗、3年寻觅、3年煎熬,高考过后的某一天,其中的幸运者可以看见高校录取通知翩然而至,这是所有孩子和家长期盼的“大团圆”结局。

显然,整个高中阶段,孩子们都将处在一个充满压力的“平台”上。

☆应对策略:把平台作为腾飞的起点

对处于学习平台期的孩子,家长首先要帮助他们明白,平台期是任何学习过程都会遇到的一种暂时现象,千万不能因此灰心丧气。平台上有相对比较大的探索空间,向任何方面迈出一步可能都意味着新的突破。甚至学习成绩出现暂时的倒退或低谷,都应保持一种豁达的态度,耐心地寻找自己在新环境中的比较优势,把平台作为腾飞的起点。

一般说来,孩子进入新的学习环境,不会在所有的课程上齐头并进、同时突破。家长要细心地发现孩子在新的学习环境中相对适应较快的课程,指导他们总结成功的经验,举一反三,推动学习能力的全面发展。即便是所有的课程都没有达到优秀水平,及格与不及格、吃力与不太吃力也可以作为区分的标准和进步的起点,鼓起孩子的信心和勇气。

同时,家长不要轻易向孩子流露自身的焦虑,更不要轻易责备在平台上苦苦探索的孩子,责备肯定不会使已经陷入困境的孩子更聪明、更有能力,而只会使孩子更加焦躁。关切的目光、理解和鼓励的态度往往比咄咄逼人的追问效果更好。

当处于平台期的孩子试图用拼体力的方式提高学业成绩时,家长要提醒孩子保持良好的学习生活习惯。今天学到深夜1点,可能明天课堂上就要打瞌睡,其实得不偿失。寻求科学的方法、选择经典的例题、参考别人的经验、保持充沛的精力,比简单地拼体力、搞疲劳战术更有效率。

最后,要引导孩子正确认识"优秀"是一个弹性概念。优秀并不意味着在一切时候、一切方面超过一切人。对于一名普通的中学生来说,优秀首先意味着自我超越。只要努力争取"比昨天进步一点儿",每一个今天都有助于实现优秀的人生。

◎35.怎样培养孩子良好的学习习惯?

我的孩子已经六年级了,对人很热情,性格也开朗,活泼好动,交际能力很强,朋友哥们儿不少。学习成绩马马虎虎还过得去,但是学习态度不太认真,看上去有一搭没一搭地,一副漫不经心的样子。老师说这孩子没有养成好的学习习惯。我们当家长的自己文化程度也不高,虽然时平也经常把"瞧你这坏习惯,什么时候能改"之类的话挂在嘴上,可具体到什么是好的学习习惯,怎样培养好的学习习惯,家长自己心里也不清楚。

▲症结:忽视习惯养成就会收获不良学习习惯

所谓习惯是人们在一定情境下自动从事某些动作的需要和特殊倾向。比如,司机紧急避让时踩刹车的动作,母亲在危急时刻保护婴儿的动作,许多人讲话带的口头语，抽烟喝酒等生活嗜好，孩子动脑筋时咬笔杆的动作等等。通常在家长指导下有意识培养的行为，能够固化为好的习惯，如饭前便后要洗手，见到熟人要称呼等等。也有许多习惯不是有意识锻炼的结果，而是无意识重复过程中逐渐形成的。因此，习惯有好坏之分。如果家长在孩子开始学习的起步阶段忽视了好习惯的培养，一些无意中形成的不良习惯就会被"固定"下来，持续的时间越长，矫正的难度也会越大。

◆他山之石："学习"、"学习过程"与"学习习惯"

学习泛指获得经验和行为变化的过程，学生的学习活动在人类的全部学习活动中具有特殊性。这种特殊性体现为在特定的教育环境中掌握系统的科学文化知识和社会经验。学生学习的特点：一是内容以语言文字传递的间接经验为主，学习过程相对简短；二是在教师教材引领下有组织有计划地进行；三是作为学生主动的认识过程，包含了一系列复杂的心理活动；四是学习效果受到教师学生、教材等多种因素的制约。

一个完整的学习过程包括 3 个基本环节，即定向环节、执行环节和反馈环节。美国著名心理学家、教育心理学体系和联结主义心理学的创始人桑代克（1874~1949）认真研究了影响学习的主要变量，归纳出学习的"三大定律"。(1)"准备律"指出，当个体在心理和生理方面对学习有所准备时，学习行为通常比较令人满意，否则结果多半不能尽如人意。因此，要激发学习动机，引导学习者进入学习情境；(2)"练习律"强调用进废退，指出任何学习过程都需要通过练习来巩固；(3)"效果律"强调个人学习某项行为后所获得的待遇，也能决定学习效果。正面的、积极的反馈可以增强学习效果，负面的、消极的反馈则降低学习动机，甚至可能中断学习活动。中小学生中时常出现的离家出走、逃学等问题，常常与之有关。

学习习惯是学习过程中被有意识地教导、训练或无意识中形成的一系列学习行为模式。好的学习习惯至少应当包括积极的学习态度，明确的学习目标、恰当的学习方法。

☆应对策略：端正态度与改进方法

培养良好的学习习惯，端正态度和改进方法是关键。

学习应当成为孩子主动的行为。没有内在的自觉，孩子只能成为被动完成任务的“工具”和考试的“机器”。培养孩子主动学习的态度,家长要尽可能减少说教,这些道理孩子因为听得太多早已厌倦了。不妨试一试这样的做法:带孩子观察不同的人、不同的工作和生活方式,让孩子谈谈自己的感受,特别是将来自己希望成为什么样的人,希望拥有什么样的人生。然后和孩子讨论要达到这样的人生目标需要接受什么样的教育,从而使孩子懂得,学习是他自己的事情,他应该对自己今天的学习和明天的发展承担自己的责任。这样孩子就会把学习当成一种基本的需要,珍惜自己拥有的学习机会,主动去设计明天的生活。

好的学习习惯包括一整套行为模式。从按时作息、课前预习、认真听讲、与老师同学讨论和分享、独立完成作业、遇到难题既不回避也不钻牛角尖、对考试成绩保持理性的态度、胜不骄、败不馁、乐于在生活中运用学到的知识解决问题等。对于孩子学习过程中的积极行为,家长要及时鼓励,使偶然的行为成为习惯动作;对于孩子已经表现出来的不良学习习惯,家长应当及时给予“温柔提醒”,引导孩子主动寻求改善;对于孩子学习成绩的正常波动,家长无需大惊小怪,更不应把每一次考试成绩都和一生的前途直接联系起来，加重孩子的心理压力;倘若家长在紧张繁忙的工作和家务劳动之余,也能保持阅读、思考、和孩子一起探讨各种问题的“终身学习”的习惯,对于孩子良好学习习惯的养成,则会事半功倍。

沟通之惑

◎36.“代沟”是怎么产生的？

我有一个上中学的儿子。学习还可以，朋友也多，兴趣很广泛，自认为见多识广，越来越不把家长放在眼里。动不动地就嫌家长唠叨、啰唆。几天前的一个早晨，吃早饭的时候，因为很快就要期中考试了，我提醒他最近复习要上点儿心，千万别再重蹈上次考试犯低级错误的覆辙。没想到，我语气平和的提醒竟然让儿子大为光火：天底下竟然有你这样的妈，你就咒我吧！震惊之余，我自然免不了要反驳两句：说话也得有点良心吧，你上次没考好难道也是妈妈在咒你吗？别睡不着觉抱怨枕头，你什么时候才能学会从自己身上找找原因？接下来就是你来我往的争执分辩，搞得双方都很不愉快。孩子摔门而去时丢下的一句话，更是让我伤心不已：真没数儿！不知道“代沟”有多深！整个一个“蛋白质”！

儿子的脚步声消失了，我半天还没回过神儿来。“代沟”这词听说过，意思大概能感觉出来，“蛋白质”不知道是什么东西，看儿子说话时恶狠狠的表情，肯定不是什么好话。实在憋不住了，逮住楼下邻居的孩子问了一声。答案简直把我给气蒙了：原来在儿子眼里，妈妈竟然是“笨蛋、白痴、神经质”！说实话，听到答案的一瞬间，我几乎忍不住自己的眼泪，这就是辛辛苦苦养儿子给我的回报吗？那一刻，我觉得作为母亲的自尊被彻底粉碎了。也许，随着年龄的增长，我的思想有些落伍了，但绝没有达到“蛋白质”的水平。这么深的“代沟”究竟是从哪里来的？

▲症结：否定父母权威是孩子成长的需要

无论是生命的成长还是认识的进步，辩证的否定都是发展的关键环节。种子萌芽了，是对果实形态的否定；叶子长大了，是对幼芽的否定；花朵绽放了，是对蓓蕾的否定；果实出来了，又是对花朵的否定，一个奇妙的生命就这样周而复始。没有人可以两次踏进同一条河流,没有人可以两次享用同一颗果实。孩子的确延续了父母的生命,但他的生命肯定不是对父母简单的复制。因为他们的生命历程记录了完全不同的时代风雨,打上了完全不同于上一代人的历史印记。否定和反抗父母的权威,希望拥有不同的人生,恰恰是新生命成长的需要。我们可以设想,如果世世代代的孩子都"唯父母马首是瞻",人类也许今天还在茹毛饮血。当然,这并不意味着孩子的反抗总是"正确"的。作为家长,可以不同意孩子的具体观点,但不可以剥夺孩子挑战家长权威的"成长的权利"。家长如果意识不到这一点,"伤心总是难免的"。

◆他山之石:两代人的文化"互喻"

在世界范围内,对"代沟"研究最有影响的成果是美国文化人类学家玛格丽特·米德的著作《代沟》。她第一次向我们清晰地描述了急剧变革的社会怎样造就了互不理解的两代人,以及两代人之间隔着一道鸿沟互相观望的情况。深刻地分析了代际关系变化的深层原因,以及文化的代际传承面临的新的挑战。

在渔猎与农耕时代,长辈人的知识经验是下一代人赖以谋生的"本钱"。长辈自然拥有"不可抗拒"的权威。"不听老人言,吃亏在眼前"的事情是经常发生的。长辈通过各种方式对后代耳提面命,后代照单全收地接受前人的教诲,这是代际关系中"前喻"文化的时代;工业革命从根本上动摇了生存方式代际传承的基础,机械化、自动化的生产方式,在把祖辈的纺车和"青铜斧"送进历史博物馆的同时,也冲击了长辈原本不可动摇的权威,长辈有时候不得不向晚辈学习一些"新鲜的玩意儿"了,后代开始对前辈进行"文化反哺",人们将这种现象称为"后喻文化";而新技术革命引领的当今时代,激烈的竞争、快节奏的生活既造就了令老一代眼花缭乱的繁荣,也使新一代感到前所未有的紧张焦虑。前辈们曾经拥有的田园牧歌似的闲适心境以及对人生终极关怀层面的哲理性思考,可以给现代青年许多有益的启迪,而新一代人正在创造的繁荣也给老一代人更安适的晚年生活带来许多方便,人类已经进入"文化互喻"的时代。两代人都可以从对方那里学到很多有益的东西。在辩证地否定长辈权威的同时,继承仍然由老一代人传递的文明精华,将成为年轻一代健康成长的必要条件。

☆应对策略:"读懂孩子"是有效沟通的基础

在多年从事家教咨询的过程中,笔者感触最深的一个现象就是青春期的孩子对家长的了解远远超过了家长对他们的了解。这听起来似乎不合情理:家长曾经年少过,可孩子们还没有来得及长大,为什么没有经历过成年的孩子能够了解父母的心意,而曾经年轻过的家长反而不能理解孩子呢?

这是一个有代表性的咨询案例。

女儿“追星”让父母一筹莫展,无论如何也无法理解:一个连自己的生命都不珍惜的“明星”,有什么好?也值得女儿神魂颠倒?

对父母的焦虑,女儿却有自己充分的理解:其实,爸爸妈妈真正关心的并不是我喜欢“追什么样的星”,而是怕我耽误学习,误了他们为我规划的“好前程”——父母承认,这话“一语中的”。

那么,女儿如何看待父母为自己规划的好前程呢?在女儿眼里,做公务员的父母实际上“幸福指数”并不高。他们聪明、能干,也比较廉洁,但大半生怀才不遇的根本原因在于骨子里的清高。既有兼善天下的雄心,又不肯俯就官场“潜规则”,最后只能独善其身。尽管独善其身、得以善终也是人生不错的归宿,但显然不是最好的选择。如果父母当初不是选择了从政,而是另外一种更适合他们个性的发展道路,结果可能完全不同。我可不愿意把属于自己的人生交给连自己的人生都没有规划好的父母去支配,我会选择与父母不同的活法,因而也需要不同的指引——女儿这种“片面的深刻”则是父母始料未及的。

既然代沟的形成与两代人缺乏沟通有关,对于家长来说,“读懂孩子”是有效沟通的前提。

读懂孩子,首先要了解孩子真正的发展需求是什么,而不是简单地陈述家长为孩子规划的人生蓝图是什么。

读懂孩子,还要满怀欣喜地欣赏孩子对家长权威的反抗。记得有一位家长曾经提出过这样的问题:看着亲手养大的孩子和你犟嘴,而且你说一句他有十句等着,家长能不生气吗?而笔者恰恰认为,从来没有和父母犟嘴的孩子,很可能也是缺少独立见解的孩子。如果能从孩子犟嘴的内容中看到孩子认知能力的发展,在肯定孩子意见中包含的合理成分的同时,再教会孩子如何“礼貌”地表达自己的见解,是否会比针对“犟嘴”本身批评孩子效果更好?

读懂孩子,家长必须抛弃“自我中心”、“一贯正确”的思维定式。人不会因为做了家长就变得“高明”,家长也不会因为爱孩子就“永远正确”。家长必须正视自己的成长经历和孩子完全不同的基本事实,从这样的实际出发去了解孩子许多想法的依据,不要轻率地去做“裁判”。认真倾听、平等讨论的结果,往往使家长的要求与建议比“命令”更容易被孩子接受。

许多家长都渴望在代沟上架一座“桥”，而实际采用的方法却是把代沟越挖越深——应当减少这种遗憾。

◎37.孩子为什么有话不愿意对家长说？

我们夫妻双方都属于事业型的人。平时工作很忙，压力也比较大，没有太多的时间和孩子交流。小时候，孩子和父母还比较亲近，周末一家人在一起欢声笑语不断，对紧张的工作的确是一种很好的调节。可没想到，上了中学以后，孩子反倒越来越不省心了。动不动就摆出一副“苦瓜脸”，好像连父母都欠她点儿什么。本来中学生能有多少事儿？单纯的校园生活，良好的家庭条件，学习成绩也还不错，真不明白孩子还有什么不满足的。偶然有空儿问一声，你怎么了？孩子要么不耐烦地回一句“没事儿！”要么不冷不热地抱怨一声：忙你们的去吧，别管我！连我们自己都想不明白，这孩子为什么有话不愿意对父母说了？

▲症结：家长缺少一双会倾听的耳朵

在现实生活中，许多家长在孩子缺乏沟通能力的时候，能够很耐心地倾听孩子咿呀学语时含混不清的音节，努力分辨每一个音节的含义，细心地矫正孩子的发音，一句一句地教孩子准确地表达“自己的想法”，并以此作为了解并满足孩子需要的依据。但令人遗憾的是，这个过程通常过早地结束了。从孩子上幼儿园开始，忙忙碌碌的家长对孩子的态度多了要求、命令，少了耐心倾听。孩子的儿童时代，家长凭借知识阅历的优势保持着家长命令的权威，孩子听家长的话成为基本的沟通模式。随着孩子生活领域的扩大、视野的开阔、思维能力的发展，通常在孩子进入“青春期”开始，“万能家长”的神话就破灭了。此时，如果家长不愿意“走下神坛”，仍然认为“我走的桥比你走的路都多，我吃的盐比你吃的米都多，你有什么理由不听我的？”继续沿用“我说你听，我打你通”的教育方式，必然遇到孩子的反抗。因此，为了给孩子提供真正有效的帮助，家长需要一双善于倾听的耳朵，永远不要以为“我了解孩子的一切”。

◈他山之石：什么是“自己的看法”

这是一个通过各种渠道广泛传播的笑话。联合国出了一道题目，请全世界的小朋友回答。问题是：对于其他国家出现的粮食短缺问题，请你谈谈自己的看法。结果，没有一个国家的孩子能回答这个问题。

非洲的孩子不知道什么叫“粮食”；

欧洲的孩子不知道什么叫“短缺”；

拉丁美洲的孩子不知道什么叫“请”；

美国的孩子不知道什么叫“其他国家”；

亚洲的孩子不知道什么叫“自己的看法”。

估计凡是读过这个笑话的家长都会产生很深的感慨。我们的教育历来注重给孩子们提供所有问题的“标准答案”，却常常忽略了孩子们“自己的看法”，久而久之，我们培养了许多善于按照“标准答案”回答问题却没有自己见解的孩子。他们可以取得高分数，却没有独立解决问题的能力。与其说这是孩子的悲哀，不如说是教育的悲哀。因为从孩提时代开始，就很少有人关注并倾听孩子“自己的看法”，所以，我们的孩子中考、高考之际对自己的生涯发展一片茫然，甚至进了大学还不知道正在就读的专业是否适合自己——家长凭经验和感觉代替孩子作出了人生的重大选择，主角的意见因为不成熟被忽略了。

“自己的看法”得不到重视和理解，孩子只能“郁闷”、“反抗”或关闭“对话渠道”了。

☆应对策略：做一个会倾听的家长

通常情况下，家长是孩子最初的陪伴者、照料者、教导者和监护人。孩子生来就有与家长沟通的需要。但要想成为孩子真正的良师益友，学会倾听是最重要的基本功。

倾听孩子的心声，理解孩子的欢乐与烦恼，是科学施教的前提。对同样一件事情，阅历丰富的家长和单纯幼稚的孩子思考的角度、心理感受、包括处置的方式可能完全不同。只有感同身受地体会孩子的欢乐与烦恼、困难和困惑，才能给孩子提供有益的指教。

倾听孩子的心声，并不意味着家长需要和孩子整天“腻”在一起。日本当代青少年心理辅导专家松原达哉先生认为，每天拿出一分钟时间倾听孩子的想法，就可以为改善亲子关系和增进家庭教育效果带来积极的影响。当然，这一分钟应当完全属于孩子，家长的目光和心灵应当真正集中在孩子身上，而不是漫不经心地敷衍。

倾听孩子的心声，家长应当作出恰当的回应。真正的理解、真诚的赞美和孩子可以理解并接受的批评和忠告——这是倾听的理想结果，也是倾听之后应当完成的任务。

◎38.应当怎样表扬孩子?

我的孩子小时候活泼可爱，小嘴也甜，人见人爱，经常被大人摸着脑袋夸奖。可上学以后，这个从小被“夸”大的孩子却像变了个人。在学校经常调皮捣蛋，老师说他虽然聪明但用不到正经地方，“大错不犯，小错不断，前头认错，后头再犯”。上课做小动作，和同学说话，课间休息10分钟还要闹点小摩擦，有时完不成作业也不在乎。我知道孩子心里是渴望表扬的，但是找不到表扬他的“理由”，总是批评又担心孩子抵触。对这样的孩子应该怎么办?

▲症结：随意表扬和吝于表扬同样有害

从经常得到表扬到再也得不到表扬，如此的心理落差是孩子幼小的心灵难以承受的。这个案例反映的问题可能包含两个值得注意的问题。

第一，孩子小时候得到了太多的带有“哄孩子”性质的随意表扬，并形成了对这种廉价表扬的心理依赖。比如，许多家长习惯用“好孩子”来肯定孩子任何符合家长期待的行为；也习惯于“照单全收”朋友同事出于礼貌和客气对孩子的溢美之词；甚至为了让孩子听话不惜给孩子“戴高帽”。诸如此类的做法只能培养孩子的虚荣心而没有任何好处。

第二，当孩子渐渐长大时，家长和教师因为过高的期望而吝啬对孩子的表扬。所谓“找不到表扬的理由”，绝不是孩子“一无可取”，而是成人“表扬标准”出了问题。如果我们想表扬一个可以成为“好孩子样本”的“完美”的孩子，所有的孩子都没有被表扬的资格。

没有明确价值导向的随意表扬和吝于表扬同样有害：前者培养虚荣，后者伤害自尊。

◆他山之石:为您的夸奖道歉

这是毕淑敏老师的一篇短文,文章记载了她的一位朋友在北欧某个国家做访问学者的一段亲身经历:

一个周末,这位访问学者到当地一位教授家中做客。看到教授家中5岁的小女儿碧眼金发、美丽可爱的样子十分喜欢,在送给孩子礼物并得到孩子礼貌的道谢后,这位访问学者情不自禁地抚摩着女孩儿的头夸奖:你长得这么漂亮,真是可爱极了! 小女孩儿离开后,教授严肃地指出:我抱歉地提醒您,您刚才伤害了我的女儿,希望您为您的夸奖向孩子道歉。这位访问学者非常惊诧:我们一直是这样夸奖孩子的,更何况这孩子的确长得非常美丽呀! 教授耐心地解释说:您是因为她的漂亮而夸奖她,而漂亮不是她的功劳,而是父母的遗传基因起了作用,您因为漂亮夸奖她,孩子不会分辨其中的区别,就会认为这是她的本领,一旦把天生的漂亮当成资本,她可能会看不起相貌平常甚至丑陋的孩子,这就成了误区。而且,您没有经过她的允许就抚摩了她的头,可能会使她认为一个陌生人可以随意抚摩她的身体而不需要得到允许,这是一个更严重的误导。

看到访问学者满脸的尴尬,教授安慰说,请您不要过于沮丧,您还有机会弥补,您可以夸奖她的微笑和礼貌,但要为刚才的夸奖道歉。

☆应对策略:“进步”应当成为表扬的唯一理由

表扬是一种公开的赞美。内心的赞美是“认可”和“赏识”,无法让孩子感觉到,因而也无法产生“正面强化”的效果。所以,孩子成长过程中,公开的赞美对于形成正确的观念和良好的行为习惯是必不可少的。家长应当掌握表扬孩子的学问。

表扬需要“理由”。“进步”应当成为表扬孩子的唯一理由。只有孩子经过努力取得的成长与进步才值得表扬,否则都是“误导”。因此,孩子不应该因为任何先天的优势如相貌、身材、肤色、家庭经济条件、父母社会地位等受到赞美。

表扬不应当以“完美”为前提。不成熟、不完美是孩子的“正常状态”。有缺点,包括有较多缺点的孩子同样有得到表扬的权利。鲁迅先生说得好:倘要完美的书,可读的怕就不多;倘要完美的人,配活的怕也有限。家长决不可能等孩子十全十美时才表扬他们。

表扬小毛病比较多的孩子,老师和家长都感到“找理由”比较困难,原因就在于采用的仍然是“完美”的标准。以“有进步”作为表扬的根据,所有的孩子都有机会得到表扬和奖励。比如，孩子在一周之内有 4 天没有完成家庭作业，但是有一天却完成了，作为家长，可以选择严厉批评孩子 4 次、漫不经心地对完成作业的那一天说一声“学生嘛，完成作业还不是应该的？”也可以重点表扬孩子完成作业的“这一次”，和孩子一起分享“完成作业”的快乐，并鼓励孩子：看来你有能力完成每一天的作业，让我们把这一次作为一个新起点，好吗？不同的处理方式，孩子的心理感受是完全不同的；对于不习惯纪律约束的孩子，家长可以和班主任老师密切配合，抓住孩子微小的进步及时鼓励。比如，原来孩子上学路上边走边玩儿，经常上课铃响了才匆匆忙忙往教室跑，有一天预备铃响就来到学校了，便可以给他一个小小的鼓励；平时孩子在课堂上连 10 分钟也安静不了，今天 15 分钟没搞小动作，也应该肯定这是进步；平时和同学闹矛盾，孩子抬手就打人，这一次“君子动口没动手”……诸如此类的进步都应该得到表扬。

表扬必须实事求是，不能拔苗助长。鲁迅先生说过，即便是天才，生下来的第一声啼哭，也和普通的婴儿没什么两样，决不会就是一首好诗。决不要给孩子夸张的表扬，否则，孩子很容易“找不着北”。

表扬可以针对孩子任何一个方面的进步随时、随地进行，但不能“随意”。随意的、不负责任的表扬，以“哄”孩子为目的的表扬会把孩子变成“表扬的奴仆”。为了得到表扬学得“会来事儿”的孩子，增长的只能是“沽名钓誉”的本领，与将来的人生并无裨益。

◎39.孩子为什么“老虎屁股摸不得”？

我的孩子从小自尊心就强，只能表扬，不能批评。尤其是不能当着别人的面批评他。曾经有一次，因为家长要求他向一个小弟弟学习，改正上课不守纪律的缺点，孩子转脸就打了被表扬的小弟弟一巴掌，把家长搞得非常难堪。上了中学之后，这孩子更是“老虎屁股摸不得”了。经常明明是他的错，就是“醉死不认那壶酒钱”，死活不让说。而且挨的批评越多，脾气越大，什么事都喜欢和大人“对着干”。如果想叫他做点什么事儿，好说好商量十有八九办不成，正话反说反倒能“歪打正着”。虽然这个办法暂时还管用，但是，将来独立生活难道满世界的人都能像爹妈这样“哄”着他？

▲症结:不恰当的批评态度与方式导致“逆反心理”

从这位家长的叙述中,至少可以看出4个问题:

第一,家长认为孩子只能表扬不能批评是“自尊心强”的表现,这是一个误区。

第二,家长当众批评孩子,要求他向小弟弟学习,动机是好的,但态度和方法值得商榷。在孩子看来,家长“长了他人的志气,灭了自己的威风”,本来就“爱面子”的孩子本能地要“找补”回来。

第三,批评越多、脾气越大,说明家长的批评对孩子的脾气起到了“火上浇油”的作用,已经形成了“批评——发脾气——更严厉的批评——更激烈地发脾气”的恶性循环,而“对着干”则是青春期的孩子“逆反心理”的典型表现。

第四,用“歪打正着”的方式诱使孩子选择父母所希望的行为,只不过是“利用”了孩子的逆反心理,并没有帮助孩子澄清是非。孩子即便被诱导“做对了事情”,也并不是因为他愿意“做对的事情”,而仅仅是因为他要“惩罚”父母。因此,是家长不恰当的批评态度和方法导致了孩子的逆反心理。

逆反心理是外部环境与人的主观需要不相符合时产生的一种心理活动,具有明显的年龄特征。通常青春期的孩子最容易产生逆反心理。正在长大又没有真正长大,想独立又没有能力真正独立,渴望得到平等尊重但事实上常常被成人耳提面命的尴尬处境,是青少年产生逆反心理的深层原因。许多时候,并不是家长批评的内容激怒了孩子,而是家长批评的态度和方法让孩子逆反。逆反心理具有情绪化的特征,常常表现为一种抵触情绪,不计后果地对着干则是逆反心理典型的行为表现。但是,逆反心理也有积极和消极之分。积极的逆反心理中可能包含着创造性思维的萌芽:许多人都认为“此路不通”,我为什么不可以试试?消极的逆反心理中则只有“你不要我做,我非做不可”的盲目反抗甚至蛮干。如果得不到及时的疏导,消极的逆反心理会让孩子付出惨重的代价。

◆他山之石:良药甜口也治病

中国有句老话叫“良药苦口利于病,忠言逆耳利于行”。真正理解其中包含的哲理,不仅需要理性的思考,更需要人生的阅历。喜欢表扬、渴望鼓励、身心都还很稚嫩的孩子在巧克力和黄连汤之间的选择是没有悬念的。为了让孩子顺利地服下防病治病的苦药,医药工作者动了许多脑筋,给婴幼儿口服药加“糖衣”的做法已经广泛采用。其实,怕疼怕苦的不只是孩子。成年男人是公认的“大丈夫”,但是,他们在刮胡子的时候也会很仔细地涂肥皂、做热敷,目的无非是既要清除多余的东西,又要舒适,至少不愿为了美观而遭受皮肉之苦。

缺点是孩子身上“多余的东西”,希望通过“无痛的批评”去掉它们,似乎也没有什么不合理的。

☆应对策略:让温和理性的批评成为逆反心理的“克星”

批评的本意是客观地指出优点和缺点,评论是非对错,使被批评的人明确如何改进。领导批阅文件,老师批改作业,都是既“批”也“评”,没有人会因此而产生逆反心理。为什么家长出于“爱”的批评却会适得其反?显然,问题出在态度上。批评过程中表达的厌恶、嫌弃、恨铁不成钢,批评中充满的呵斥与恐吓的语言,其刺激强度足以消弭批评内容对孩子的影响。因此,批评的态度应当是客观的、冷静的、友好的,让孩子感觉到,即便是正在批评,家长也丝毫没有嫌弃他们,没有藐视他们,仍然对他们充满信心。这样的批评是不需要疾言厉色的。批评的态度越理性、温和,孩子的逆反心理越没有“发作的空间”。

批评是帮助孩子成长的手段,而不是发泄家长负面情绪的渠道。有些家长习惯于借孩子的过错宣泄自己压抑已久的消极情绪。什么辛苦养你不容易呀,耽误了爸爸提拔、妈妈评职称呀,身在福中不知福呀,没良心的白眼狼呀,排山倒海般的抱怨往往冲口而出,不仅把孩子搞得一头雾水,也损害了家长自身的形象。因此,决定批评孩子之前,应当把自己的问题和孩子的问题切割清楚。

批评的内容必须集中,每次解决一个问题。如果为了解决孩子因为赖床而迟到的问题,就应当始终把谈话锁定在与迟到有关的问题上,和孩子一起分析迟到带来的后果;讨论喜欢不喜欢因为迟到耽误功课、影响课堂纪律、被老师批评的感觉;鼓励孩子“想”出改进的办法,了解孩子需要得到家长怎样的帮助。至此,批评的目的已经达到。如果家长在批评中东拉西扯,陈芝麻烂谷子地翻旧账,最后很可能是连批评的目的也忘掉了,一个问题也解决不了,还会搞得双方很不愉快。

批评的时间不能太长。在解决问题的过程中,指出和评论错误的时间决不可以超过讨论如何改进的时间。只要孩子能够意识到错误,并知道为什么会犯这样的错误,讨论的重点就应当立刻转移到“建设新的行为模式”方面来。批评最圆满的结果,是在批评结束的时候,孩子对改善自己的状况充满信心,对家长的批评和鼓励心存感激,并相信自己“不会被同一块石头绊倒第二回”。

◎40.孩子为什么要“追星”?

我的孩子是个标准的“追星族”。桌子上堆满了与心中偶像相关的杂志，电脑旁是音乐光盘，MP3 里全是网上下载的最新流行歌曲，如果有歌星、影星的大片、专场音乐会，更会“我为星狂”，如果家长对她的偶像稍有“不敬”，那种愤怒和不屑一顾的眼神儿真有点让人莫名其妙。我毫不怀疑，即便有人用恶毒的语言诽谤父母，她的愤怒也不会达到那种程度。因为欣赏不了孩子的偶像，我和他爸都成了“没有品位的老土”。其实，被孩子抢白几句我们倒真不怎么放在心上，但是，孩子为什么要“追星”，会不会成为下一个“杨丽娟”，才是真正让我们担心甚至感到恐惧的。

▲症结:不了解孩子追星的“理由”

“追星”现象由来已久。担心孩子追星的家长，青少年时代可能也有自己心中的偶像，只是没有今天的孩子表现得如此张扬和极端而已。少年追星是有许多理由的。

理由之一:“追星”是青少年叩问生命意义的一种方式。

“追星”是对追捧引领时尚的代表人物的社会群体现象的一种通俗表达。它的“学名”应该是延伸意义上的“偶像崇拜”。

中国权威辞书《辞海》对偶像的定义是:“用土、木、金、石等制成的神像、佛像等，也常常用来指代盲目崇拜的对象。偶像崇拜原意是指对所信奉的神灵塑造其形象加以推崇和膜拜。也引申为对所喜爱对象的崇拜。”

偶像崇拜现象可谓源远流长。在严酷的大自然面前，人类是渺小的;在错综复杂的社会生活中，个人是渺小的。游牧时代，人们曾经崇拜凶猛的禽兽，并渴望通过动物图腾获得同样的力量，甚至许多民族都以动物的名称命名;农耕时代，狮头、蛇身、鹰爪、凤尾，翻云覆雨、翱翔九天的巨龙成为中华民族的图腾。皇帝被称为“真龙天子”，高头大马被称为“龙驹”，精神健旺、生机勃勃被称为“龙马精神”，民俗节日舞龙灯，天气干旱拜龙王，龙王庙香火不断，典型地反映了农耕民族渴盼风调雨顺、五谷丰登的憧憬;战乱岁月，人们崇拜平乱治世的英雄，表达了对社会安定、生活安康的向往;太平盛世，人们崇拜奥林匹克健将、明星大腕、知识英雄……

无论是西方人对奥林匹斯山上众神的膜拜，对上帝的虔诚，东方人对帝王、神灵乃至圣人的尊崇，非洲原住民和美洲印第安人心中的图腾，还是青少年心目中的“明星”，都是以偶像为媒介表达的人对于超常力量的崇敬之情。只要现实生活和人自身形象还“不完美”，或者人还没有成熟到能够“接受”不完美的水平，偶像崇拜就不会绝迹。

虽然，随着社会政治、经济、文化的变迁，人类面临的挑战和困惑不断变化，偶像崇拜的内容和形式也在不断更新，但通过“追星”表达的对生命意义的叩问始终是最深层的原因。

每一代人都有自己的梦想，每一代人都有自己的“明星”。近年来，“追星少年”的队伍像滚雪球一样迅速膨胀。被追捧的“明星、大腕”姹紫嫣红，转瞬即逝；追星的少年前赴后继，有怨无悔；家长老师忧心忡忡，无可奈何；社会舆论或褒或贬，莫衷一是；文化商人心花怒放、盆满钵溢……

青少年“追星”并不可怕。成人世界如何评价青少年“追星族”，也和追星少年没有什么关系。真正重要的是，青少年在追星的过程中能否体味人生、追逐梦想、勾画未来、选准属于自己的星座。

正如人类成长的过程始终伴随偶像崇拜一样，“追星”也是少年儿童成长过程必然经历的阶段。

理由之二：“模仿”是青少年社会学习的主要途径。

在成人主宰的世界里，孩子们是弱小的。每一代孩子都在学习中成长，并通过模仿身边的成人进行学习。

从呱呱坠地，张开眼睛看世界的那一刻起，学习的过程就开始了。也许，除了婴儿“吸吮”乳汁的动作源于生命的本能冲动之外，人之为人的其他所有能力都是后天学习的结果。咿呀学语之际，儿童就开始向身边的成人提出没完没了的“为什么”：天空为什么是蓝色的？云彩为什么是白色的？草为什么是绿色的？花为什么是红色的？为什么小鸟会唱歌，小狗只会汪汪叫？太阳公公“下班”以后去了哪里？为什么男孩子可以站着撒尿，女孩子不可以？当大人握着孩子的小手，接近打开盖子的暖水瓶，在冉冉上升的热气中让孩子感受什么叫“热”，让孩子触摸冰块体会什么叫“凉”，当亲眼看到大人把各种食材烹调成美味，用简捷的方式完成各种复杂的工作，甚至把一个个方块字组合成优美的故事的时候，孩子稚嫩的心田里充满了对成人的崇拜。模仿成人说话、做事情，成为儿童学习的主要渠道。几乎每一位家长都是“万能”的。孩子们彼此炫耀自己的家长常常充满了自豪：

“我爸爸会开火车，那么长的火车，拉那么重的东西，我爸爸想叫它跑多快它就跑多快！”哇，好厉害！

“我妈妈是作家，她一晚上能写出5000字的文章！”太棒了！我们写500字都很难哎！

“我爸爸是炼钢工人，炼钢炉里的温度他凭眼睛就能看准！”真的，你没吹牛？当然，不信，你们去看爸爸厂里劳动模范的光荣榜好了。

“我妈妈会织各种花样的毛衣，只要她看到的花样就能织出来，有时候，从来没有看过的花样她也能想出来呢！”喔，怪不得你穿的毛衣比大家穿的毛衣都漂亮……

总之，无论父母做了什么，都可以成为被崇拜的理由。

不仅如此，医生的孩子喜欢玩替人医病的游戏，军营里长大的孩子喜欢军事游戏，教师的孩子喜欢指教别人，工匠的孩子喜欢修理，工程技术人员的孩子喜欢设计与制作等，都与日常生活的直接模仿密切相关。

甚至，许多孩子的性格、待人接物的方式，就连走路的姿态，都与父母惊人地一致。这究竟是为什么？

按照社会学习理论的观点，人是通过主动地观察他人（榜样）的行为及其结果而进行学习。这样做不仅缩短了学习的过程，而且避免了直接尝试错误和失败带来的危害——就像我们不必亲身经历车祸，仅仅“看到”有人被车撞死就知道了违反交通规则的结果一样。人的动作、语言、态度，乃至人格都可以通过观察学习来获得。

班杜拉把观察学习的过程分为注意、保持、运动复现和动机4个相互联系的部分。在注意过程中，学习者知觉到所要模仿的榜样行为，并对其要模仿的行为进行选择。保持的过程是学习者将榜样行为以一定的形式（视觉表象或语言编码的方式）储存在大脑中的过程。运动复现的过程是学习者将榜样行为转化成自己行为的过程。动机过程则是促使学习者再现榜样行为的动力。

我曾经认真地观察过一个18个月大的女婴，平时，她的父母下班回家，经常会从提包里掏出一些小食品、玩具、小礼物等，引得她欢呼雀跃。

有一天，她在花园里追逐一只小猫，想和它玩耍，但小猫跑开了。

女婴停下来，似乎是想了想，然后跑过去掏妈妈提包里的东西。

她拿到的是一张彩色的卡片。

然后，她跑近小猫，弯下小小的身体，双手捧着“礼物”声声呼唤“猫猫”，其殷切的表情让人不由生出几分感动。

这个动作和妈妈呼唤她的表情动作何其相似！尽管从来没有人“教”她、或者“要求”她这样做，但是她却“学会了”。

这个小小人儿非常恰当地“选择”了妈妈日常行为中最适合这个场景的行为，而不是威吓或驱逐的行为。显然，她把此时此刻想和小猫玩耍的需要与妈妈在同类情况下的“友好行为”建立了一种“连接”。这种连接的建立不是突然的“灵感”，而是日常大量观察的结果。

这个小女婴的行为向我们再现了观察学习的完整过程：(1) 注意到父母亲友从提包里为她掏出食品礼物的动作；(2) 经过长期观察保持在记忆中；(3)与小猫玩耍的需要诱发了关于父母友好行为的记忆；(4) 用行动复现送礼物给小猫的动作；(5)希望小猫喜欢这个“礼物”并实现一起玩耍的动机。

这个真实的案例告诉我们，孩子通过观察学习需要“榜样”。没有可以模仿的对象，学习的过程立即就会中断。如果因为特殊的原因，观察学习受到局限，孩子心智的发展将会受到不可逆转的负面影响。

我国古老的儿童启蒙读物《三字经》说“人之初，性本善，性相近，习相远”。且不论人之初性善与否，但属性相近的人，因学习过程不同，模仿的榜样不同而渐行渐远，甚至最终分道扬镳的故事却屡见不鲜。

孟母之所以要三迁其家，唯一的目的也正在于为儿子找到一个好的榜样。

理由之三：“万能师长”不复存在，自己寻找榜样，是青少年心理发展的必然要求。

与童年时代无条件地崇拜父母老师不同，进入青少年时代，孩子心目中“万能师长”的神话开始破灭。在许多小学高年级学生和中学生眼里，父母的形象已经一落千丈：

“爸爸妈妈也没有什么了不起！”

“爸爸妈妈越来越不了解我！”

“他们对电脑网络一无所知，整个一个‘菜鸟’(新手)，还老想教训我这只‘老鸟’(高手)？”

“如果我有心里话，最不想告诉的人就是爸爸妈妈和老师！”

“大人全都有毛病！”

“我爸特老土！”

“我妈整个儿一蛋白质(笨蛋、白痴、神经质)！”

“你知道我们老师为什么这么大脾气？那叫更年期综合征！”

在用挑剔的眼光看待熟悉的长辈的同时，青少年开始自己寻找新的榜样。

是父母师长真的变得“愚笨”了吗，还是孩子们开始长大了？

理由之四：青少年选择人生榜样的过程需要付出“成本”。

“青少年”的称谓不是一个严格的学术概念。在世界范围内，经济发展水平不同、教育水平不同、人均预期寿命不同，对人生的分期和青少年的界定也有明显的差异。同一个国家，在不同的发展阶段，对青少年的认定也有明显的差异。

原始社会没有“青年”。只有“孩子”和“成人”。严酷的自然环境、低下的生产力水平决定了孩子一旦长大到开始具备劳动能力的时候，只需要经过一个标志性的“成人仪式”，他就一步跨进了成人的行列，开始承担成人社会的全部责任和义务。

农耕社会基本沿袭了原始社会成人对儿童的态度，尽管采用了一种更为温和和渐进的方式：孩子从小就在长辈身后、在牛屁股后面学习生存的本领、劳动的技能，当他可以扶得住犁、挥得动镰的时候，他就得到了“成人的地位”。

工业文明第一次使系统的教育训练成为儿童进入社会生产领域之前的“必经阶段”。科学技术在生产领域中越来越广泛运用，社会结构日益复杂化，大大增加了“进入社会”的难度。于是，在人的一生中，令人瞩目地出现了一个专门用来“传承文化”的时期，一个教育训练的时期，一个界于天真烂漫的童年和如牛负重的成年之间的特殊的成长期。由于这个时期刚好处在儿童后期和青年前期，人们习惯地称之为“青少年”阶段。

就心理发展而言，青少年正处于“疾风怒涛”的时期。这是一个半幼稚半成熟的过渡期，是独立性和依赖性、自觉性和放任性矛盾交织的时期。这个时期，青少年在生理发育、学习活动、社会关系拓展等方面发生的一系列质的变化，必然导致心理发展的不平衡。“追星”则是他们成长过程中选择人生榜样的一种成本高昂的探索。

◆他山之石：青少年追星的心理动力

“丑小鸭”渴望成为“白天鹅”——青少年生理发展与“追星”

青少年时期是人的身体飞速发展、生理走向全面成熟的关键时期。身体外形、内脏机能和性功能全面发育成熟。

就身体外形来看，在进入青春期以前，人的身高增长是渐进的，男女儿童每年身高增长 3 厘米~5 厘米，而进入青春期后，身高突增，每年至少要长 6 厘米~8 厘米。

由于身体内脏的增大、肌肉的发达以及骨骼的增长和变粗，青春发育期体重增加也明显快于儿童时期。有关统计显示，青春期的男生平均增长体重 31.2 千克，女生平均增加体重 24.1 千克；第二性征也在青春期开始出现，青少年体态逐步定型。男生表现为喉结突出、身体魁梧、肩部宽厚、肌肉发达等男性特征；女生则出现皮肤更加细腻、肩部圆润、胸部丰满、臀部宽大等女性特征。

与身体外形的迅速发展相适应，青少年体内机能也在逐步健全。中学生的心脏重量、心率、血压等都达到或接近成人水平；肺的发育明显加速，肺泡容量增大，与呼吸有关的某些肌肉发育加快，使呼吸功能进一步加强。中学生的肺活量比青春发育前期增加 1 倍多，大脑发育已达到成人水平，神经系统的兴奋与抑制过程逐步趋向平衡。性的成熟标志着人体生理发育的完成。女性能排出有受精能力的卵子，男性能排出有足够数量和质量的精子，客观上具备了繁殖后代的能力。

短短几年之内生理方面的巨大变化，会使许多少男少女因缺少对成长的心理准备而感到恐慌。有的人由于不能接受自己形体“正常”的外部变化而产生各种心理问题。女孩子因“肥胖恐惧”而节食，甚至发展到“厌食”，损害身体健康者有之，因自己不够漂亮要求父母带自己整容者亦有之；有些男生会为“变声期”的“公鸭嗓”而羞愧，为自己身材不够高大、相貌不够英俊而烦恼；特别是伴随性成熟出现的来自身体内部的生理冲动，性梦、手淫、遗精等问题，给处在为成人生活做准备阶段、还不具备合法满足性生活需要的外部条件的现代青少年带来了更大的心理冲突——在普遍早婚的时代，这本来不是太大的问题。来自内部的性冲动和对异性的向往与社会规范的矛盾是现代社会青少年成长过程中一个巨大的“陷阱”——在长达 10 余年的岁月里，他们都要面对“性饥渴”的困扰。

明星大腕的“天使脸蛋儿”、“魔鬼身材”，包括社会对他们与异性交往方式的“宽容”，对少男少女充满了“诱惑”。许多“fans”之所以能够如数家珍般地报出明星的身高、体重、三围等，与他们自己心目中“白天鹅”的标准高度吻合无疑是重要原因。

“够聪明”并希望“更聪明”——青少年智力发展与“追星”

随着身体机能的成熟和知识经验的增加，青少年的智力逐渐接近成人水平。基本智力因素即语言、感知觉、记忆、想象及思维能力的进一步提高和完善，不仅使青少年能更轻松、更快捷、更有效地完成各种学习任务，而且也使他们具备了运用假设、抽象概念及逻辑推理等手段解决问题的能力。智力活动能力的迅速发展，在打开青少年的眼界，丰富青少年知识的同时，也将他们带进了一个使他们应接不暇、眼花缭乱的复杂世界。许多时候，他们觉得自己“够聪明”，但更多的时候，他们又希望自己“更聪明”。

与儿童相比，青少年观察学习的自主性明显增强。儿童对事物的观察往往带有随意、零散、肤浅和片面的特征。今天，妈妈下班带来了孩子最喜欢的冰激凌，孩子会搂着妈妈的脖子叫“好妈妈”；明天，因为完不成作业被妈妈打了屁股，妈妈就变成了“不爱我的坏妈妈”。妈妈到底是“好”是“坏”，在儿童的眼里可以根据自己“此刻感受”随时变化。青少年则不然。由于观察事物的目的性、主动性、持久性、精确性、完整性、深刻性都有显著的发展，青少年不仅能精确认识事物的外部特征，而且能抓住事物的本质特征，能够认识到某一事物与其他事物之间的联系。他们不会简单地认为买冰激凌回来的妈妈一定是因为喜欢自己，也不会将妈妈的批评训斥解读为“妈妈不再爱我”。虽然，他们可能和儿童一样喜欢冰激凌、汉堡包而不喜欢批评训斥，但理性告诉他们，批评训斥中同样包含着爱心和期待——虽然是以自己不喜欢的方式表达出来的。不仅如此，青少年比儿童更喜欢自我观察。他们不仅在比较的过程中对自己的相貌、衣着、形体特征以及品格、能力各方面进行自我观察和认识，而且也开始对“我是一个怎样的人”、“我在别人心目中的形象如何”等人格层面的问题积极地寻找答案。“自我意识”觉醒了。他们以他人为参照，一旦发现自己在某个方面“不完美”，就会感到深深的自卑。“明星崇拜”也许是他们能够“比较轻松”找到的对自身“不完美”的一种“补偿”。

与儿童相比，青少年记忆的目的性、自觉性和积极性都明显增强。儿童时代，孩子们对事物的注意常常是“无意”的。他们很少会长时间地被某一件事情所困扰。因为无意记忆和机械记忆还占据主导地位，孩子们转瞬之间就会“忘记”刚刚发生过的不愉快。他们不断地“重复”不久前犯过的“错误”，家长和老师常常会因为孩子“记吃不记打”感到烦恼。青少年时代，记忆力由无意记忆和机械记忆占优势发展到有意记忆和意义记忆占优势，青少年的记忆效率高，记得快，记得牢，是记忆的最佳时期。正因为如此，他们不仅能够长久地记住有用和有益的知识，也能够长久地被不愉快的记忆所困扰。有的中学生会因为一次考试的偶然失败而长期恐惧考试，有的会因为人际交往中不愉快的经历而逃避交往。

与儿童相比，青少年想象力进入了空前丰富的时期。儿童时代，由于知识和能力的局限，孩子们想象的余地还不够大；成年阶段，过多的经验和现实的考虑，大大挤压了想象的空间。青少年时代是人的一生中想象力最为丰富的时期。青少年不仅具有再造性想象的能力，而且开始创造性想象。许多成年人习以为常、见怪不怪的现象，青少年都会感到新鲜、新奇，都要问一个为什么。青少年不仅可以按照别人的叙述和描绘在脑中再造出相应的形象，走出个人经验的小圈子，接受更加丰富的知识，而且可以通过创造性想象在自己头脑中创立新的形象。比如，进行科技上的小发明、小制作、艺术创作等。另外，想象力的发展也使青少年充满理想与幻想。但由于缺乏生活经验和广博的知识，此时的理想和幻想往往带有更多的浪漫主义色彩，缺少现实主义精神。

与儿童相比，青少年的抽象思维能力迅速发展。儿童时代，形象思维是思维活动的主要形式。儿童常常需要借助直观的形象才能理解抽象的概念。比如，幼儿园和小学低年级的老师会拿出一个球形的物体，告诉孩子"圆"的概念，用数苹果的方式教给孩子"数"的概念，用辨认花草的方式告诉孩子"颜色"的概念。到初中阶段，形象思维的成分还起作用，但抽象逻辑思维已占主导地位——虽然有时候逻辑思维还需要经验的支持。高中阶段，抽象逻辑思维已经发展到理论型，青少年已能够在头脑中进行完全属于抽象符号的推导，能以理论作指导去分析、解决问题。从总体上看，青少年思维能力发展处在抽象逻辑思维从经验型向理论型转化，辩证思维迅速发展的思维高级阶段。思维的独立性和批判性日益增强，使他们不再满足于师长的教导或现成的结论，怀疑、探索、争辩、领异标新等，成为青少年思维独立性和批判性的突出特征。但青少年在独立思考、批判否定现实世界的同时容易偏激、走极端，甚至钻牛角尖。正如我们在生活中经常见到的那样——"愤青"们喜欢推崇"片面的深刻"。

经过精心包装的明星大腕，代表着时尚文化潮流，在满足青少年对生活的浪漫想象的同时，也为他们提供了"审美"对象。无论青少年对"美"的认识是否存在偏差，但模仿明星的言行举止对于青少年却是"唯美的实践"。

由"真实的我"到"理想的我"——青少年自我意识发展与"追星"

幼儿的"自我意识"表现为区分"物"与"我"的能力：2 岁~3 岁的幼儿，可以把自己和自己的玩具娃娃、身边的桌子板凳区分开来，尽管他们可能并不真正理解这种区分的意义。

儿童的“自我意识”达到了区分“人”与“我”的水平：他们清楚地知道所有“我的”和“你的”之间的差别。但是，他们的“自我”还没有分裂为作为“观察者”的我（主体的我）和“观察对象”的我（客体的我），自己眼中的“我”和他人眼中的“我”，因此关于“我”的认知还处于相对“混沌”的状态。

伴随着青春期的到来，人格意义上的“自我”觉醒了。他们用主体的我（英文中的“I”）观察客体的我（Me），发现了自我（Self）。伴随自我意识的发展，青少年的思维会出现“自我中心”的倾向，自我设计、自我发展、自我价值、自我实现等“自我”打头的词汇，常常成为青少年使用的“高频词”。在将小小的“自我”融进民族的大我、社会的大我、人类的大我之前，每一代青少年都要经历一个探索的过程。

随着内心世界日益丰富，青少年对“自我形象”的关注达到了一个前所未有的水平。他们常常沉浸在关于“自我”的思考和体验中，不仅开始注意自己的外部形象、穿着品位，也开始研究自己内心的秘密，他们需要上了锁的抽屉，需要能关门的房间、能够分享隐私的挚友。他们非常重视别人对自己的看法，渴望得到他人和社会的肯定。他们开始勾画理想的自我形象，常常期待周围的人按照“理想我”的形象给予评价。他们的自尊心达到了登峰造极的程度，常常分不清自尊与虚荣的界限。他们感到周围的成人甚至整个社会都不理解他们。任何善意的批评都会被看做“挑剔”，任何忠告都会被当做“教训”，顽强的自我表现欲望更加重了他们的“逆反心理”。在父母眼里，那个“怎么说就怎么听”的“好孩子”似乎突然间变得“陌生”了；有的青少年甚至会“专门”和家长老师“对着干”——而这样做的唯一理由常常是为了表明“我的个性”。

由于青少年在社会生活和家庭生活中相对边缘的地位，靠自己的力量和师长对着干肯定不占优势，于是，代表青少年前卫文化时尚的明星大腕借助流行的力量，不仅成为青少年的偶像，也成为青少年向成人世界展示“自我”的一种力量。

成为明星大腕那样的人，“一曲成名”、“一夜成名” 是许多追星少年的人生梦想，由此演绎出的许多人生悲剧也难以阻止青少年“走人生捷径”的渴望。有些青少年甚至以为，即便是打扮得“像个明星”，似乎也是一种“梦想实现方式”。

“极端的温柔和狂暴”需要宣泄——青少年情绪情感发展与“追星”

情绪情感是人对客观事物是否符合人的需要而产生的心理体验和感受。青少年的情绪情感常常呈现两极性特点，容易大起大落，偏激情绪和极端行为发生的频率高于其他任何年龄阶段。他们一方面表现得积极热情，迅速果断；另一方面也容易冲动，不计后果。同时，情绪心境化倾向开始发展。一旦遇到不顺心的事情，他们可能较长时间处在情绪低落状态，伤心情绪久久留在心里，挥之不去。

由于当代独生子女从小生活在充满呵护的环境中，自我意识、自尊心、自我表现欲望来得更加强烈。他们比以往时代的孩子更关注个人成长和个人的情感体验，他们渴望得到理解与尊重，渴望被人关心。同时，他们又不善于关心、理解和尊重他人，于是便构成了情绪情感发展中的一组矛盾。

第一，强烈与温和细腻的情感并存。青春期的孩子既可能为一件微不足道的小事对父母大动肝火，做出令人吃惊的强烈反应，也可能利用一个学期的时间攒下所有的零花钱为父母买一件小小的生日礼物。正像有些家长所说：真搞不懂自己的孩子，狂暴起来像狮子，温顺起来像“吉娃娃”（一种乖巧温顺的宠物狗）。

第二，情绪的易变和固执并存。人们常说“六月天，孩子脸，说变就变”。童年阶段，孩子的情绪变化比较简单，能不能得到一颗巧克力豆，一件喜爱的玩具，脸上的表情都会截然不同。挂着泪花的笑脸常常和简单需要满足有着密切的逻辑联系。青春期孩子情绪的变化开始让大人不好琢磨了。平静的课堂上，老师一句泛指的批评，可能会导致某些学生激烈的情绪反应；家长与孩子平心静气讨论问题，一句不经意的话可能让孩子“很受伤”，情绪立马变得抵触。由于中学生还没有学会全面、客观地看待事物，他们有时候会把“我认为”当成“客观事实”，这种偏执容易导致情绪上的固执，使他们很长时间不能摆脱某一情绪的困扰。

第三，内敛性和表演性共存。随着阅历的增加，青少年已经能够根据不同场合表现自己的情绪，并把一些“不宜表露”的情绪隐藏于心。这种内敛的特征和青春期强烈的自我表现欲望构成了一对突出的矛盾。在情绪表露过程中，自觉或不自觉地带上了表演的痕迹。为了证明自己“不是自己本来的样子”，他们开始“扮演自己的角色”，感到“活得很累”。当明星大腕“表演”的喜怒哀乐与他们内心的情感产生共鸣时，对明星的崇拜则会达到“疯狂”的程度。许多时候，追星族不过是借追星的过程宣泄自己的情感。4亿电视观众（主要是青少年）追捧“超女”，在很大程度上只不过因为超女们做了许多人想做但没有勇气做的事情而已。“想唱就唱，要唱就得响亮，就算无人喝彩，至少还能够自我欣赏”。与其说这是超女的宣言，不如说是歌迷的心声。

向往“特立独行”和害怕“孤独”——青少年意志发展与“追星”

意志是心理活动方面的内在自制力，表现为善于控制自己去做必要的事情的能力。青少年时代，意志品质得到较大的发展，行动的目的性、坚毅性、支配和调节自己行为的能力大大增强。他们懂得学习、工作、劳动的重要性，愿意用自己的精力和毅力去战胜懒惰和外部的困难，达到发展的目的。许多中学生喜欢把“走自己的路，让别人说去吧”等格言警句写在日记本的扉页上，贴在床头上。特立独行的个性备受欣赏。然而，青少年时代又是归属需要特别强烈、特别渴望分享与共鸣的时期，既想“与众不同”，又想和潮流“保持一致”，生怕被潮流“落下”。“追星”为青少年提供了一个既可以“标新立异”，又能够“快乐从众”的机会。

对于意志品质还处在发展过程中，意志行动的独立性还处于不稳定阶段，目的易变，缺乏恒心，容易冲动，面对挫折和失败容易灰心丧气的青少年来说，沉湎于追星狂热之中，常常是“原谅自己”不够努力的最好理由：瞧，这么多人都和我一样，这有什么不好？“从众”的追星消解了青少年对自己缺乏毅力的不满。

☆应对策略：和孩子一起寻找自己的“星座”

了解了孩子追星的理由和心理动力之后，家长可以和孩子一起计算“追星的成本”，了解当代青少年为追星付出的巨大的代价。鼓励孩子探索那些狂热的追星少年在付出了时间、学业、金钱，甚至生命之后的得与失，澄清自己为什么要追星，应当追什么样的星。

一旦孩子真正弄懂了自己要寻找的理想人格，他们就找到了属于自己的“星座”。通常情况下，批评训斥、嗤之以鼻、讽刺挖苦等应对方式，只会让孩子的内心世界离父母越来越远，而平等的讨论，真诚的理解，共同的探索，则有助于孩子澄清自己的价值坐标，以更加理性的态度寻找人生的榜样，生命的楷模。

◎41.孩子的“时尚”家长看不顺眼怎么办？

小丽是初中二年级学生。在父母眼里，她一直是个乖巧听话的孩子，家里做什么吃什么，家长买什么穿什么。14岁生日那天，小丽向父母宣布，以后我穿衣服的事儿，就不劳老妈费心了！

开始，妈妈以为孩子长大了，知道漂亮了，于是，在经过大致成本核算之后，小丽得到了穿衣服的自主权。

让妈妈始料不及的是，掌握了自主权的小丽很快把自己打扮得令"友邦惊诧"：上衣短到"立正"时勉强和裤腰"接轨"，稍有动作就露出肚皮后背，裤子不仅随时有被大腿撑破的危险，而且还贴挂着许多在家长看来完全多余的口袋和零七碎八的小挂件儿，脚上是厚厚的松糕鞋，头发短到不让须眉，整个儿一"卡通人物"！

妈妈：丽丽，自己照照镜子，这还是你吗？

丽丽：妈，老土了不是？这是时尚！

妈妈：啊……

类似的孩子以为时尚、家长以为另类的故事在不少家庭循环上演，不仅仅是衣着，还有发型、日常用品等许多零七碎八的小玩意儿。看不惯孩子的时尚已经成为许多家庭代际冲突的导火索。

▲症结：两代人的审美差异

家长看不惯孩子的"时尚"，是开放的现代社会中很普遍的问题。在完全封闭的传统社会，孩子的生活只是父母生活的简单"拷贝"，就连他们的审美眼光也被狭小的生活圈子局限在老一代人的视野之内，自然不会有"离经叛道"的时尚出现。人类进入工业文明时代，商品经济造就了一个五彩缤纷的世界，时尚开始引领消费潮流，两代人的审美差异不断拉大。倾向于保守的成年人和喜欢追新求异的年轻人对待时尚的态度变得截然不同。新文化运动中，勇敢的青年女子放开"三寸金莲"以天足示人，曾被认为"大逆不道"；"五四"时代，女孩子的齐耳短发曾经被称为"时髦头"、"不男不女"；"文革"期间，清一色的旧军装和中山装之间偶然冒出的"喇叭裤"、"鸡腿裤"也被称为"奇装异服"；青少年喜欢的流行音乐、舞蹈，也一度被称为靡靡之音、抽筋舞……其中，有些时尚被主流文化吸纳，逐渐流行开来；有些时尚则昙花一现，自生自灭。由审美差异而产生的分歧将长期存在，时间和实践通常会作出最后的判断。

◆他山之石：孩子更喜欢妈妈年轻漂亮

这是十几年前的一段记忆。两位母亲为了节约去理发店的费用，自己在家里互相染过早出现的白发。一位更年轻的同事刚好碰上。正在染发的母亲带着几分腼腆自我解嘲：你瞧瞧我们这些半老太婆，孩子都这么大了，还鼓捣这个！

年轻的同事转向在一旁看电视的孩子，友好地说，其实，孩子更希望自己的妈妈年轻漂亮，对不对？

一对双胞胎儿子异口同声：对！阿姨，理解万岁！

本来不自信的妈妈开心地笑了。

本来吗！爱美之心人皆有之，表现不同而已。

☆应对策略：与孩子一起感受时尚，面对“流行”，寻找生活中的美

无论孩子对时尚的追求家长是否能够接受，有一点不容忽视：孩子总是为了追求“更美”而不是为了把自己变“丑”而追逐时尚——尽管家长有时候会认为他们“以丑为美”。

只要是追求美，就可以找到“共同语言”；只要是追求美，就有引导的空间——关键在于父母的审美倾向。

现代社会审美标准已经多元化，铺天盖地的广告引导着消费潮流，也引领或扭曲着青少年的审美标准。如果家长置身于时尚之外，甚至对“流行”采取排斥或麻木的态度，审美引导自然就无从谈起。因此，父母应当和孩子一起感受时尚，评判流行，从不同的角度发现和寻找生活中的美。让孩子成为父母着装的“高参”，既可以锻炼孩子的审美能力，帮助孩子明白服装与职业和社会角色的和谐才能带来真正的“美感”，也可以让孩子更乐于接受父母的指导性意见。当孩子不希望40岁的父母打扮成20岁或者60岁的模样时，他们也会了解为什么16岁的女孩儿不可以妖娆。

审美教育需要在审美实践中完成。

◎42.孩子攀比品牌怎么办？

生活在鼓励消费的现代社会，广告对孩子的影响已经到了无孔不入的地步。精明的商家更是做足了品牌的文章，弄得孩子们神魂颠倒。穿鞋要“耐克”，运动服要“阿迪达斯”、“李宁”，甚至小小的书包、文具盒也要品牌，大有离了品牌没法活的劲头。家庭经济条件好点也就罢了，像我们这样日子紧巴巴的工薪家庭，孩子攀比品牌成了家庭很沉重的经济负担和心理压力。孩子小的时候，还可以买个假名牌糊弄一下，上了中学以后，小眼“贼”着呢，假耐克一眼就看穿不说,跟上来那句话才叫“噎人”:就这破玩意,不够丢人的!

▲症结:“品牌”消费背后的虚荣

攀比品牌,表面上比的是消费,背后表达的是虚荣心:别人有的,为什么我没有?这种虚荣心的形成,广告固然是“罪魁祸首”,但孩子接受广告影响的心理基础却是在父母影响下逐渐形成的。当父母为了迁就孩子的愿望去买“假品牌”产品时,当父母不遗余力地“让自己的孩子不比别人的孩子缺什么”时,孩子攀比之心已经被“培育”起来。一路走下去,从比鞋子、比衣服,发展到比车子、将来结婚比房子……直到父母再也没有力量满足,亲子关系受到损害为止。

◆他山之石:品牌意识≠品牌消费

不鼓励孩子攀比品牌,不等于没有必要培养孩子的品牌意识。从理性消费的角度,有“品牌意识”并不是“缺点”。真正的品牌常常代表了时尚与品质的统一,代表了一种企业文化,代表了优质的售后服务,代表了“顾客至上”的经营理念等许多“附加价值”。健全的品牌意识中包含了对知识产权的尊重,包含了对品牌附加价值的理解,而不仅仅是“拥有的满足”。有品牌意识并不意味着立即消费品牌。因为品牌消费常常意味着较高的消费水平。而高消费不应当属于没有劳动创造的未成年人。

☆应对策略:鼓励孩子让自己成为“品牌”

孩子有权利欣赏品牌、喜欢品牌,但没有权利超前消费品牌——即便家庭经济条件允许也不应当鼓励孩子这样做——除非性价比可以接受,而且是确实需要的情况下。

对于绝大多数为孩子攀比品牌而苦恼的家长来说,更好的办法是引导孩子克服品牌消费背后的虚荣心,帮助孩子明白品牌包装本身并不提升一个人的价值,知识、能力、美德才是永恒的财富。有能力用自己的劳动挣来自己喜欢的品牌无可指责,要求用他人的劳动满足自己超前消费的需要,则是一种非分之想。

李宁牌服装不能保证你成为“体操王子”。品牌背后的成功故事对孩子成长的意义远远大于品牌本身。鼓励孩子发奋努力,让自己成为“品牌”或创造品牌,可以有效地把孩子对品牌的痴迷转化为一种进步的动力。

◎43.买衣服的权利应该什么时候交给孩子？

孩子上小学六年级了，每年换季买衣服都成了家庭矛盾的导火索，成了花钱买气生的家庭战争。孩子已经声明：上中学以后的服装决不要父母再插手，只要每次给钱就得了，保证花得少、穿得好。就现在孩子这个性，当家长的真敢这么办吗？

▲症结：两代人的审美冲突

孩子喜欢的家长不喜欢，家长相中的孩子不乐意，矛盾经常来自两代人的审美冲突。而一件衣服究竟好看不好看，永远都会“仁者见仁，智者见智”。生活中常常可以看到这样一种现象：参与意见的人越多，需要买衣服的人困惑越多，买不成的概率也越高。人与人之间的审美差异在代际之间表现得更为突出。因为两代人的审美观念是在完全不同的环境下形成的。

◆他山之石：衣服的功能

敏是我见过的指导孩子穿衣的真正“高参”。早在孩子上小学之前，她就开始和孩子讨论怎样穿得舒服、漂亮了。有一次，孩子看中了一件芭比娃娃职业装款式的小套装，好看但不实用。

为了让孩子明白不能选择的理由，她首先问孩子：这么漂亮的衣服，你准备什么时候穿呀？

孩子不假思索：当然出门就穿呀！上幼儿园、去公园……

好吧，现在让我们穿上试一试，看看它到底好在哪儿。

孩子兴冲冲地穿上了小套装，在镜子面前很高兴地自我欣赏，它多漂亮呀！

妈妈说：现在你在幼儿园，老师要求你们坐在地板上一起做游戏，你想不想参加？

当然了！我最喜欢和小朋友一起做游戏了！

妈妈把包装袋铺在地上，孩子嘟起了小嘴，她发现自己不能像平时那样很快地坐下来，小套装限制了行动的自由。

看来，这套衣服不太适合在幼儿园穿，对吗？

女儿有点不情愿地点点头。

那我们再试试它可不可以在公园穿？我记得你最喜欢走小吊桥了，抬起手来，去抓上面的吊环，脚步迈大些，不然你会踩空的！

女儿兴冲冲地配合着妈妈的提示，但是不行，漂亮的小套装让她抬不起胳膊，迈不开步子。

女儿小脸蛋儿上已经表现出了对小套装的遗憾。

很自然地，她开始思考衣服的功能不仅是“好看”，更重要的是舒适、方便。

结果，她们选择了一套同样可爱但舒适很多的娃娃装。

上中学的时候，这孩子已经很懂得怎样为自己选衣服了，包括性价比和实用性。

☆应对策略:逐步放手，让孩子学会得体地“打扮”自己

孩子总是要长大的。家长不可能为在他乡读大学的孩子选购急需的衣服。他们需要在离开父母独立生活之前学会“打扮”自己。这是把买衣服的权利交给孩子的最后时间表——无论他们是否做好了准备。

因此，在指导孩子买衣服的问题上，家长应当采取逐步放手的策略。从帮助孩子了解衣服的基本功能，分析不同场合的着装要求，以及衣服与个性的和谐入手，进而学会了解服装的性价比、服装的实用性，逐渐培养孩子理性消费的习惯。小学阶段的着装指导，应当偏重于服装是否舒适方便的判断，让孩子穿得舒适；中学阶段的着装指导应当偏重于服装适应人群和场合的选择，让孩子穿得得体。在具体方法上，可以采取3个步骤：

第一，事先造预算，事中给建议或评价，在议定的范围让孩子“做主”。

第二，半年、年度造预算，让孩子自己提出购买意愿，争取家长认可。

第三，放手让孩子“打扮”自己，为独立生活做好准备。

◎44.向孩子隐瞒家庭困难有必要吗?

人到中年，难事特别多。自己工作不顺利，夫妻双方父母进入老病期，孩子学业正爬坡，亲戚朋友事不断……如牛负重的生活，再加上据说男人女人都有的“更年期”……“青春期”的孩子需要理解，家长的难处给谁说去？这不，爸爸失业半年了，为了不影响孩子学习和高考的情绪，我们到现在都没敢跟孩子说实话。其实，家里好多困难，跟孩子都是没法说的。但家长稍微有点情绪，孩子还会很敏感，以为家长是冲他去的。向孩子隐瞒家庭困难，真累心啊！

▲症结：低估了孩子感受和理解生活的能力

在现实生活中，向孩子隐瞒家庭困难的现象非常普遍。通常情况下，多数家长低估了孩子感受和理解生活事件的能力。这种"保护孩子免受伤害"的良好动机，常见的"效果"有3种：一是让粗心的孩子误以为"一切都好，没有什么可担心的"，因而心安理得地"索取"和"攀比"；二是让细心和敏感的孩子因为片面地感受到家庭可能遭遇的"灾难"而过分担忧；三是承受压力的家长不当的释放方式通常会让孩子感到家长"无能"，遇到困难就拿孩子"撒气"。因此，向孩子隐瞒家庭困难弊大于利。

◆他山之石：坦率沟通好处多

前面曾举过一个例子：中央电视台做过一期专题节目，让青少年讲述自己成长过程中对自己影响最大的一件事。其中，一位来自贫困家庭的大学生和大家分享了他的青春记忆。那是他考上县城高中去学校报到的日子。父亲骑自行车送儿子到学校门口。识字不多的父亲把简单的铺盖卷交给儿子，实实在在地说：我就不送你进去了，孩子，家里的情况你都知道。别担心，我回去种好我的地，你在这里读好你的书。望着父亲远去的背影，儿子感到了读好书的分量，也坚定了用知识改变自己和家庭命运的努力方向。

☆应对策略：把了解家庭困难作为促进孩子成长的契机

家庭困难没有必要向孩子隐瞒。但让孩子了解家庭困难并不意味着简单地把困难告诉孩子，让孩子和家长一起发愁。让孩子了解家庭困难的目的是帮助孩子客观地认识、理性地接受生活的真实。这个真实可能并不美好，但经过努力可以改变。产生为改变困窘而努力的愿望，可以成为孩子成长的契机。因此，家长和孩子讨论家庭正在遭遇的困难，应尽可能平静叙述。比如，和孩子讨论父母失业对家庭生活可能产生的影响，父母可以沉静地对孩子说，全世界都在经受金融危机引发的灾难，成千上万的人丢掉了工作。妈妈也暂时失业了。这没有什么了不起的！妈妈有点难过但不害怕。在妈妈享受低保期间，至少爸爸还有工作，我们家多少还有点积蓄，而且妈妈也会努力寻找适合自己的事情做。但是，从现在开始，我们需要比往常节俭一些了。爸爸抽烟的档次可以暂时下调，妈妈的化妆品可以用最便宜的，你要的新自行车是否也可以等一等呢？这样的讨论既可以让孩子感觉到被家长尊重和信任，从而产生为家庭分忧的成人感，而且家长对待困难的态度同样也会对孩子产生积极的影响，使孩子明白，困难是任何家庭都可能遭遇的，只要同心协力、积极应对，难关总是可以渡过的。

◎45.不让孩子参加亲友的葬礼对不对？

女儿上高中二年级了，从小是姑奶奶带大的。为了不耽误孩子学习，不让孩子分心，姑奶奶从查出癌症到去世，家里一直瞒着孩子。直到妈妈参加葬礼回来，母女间的一段对话才让我们感觉到也许家长做错了什么。

为了赶回家给女儿做午饭，妈妈没有在姑奶奶家留下和亲友做葬礼善后。当放学的女儿顺着厨房的香味来到妈妈身边时，突然发现妈妈的眼睛是红肿的。

“妈！怎么了？谁欺负你了？”

“没有，是你姑奶奶过世了！老人家这辈子几乎就没有享到什么福……”妈妈说不下去了，放声大哭。

女儿听罢非常痛苦，埋怨妈妈没有告诉她这个消息，为此竟很长时间不和妈妈说话。

▲症结：误以为回避死亡可以让孩子更快乐

黑色的葬礼通常被认为是“不吉利的事情”。许多青少年家长情不自禁地采取让孩子回避的态度。潜意识中似乎回避了葬礼就是回避了死亡，而回避了死亡孩子可以更快乐。殊不知，死亡是无法回避的。地球上已经死亡的人远远多于生者。家中所有的长辈也会或迟或早离开我们。从来没有透彻地思考过死亡，对生的价值和欢乐也很难真正把握。让孩子避讳葬礼大可不必。

◆他山之石：快乐墓地的教育功能

2005年出版的《青年文摘·人物版》收录了杨臻的一篇短文，文章的题目很抓眼球：“去快乐墓地”。

文章讲述了一位正在经历丧妻之痛的大学教师，通过游览罗马尼亚的一座“欢乐墓园”，重新找到生命动力的故事。

给当事人带来心灵震撼的是这样一些颇具人生哲理的墓志铭。

鲜花环绕的两座墓碑，生前做海员的丈夫的墓碑上写着：亲爱的，我再也不用远航了，躺在你身边真幸福！比睡在甲板上舒服多了。就算现在我的卧室和你还隔着一堵墙。

一座镶嵌着一个漂亮婴儿照片的墓碑上，父母写上了这样的句子：我们的孩子来到这世上，四处看了看，不太满意，所以就回去了。

一位拳击手的墓碑上写着：不管数多少点数，反正我不起来了！

另一篇铭文是：这里躺着钟表匠汤姆斯，他将回到造物主的手中，彻底清洗修复后，上好发条，行走在另一个世界……

据说，经常有中小学老师带领孩子们来这座欢乐墓园，接受生命教育。

在墓地体会生命的快乐，有点别出心裁，但肯定有效。

☆应对策略：面对死亡，对孩子进行生命教育

孩子该不该参加葬礼，多大年龄的孩子可以参加葬礼，本身并不是一个多么难于处理的问题。学龄前的幼儿会在长辈的灵堂里更多地关注花圈的颜色与形状，甚至围着灵床跑来跑去做游戏。因为他们还不懂得死亡的真正意义。他们有时也会恐惧哭泣，但多半不是恐惧死亡，而是被身边成人的号啕大哭给“吓”哭了。学龄儿童开始了解死亡意味着身边熟悉的人“永久的消失”。出于情感的依恋，需求的缺失，他们能够切实感受到死亡带来的“剥夺”体验。青春期的孩子已经可以比较透彻地了解死亡意味着一切终结，他们会由此感受到生命的脆弱和无常，进而也会思考一些更为深刻的人生问题。因此，带孩子参加亲友的葬礼，既是生者对死者的缅怀和尊重，也是对孩子进行生命教育的契机。

在面对死亡的时候讨论生命的意义和价值，讨论人生的成败与得失，讨论只有一次而且短暂的生命应当怎样度过才有意义，可以给孩子留下终身难忘的印象。

——学会珍惜生命：自己的和他人的；

——学会豁达地对待死亡：既不过分恐惧，也要最少遗憾。

生命教育的真谛就在于此。

◎46.父母婚变孩子有没有知情权？

离婚率上升已经是世界性问题。婚姻关系正变得越来越脆弱。为了孩子委屈自己一辈子的故事，已经成了对上一代人“家庭责任感”的悲怆记忆。来自婚姻登记机关的信息显示，协议离婚的夫妻越来越多，需要“打离婚”的越来越少。离婚被越来越多的当事人当成了自己的“隐私”。有人甚至上瞒父母，下瞒孩子。理由不外乎“为了不让父母担心”、“为了不让孩子烦心”等等。可孩子了解真相后的反应却常常让“好心”的父母手忙脚乱。父母婚变孩子有没有知情权？这是所有离异家庭都必须回答的问题。

▲症结：漠视孩子的感受与权利

向孩子隐瞒离婚的计划或者事实，即便完全是为了防止父母婚姻破裂对孩子造成的伤害，也是愚蠢的选择。因为整个过程中，孩子的感受和权利被忽视了。婚姻契约是夫妻关系存续的证明，解除婚姻关系也是双方的权利。但是，一旦有了婚姻的果实，无论是否是“爱的结晶”，这个独立的生命亦同时拥有了作为家庭成员的一切权利：从未成年时得到家长抚养呵护的权利，人格尊严得到家长尊重的权利，接受义务教育的权利，当然也包括与之对应的成年后赡养、帮助父母或养育者的义务。与生俱来的血缘关系注定了孩子的生命与父母永远连在了一起，无论父母是否能够白头偕老。因此，孩子对父母关系的变化常常是非常敏感的。父母之间的冷战热打，互相指责，家庭内分居乃至一方离家，都会给孩子传递父母婚姻触礁的信息。即便家长不吵不闹，空气中弥漫的冷漠和敌意也会让孩子“嗅”出危险的味道。伴随父母关系恶化，多数孩子会出现负面情绪或行为。这是离异家庭问题儿童比例远远高出正常家庭的重要原因。

◆他山之石：一个恐惧与异性交往的女孩儿

小芬是个文文静静的大三女生。由于学习好，人又生得清爽，喜欢她的男孩子从初中就没有间断过，但小芬绝无“罗曼史”。只有心理咨询中心的老师知道，她是一个恐惧与异性交往的女孩儿。由于从小看着父母之间的“两性之战”，听着离异后的母亲对“臭男人”的抱怨与诅咒，她对异性有了一种本能的恐惧。在接受咨询之前，甚至已经立下了“终身不嫁”的誓言。经过两个月的心理疏导后，小芬终于找到了自己恐惧与异性交往、恐惧婚姻的深层原因，但修复已经形成的心理创伤，接受正常的生活方式，仍然需要较长时间的认知协调和行为训练。假如当时父母能多关注一点小芬的感受，情况会完全不同。

☆应对策略：选择恰当的“告知”方式，并争取“知情同意”

家长闹婚变，对于孩子来说肯定会“城门失火，殃及池鱼”。孩子有权利知道父母婚变可能对自己的生活产生的影响。

“告诉”孩子父母关系将要发生的重大变化，对于处在矛盾困惑中的父母通常是件困难的事情。从笔者接触到的案例看，幼儿和小学低年级的孩子对父母的矛盾冲突更多的是本能地恐惧，小学高年级和初中阶段的孩子则可以理解父母互相喜欢不喜欢等情感层面的冲突，高中阶段的孩子甚至可以作出父母是不是“一路人”的判断。当然，孩子心理发育水平会有明显的个体差异，在作出选择时不可机械地理解上述分析结果。针对孩子的实际情况，家长可以选择不同的告知方式。

对于年龄比较小的孩子，没有必要做太多的理由陈述，家长只要用平静的语气告诉孩子父母在一起已经不再快乐，分开一段时间让大家都好好想一想是非常重要的。同时向孩子承诺，他依然可以经常见到不住在一起的爸爸或妈妈，依然可以得到父母双方的爱，给孩子真正的“安全感”；对于已经能够理解事件意义的孩子，不妨客观地说明父母必须分手的“理由”，以及这种分手不会影响亲子关系的原因，明确告诉孩子父母各自准备承担的责任与义务，以及需要帮助时在第一时间与不在身边的家长联系的方式等。让孩子感受到成人之间处理感情问题的理性态度，冷静地对待父母离异，至少能够尊重父母的权利。毕竟，孩子的知情权和家长的离婚权都应当得到尊重。

◎47.怎样减少父母离异对孩子的负面影响？

虽然现代社会人们对离婚的态度宽容了许多，但毕竟没有人会把离婚当成一件“好事儿”。周围人的议论，邻里异样的眼光，同学们传播消息过程中表现的同情、怜悯、好奇，甚至个别不友好的同学表现出的“幸灾乐祸”，都会对孩子产生负面影响。为离婚已经焦头烂额的家长，常常难以顾及孩子的感受。而当家长注意到被殃及的孩子时，孩子已经“病了”。

▲症结：“问题优先”还是“孩子优先”

离婚是夫妻之间解决矛盾的极端方式。是原本被婚姻契约连接在一起的两个成年人之间以解除婚约的方式，结束与对方共同生活的一种权利。在没有孩子的情况下，“合则聚，不合则散”纯属当事人的“私事”。解决问题成为优先目标。但如果婚姻关系中有孩子存在，特别是有未成年子女存在，离婚全过程中则应当坚持“孩子优先”的原则。我国《未成年人保护法》明确规定：人民法院审理离婚案件，涉及未成年子女抚养问题的，应当听取有表达能力的未成年子女的意见，根据保障子女权益的原则和双方的具体情况依法处理。事实上，家长只要有“孩子优先”的意识，多数情况下可以找到“伤害最小”的处理方式。

◆他山之石：预防针的功效

孩子的人生阅历决定了他们对生活中的灾难性事件经常处于“没有准备”的状态。为了孩子的身体健康，许多家长能够按时给孩子服用各种预防药，及时打各种预防针。同样的道理，在面临家庭生活重大变故的时候，孩子也需要事先打个“预防针”，让孩子对将要发生的事情做好必要的应对准备。

☆应对策略：给孩子不变的爱

减少父母离异对孩子的负面影响，最好的灵丹妙药是给孩子不变的爱。绝大多数离异的父母都认可对未成年子女应尽的义务，也保留了对孩子的舐犊深情，但父母之间的成见常常影响了这种情感的顺利表达。因此，无论孩子判归或选择与哪一方共同生活，都应当尊重对方的探视权，尊重孩子与亲生父母感情交流的权利；而行使探视权的一方，也有义务遵守探视约定，并从积极的方面引导孩子理解与之共同生活的家长的甘苦，理解家长再组家庭的权利与需要；无论离异后双方各自的婚姻生活发生怎样的变化，都不应当影响对亲生子女的抚养和情感需要的满足。当家长用实际行动向孩子证明，父母离异只是他们没有掌握好相处的技巧，并不影响对“我”的疼爱，我依然是有爹有妈的孩子时，家长离婚对于未成年子女才不再是灾难。

◎48.青春期的孩子可不可以有异性朋友?

孩子从进幼儿园开始,家长就鼓励他们交朋友,并认为这是将来参与社会生活的很重要的本领。通常情况下,对幼儿园、小学阶段的孩子青梅竹马的异性朋友,家长一般不会放在心上:孩子还小着呢!然而,一进初中,父母的眼睛,特别是女生父母的眼睛立即处于“高度戒备”状态,对孩子与异性同学的交往变得异常敏感。有的家长为了防止孩子“早恋”,甚至明确禁止孩子与异性同学来往。青春期的孩子可不可以有异性朋友?其中的“度”应当怎样把握?

▲症结:把孩子的异性朋友等同于恋爱对象

禁止孩子与异性同学交往的家长,通常有一个共同的思维逻辑:朋友人人需要,青春期的孩子交同性朋友是正常的,而交异性朋友则等于早恋。于是,孩子的社交圈被父母一下子砍掉了1/2,不逆反才怪!

◆他山之石:她有很多异性朋友,但不早恋

玲是我看着长大的一个乖乖女。从小学到大学一路都是班干部、学生干部。聪明,学习好,人缘也好,朋友很多,男生女生都有。父母从来没有刻意限制她的交往,甚至不反对小干部们课余时间在家里“讨论工作”,赶上节假日,甚至还提供茶点。宽松的环境让玲感到了父母的信任和“思无邪”的快乐与纯真。尽管经常有男同学的电话、生日贺卡,但直到高中毕业,玲的青苹果岁月都没有“绯闻”。中学的同学,有些成了大学时代的朋友。用玲的话说,有些会成为“一辈子的哥们儿”,但自己的“另一半”却不在他们当中。因为我们“都太嫩”。日常交往中男孩子们无意中表现的优点和缺点,恰好帮助玲在没有任何附加目的的情况下了解了异性,并形成了自己的择偶标准。父母说:这孩子,心里有数着哪!

☆应对策略:既不“草木皆兵”,亦不放任自流

对青春期的孩子与异性朋友的交往,家长首先应当尊重和理解,视为孩子成长过程中的正常经历。既然他们在日常生活中也必须面对异性师长、同学、亲友,那么,选择谁做朋友是孩子的权利,没有必要把性别问题作为一个独立的前

提条件。当共同的兴趣、爱好，客观存在的集体或组织把孩子们聚拢在一起时，性别壁垒原本是不存在的。相反，从小被教导“山下的女人是老虎”的小和尚，反倒会认为“每一只老虎都可爱”。限制孩子与异性朋友交往，肯定不是预防早恋的最佳策略。因此，家长大可不必对孩子与异性朋友的交往“草木皆兵”。

对孩子与异性朋友的交往采取“阳光的心态”并不意味着可以放任自流。事实上，孩子在集体或组织内、在集体活动中的异性交往，与一对一的个别交往具有完全不同的意义和结果。

公共环境、集体活动中的交往是培养孩子交往能力的重要平台，也是青少年异性交往相对安全的场合。可以鼓励孩子在集体中大方得体地与异性同学、老师、朋友交往。如要求男孩子学习和展示自己的绅士风度，要求女孩子学习并展示自己的淑女风范，并在交往中注意他人的反馈，自觉克服不得体的言行举止，在正常的异性交往中掌握健康文明的两性交往方式。

对于孩子过早的、过于亲密的一对一的异性交往，应给予及时的提醒、人生的忠告和行为的规范。必要时也可以在陈述利害的基础上“约法三章”，或鼓励孩子接受心理辅导，不可以听之任之。

◎49.怎样看待孩子“比友谊多点儿、比爱情少点儿”的感情？

家长不应该冤枉孩子，先入为主地给孩子戴上“早恋”的帽子，这个道理许多家长也明白。但事实上，青春期的孩子有时候真的会产生一种可能“比爱情少点儿”但又“比友谊多点儿”的，连自己也说不清道不明的朦朦胧胧的情感。

这种情感引发早恋的危险系数有多高？应当如何防范？

▲症结：把友谊与爱情必然地连在一起

世界上的确存在许多量变引发质变的事物。例如，温度的变化可以把水变成气，也可以把水变成冰等等。但是，量变引发质变通常需要内因和外因共同起作用。鸡蛋可以孵出小鸡，外形相似的鹅卵石则不可以，因为两者内因不同；同样的道理，没有适宜的温度，原本包含生命因子的鸡蛋也不会变成小鸡，因为鸡蛋变鸡也需要外部条件。比友谊多点儿、比爱情少点儿的情感究竟属于爱情萌发的必要条件还是爱情本身的初级阶段？在这个问题当中，家长们首先遭遇的是一个逻辑问题:友谊和爱情是否是同一种情感的不同阶段?

◆他山之石:"排他性"是鉴别友谊和爱情的分水岭

虽然友谊和爱情表面上有许多类似之处,实质上却是两种不同性质的感情。一个人可以和不同年龄、不同性别、不同阶层,甚至不同种族的许多人建立友谊。友谊不仅可以分享,而且可以像雪球那样越滚越大。人们常说"朋友的朋友也会成为朋友",则意味着发展友谊关系的领域非常广阔。共同的兴趣、爱好,甚至嗜好都可以成为友谊的温床。但是,真正的爱情却是排他的。作为一种渴望独占对方感情世界的强烈情感,爱情是不可以分享的。当有人试图突破这一爱情底线时,通常意味着恋人分手、夫妻反目,除非双方本来就是一场感情游戏。

青春期是情感需求特别旺盛的时期。孩子们渴望得到信任、友谊、关心和爱。从纯真的友谊中发展出爱情的故事在现实生活中也时有发生。但是,这并不意味着友谊一定会变成爱情。如果非要给友谊和爱情之间找到一个质变"临界点",排他性的出现应当是最重要的标志。

☆应对策略:让孩子学会守护友谊与爱情的边界

青春期的孩子有权利享受异性朋友的友谊,这种友谊应当得到家长内心的尊重。青春期的孩子有时候分不清友谊和爱情的边界,家长应当指导孩子找到这条事实上存在的边界,并学会守护它。能够在孩子被比友谊多点儿、比爱情少点儿的情感所困扰之前充分地讨论这个问题,可以有效地预防可能出现的情感困扰;即便发现问题已经是"正在进行时",和孩子一起澄清情感的性质也是一个建设性的过程,孩子能在澄清自身情感的过程中学到很多终身受用的东西。下面的案例可能对家长们有点启发。

一位高二女生曾经给笔者打过这样一个咨询电话。

老师,救救我,我快要崩溃了!我觉得自己死心塌地地爱上了班长,他高大、帅气,品学兼优还多才多艺,我估计全班大概有一半女生和我一样喜欢他!我不知道自己该怎么办,但是我知道为了他我的学习成绩直线下降,已经从班上前5名掉到30名了。这个问题不解决,考大学我就"死定了"!

现在困扰你的主要问题究竟是你喜欢班长但不知道该怎么办,还是为考大学而焦虑呢?

这两个问题都重要。这么说吧,喜欢班长恰恰是我学习成绩下降的原因。如果说哪个更重要的话,我觉得必须先解决了喜欢班长这个问题,不然我都学不下去了。

你希望怎么解决这个问题呢?

我希望班长在许多崇拜者当中只喜欢我,我希望自己能和班长一样考上好点的大学,甚至梦想“将来”我们能够永远在一起……

看来,你不仅“喜欢”班长,而且关心他的未来。对吗?

当然了。喜欢一个人,能不关心他的未来吗?

如果你确信自己关心班长的未来,那么你觉得是现在就敞开心扉和班长谈一场轰轰烈烈的恋爱好呢,还是让班长集中精力备战高考好呢?

就是我想谈,班长喜欢的也不一定是我呀?

看来你对自己好像不够自信?

是。班长那么优秀,如果不出意外,他就能被保送上重点大学,可我现在的状态简直差远了!

看来,你似乎也明白以班长的“实力”,你需要考上比较好的大学,你们才可能有“共同的将来”。是这样吗?

应当是这样吧!

那么,我们现在来做一个简单的假设:如果你现在就去追求班长,让班长分出时间来应对你的感情攻势,接下来会发生什么情况呢?

首先,我们双方的家长都会坚决反对(这是注定要发生的);

还有,老师肯定要批评教育(这是老师的责任);

同学们会议论纷纷(对于那一半同样喜欢班长的女生,这是最好的话题),还有个别女生肯定会用那种幸灾乐祸的眼神儿看我……老师,想一想还有点可怕耶!

真正的问题不在于是否可怕, 而在于你是否做好了面对这一切的心理准备?如果面对同样的压力,班长选择放弃(这是他的权利),你有心理准备吗?

真的没想过这么多……但是,我真的没有勇气面对刚才假设的情况,更不想耽误了班长本来的好前程。如果这些事情一起发生的话,我们俩的高考可能都完了。班长就太惨了、太无辜了!我也会受不了的。现在我都觉得自己喜欢班长好像是错了?

喜欢一个人无所谓对错。这是一种非常真挚、纯洁的感情。但喜欢的方式,表达喜欢的时机却是人生的一门大学问。而且,喜欢,包括非常喜欢都不等于爱。

假如，你今天已经作出了情感的承诺，不久的将来遇到了比班长更优秀，你更喜欢，而且也真心爱你的小伙子，你会对 17 岁的选择感到遗憾吗？

这……如果这边儿我得上赶着追班长，而那边有更优秀的人来追我，那真得好好想想了……真奇怪！老师，喜欢班长这个问题这么一讨论好像没有原来那么重要了耶？

那么，现在你觉得更重要的问题是什么呢？

谢谢老师，我现在觉得让自己变得更优秀才是更重要的！至于班长嘛，我把对他的喜欢先珍藏起来，等我长大点儿、见过点儿世面再说吧。现在，我们只能是同学和“一般的朋友”。

显然，小姑娘已经感觉到了友谊和爱情的边界，并准备好好守护它。

◎50.孩子收到了“约会”小条怎么办？

女儿 16 岁，第一次在教科书里发现了异性同学的约会字条，普通作文本上扯下的一张纸，倒也没有什么出格的话，简单地写着：“欣赏你的才气和文静，希望和你成为朋友。如果我不是你讨厌的那种类型，明天放学希望和你一起走。”署名 P.T，看上去像是英语课上随便起的英文名字——孩子们互相熟悉，家长多半无法对号入座的那种。

也许从小太乖了，这张字条竟然让女儿有点“紧张”。经过一番激烈的思想斗争，女儿选择了告诉妈妈。然而，让女儿始料不及的是，历来从容不迫的妈妈竟然比女儿更加紧张，甚至可以用慌乱来形容：这个皮特是个什么东西！肯定是个坏小子，对不对？小小年纪就知道打女孩子的主意，长大了还不定是个什么东西呢？宝贝，这种人离他越远越好！一面说着，妈妈把手中的字条撕得粉碎，狠狠地丢进废纸篓里。突然，妈妈后悔不迭地说，我真不该撕了它，应该留下个物证，让老师好好修理一下这个坏小子！

妈妈的反应让女儿感到非常惊讶。本来她告诉妈妈是为了讨论一下如何应对这张突如其来的约会小条，没想到妈妈竟然如此“脆弱”！最后，在女儿保证绝对不搭理那个“坏小子”之后，妈妈总算作出让步，暂时不告诉老师，以观后效。如果再敢骚扰女儿，决不轻饶，一定要新账老账一起算！

然而，从此以后，女儿永远对妈妈关闭了情感交流的大门。理由很简单：大人，特没劲儿！就会小题大做！

▲症结：以为撕碎一张字条就可以阻止约会

妈妈的反应虽在情理之中，却明显失当。用撕碎字条的方式表明家长的态度已经非常简单化，再用向老师告状的方式恐吓孩子则显得太小儿科了。如果女儿并没有打算赴约，而只是想从母亲这里得到如何应对的指导性意见，这位母亲一旦惊动了老师、大动干戈，后果则不堪设想：受到伤害的将不仅是写字条的男孩儿，自己的女儿也会因此饱受同学们的白眼和蔑视，甚至会因为内疚而选择和男孩儿“患难与共”。无论结果如何，女儿可能一辈子都不会原谅妈妈的“鲁莽的爱”；如果女儿本来也对“约会”充满好奇和尝试的冲动，撕掉一张字条真的可以阻止吗？显然，粗暴地对待肯定不是好办法。

◆他山之石：聪明父亲的“另类”选择

有一位父亲态度完全不同。故事前半部分发生的情况和本案例几乎毫无二致，不同的是父亲的处理方式。

当女儿有点兴奋也有点紧张地要告诉爸爸一个秘密，而且要求拉勾保密时，爸爸有条件地答应了：好吧，只要你说的事情我认为不会对你造成伤害，我发誓为你保密！

太好了，爸爸，你一定要说话算话！今天，有一个男生给我写“情书”了，把我夸得有点晕！我长这么大，还从来没有人在我身上一下子发现这么多优点呐！

看来感觉不错吗！

当然了！有人夸你总比有人骂你舒服点儿吧？被人欣赏总比被人痛贬高兴点儿吧？

完全同意。男女老少都喜欢被人欣赏被人夸，老爸也不例外。

耶！理解万岁！

现在请陶醉被人欣赏被人夸的美妙感觉3分钟。如果你同意，我想知道这小子夸我女儿夸的是不是地方。为了尊重你的通信自由权，我不想看你的信，但是，你可不可以列举3条他夸你最舒服的优点？

女儿略微沉吟，有点不好意思地说：他说我是他有生以来见过的最聪明、最善良、最活泼开朗、最善解人意的女孩儿，这还不够吗？我从来都没有感觉到自己这么完美！

看来我女儿真的很聪明哎！那小子比你差远了！

老爸,什么意思？你凭什么断定那小子一定比我差？

就凭你刚才说的那句聪明话！“我从来都没有感觉到自己有这么完美。”是你说的吧？你之所以从来没有感觉到自己有这么完美,那是因为事实如此。世界上没有人是真正完美的,我的宝贝女儿也不例外。你聪明,学东西也快,只要不粗心,成绩也不错,但你觉得自己比爱因斯坦、居里夫人、比世界上所有的聪明人加起来还聪明吗？

爸,我有那么狂吗？更何况遗传基因也不够呀！

同意这个判断。你不狂妄。遗传基因不够,爸妈有责任。所以,那小子夸你是“最聪明的”,要么是没见过世面,要么就是……

你想说他是拍我的马屁？

这可是你说的！要不我们继续以此类推？

女儿似乎明白了老爸的真正用意:爸,等等,我怎么觉得你是想说他在用最好听的话评价一个他并不真正了解的人？

我什么也没说,今天所有聪明的话可都是我女儿说的。我只想问你一个问题,和一个并不真正了解你的人进入“约会”状态,你觉得有意思吗？

谁说我要和他约会了？只不过……对这么一封消耗了许多脑细胞把我夸晕的信,我不能愣装没看见吧？告诉我,怎么办才能不伤着他？求你了老爸！

对不起,宝贝,这是你的事儿！我就想说一句话:别管他是谁,要想配得上我的女儿还得耐心地长几年再说！

谢谢老爸,那我就让他先耐心地长几年,其他免谈！

☆应对策略:和孩子一起“赏析”约会小条

青春期的孩子收到约会小条几乎是他们青春岁月“平常”的生活事件。两种不同的处理方式,两种完全不同的结果告诉我们,与其大动肝火、大动干戈,不如耐下心来和孩子一起“赏析”约会小条所包含的真实信息,然后分类指导。

约会小条通常有 3 种风格,应对的方式也应当有所区别。

第一,简洁明快型,直截了当地说明我喜欢你,如果你也喜欢我,请在什么时间、什么地点面谈。写这种约会小条一般具有明显的试探性,在当事人自尊心很强的情况下,也会由愿意“为朋友两肋插刀”的同学充当中介。此类约会小条,“杀伤力”有限,只要孩子自己态度明确,通常无须咨询他人就可以处理好。家长需要做的只是提醒孩子对这种约会小条怎样进行“无害化”处理。即帮助孩子明白别人有喜欢自己的权利，自己有拒绝或接受的权利，但应尽可能避免无意中造成的对他人的伤害。比如，不要公开地谈论或拒绝等，不要出于炫耀心理去和朋友分享等。

第二，委婉含蓄型。真诚的赞美和夸张的溢美糅合在一起，委婉地表达个别交往的意向，但又绝口不提“谈恋爱”的字眼儿。这种约会小条“杀伤力”大于第一种，容易让被赞美的孩子“发晕”。上面那位聪明父亲的做法可以帮助孩子在陶醉几分钟后进入清醒状态。

第三，死缠烂打型。写这种约会小条的，无论男生女生，通常属于“一根筋”的孩子。在约会的意图后面，通常会有非常明确的个人态度：如不见不散，等你一万年，甚至如果你拒绝了我，我就会如何如何……这种约会小条，会给接受者造成很大的心理压力，也是“杀伤力”最大的一种约会方式，通常是孩子自己难以应付的。和前两种情况不同，遇到这种死缠烂打的约会小条，家长应当采取“有限介入”的方式。第一步，鼓励孩子澄清自己的态度，勇敢地面对追求者的“进攻”，守住自己的阵地，不可以基于同情或恐惧而接受自己并不情愿的感情。第二步，当孩子明确的态度不能让对方放弃时，双方家长在理性沟通的基础上对孩子进行心理疏导是必要的。第三步，当家长的帮助不能奏效时(通常由于家长恨铁不成钢的情绪传递和价值判断的影响，家长的帮助常常会引发孩子的逆反心理)，鼓励为情所困的孩子寻求专业心理辅导是明智的选择。

◎51.怎样对待孩子和异性同学之间的礼尚往来?

现代社会成人间的礼尚往来使孩子受到了许多潜移默化的影响。由于教育理念的差异，不少家长甚至把请客送礼的学问作为孩子的必修课。爸爸当上处长要办答谢宴，孩子考上重点高中自然要有“谢师宴”，妈妈同事生小孩儿“过百天”要送礼，轮到自己的孩子过生日，自然也要热闹一番。久而久之，孩子们已经习惯了“礼多人不怪”的生活方式，各种名堂的礼物满天飞，面向青少年学生的礼品市场日见火爆。家长们的态度也从最初的质疑、惊讶变为见多不怪：现在的孩子都这样，入乡随俗吧，免得孩子变成孤家寡人，失去朋友。但对于孩子和异性同学间互赠礼物，许多家长却少了几分坦然，多了几分忧虑：谁知道哪份礼物是光明磊落的正常交往，哪份礼物“包藏祸心”呢？

▲症结：承认礼物交换的权利但苦于无法“安检”

面对儿童青少年交往方式成人化、礼尚往来习惯化的发展趋势，大多数家长内心未必赞成，但又无力阻止，无奈之下只好接受孩子们之间交换礼物的现实。然而，一旦事实上认可了孩子们交换礼物的权利，家长的“安全检查”必然成为对孩子“隐私”的侵犯。这是家庭内部无法解决的矛盾。如果单独挑出异性朋友的礼物说事儿，结果只能是两败俱伤。

◆他山之石：孩子不需要义务警察

孩子需要保护，家长有监护之责，但监护不能被解读为“监视”。青春期是自尊心迅速发展的时期，被家长监视的感觉“特别不爽”。经常有中学生对热线倾诉爸爸妈妈充当义务警察给他们带来的烦恼：

大人准是吃饱了撑的。什么都要看，什么都要审，接个电话，要问是男生还是女生，什么事找你，为什么非要找你；收个贺卡，也要研究笔迹、措辞，像破案似的要找出蛛丝马迹；生日礼物更要严加盘查：谁送的？幸运星就幸运星吧，为什么非送心形的？偶人为什么要成双成对地送，他到底什么意思？

其实，许多礼物就是个礼物罢了，如果哪个同学送我一对同性偶人，爸妈不把我们当成同性恋才怪！

其实，我们要真想怎么样，绕过“业余水平”的义务警察还不容易！

可见，试图通过对礼物进行“安全检查”限制孩子的异性交往，结果只能是“猫鼠之战”。

☆应对策略：跳出礼物讨论交往

孩子与异性同学之间的礼尚往来，表面上被关注的是礼物，实质上更受关注的是“往来”。因此，不如跳出“礼物”讨论交往，直奔主题。

第一，对孩子之间的“礼尚往来”，家长应当有一个明晰的态度，即不支持未成年人之间请客送礼的交往方式——这与交往对象的性别无关。充足理由有3点：(1)绝大多数孩子没有独立的经济来源，从家长的口袋里掏钱做成人化的应酬没有必要，亦不应该。即便是自己勤工俭学挣的钱，用于请客送礼也不值得提倡；(2)互赠礼物容易导致同学间互相攀比，使友谊改变味道；(3)礼尚往来的习惯化会给家庭经济条件不太好的同学增加经济负担和心理压力，也会使家庭经济条件好的同学优越感膨胀，造成同学之间的隔阂。

第二，在否定请客送礼的交往方式的同时，要给孩子友谊的表达留出足够的余地。比如，鼓励孩子用亲手制作的贺卡等小手工艺品向同学表达祝福，用自己多余的东西支援需要的同学等。但是要提醒孩子，向异性同学表达祝福和爱心，要选择恰当的方式，比如，公开的场合，大方得体的言辞等，以免引起不必要的误会；对于来自异性同学的祝福和礼物，应当在弄清来意的前提下，选择恰当的应对方式，不可盲目接受，也不要生硬拒绝，适当的幽默感可以避免许多尴尬。

◎52.孩子过生日开"Party"该不该支持？

这是孩子上初中后第一个生日。提前一个星期，孩子就忙活开了，一本正经地用零花钱买回了厚厚的一沓请柬。妈妈悄悄地数了数，整整56张，正好是全班同学的数目。敢情孩子要请所有的同学来家做客吗？我们家的两室一厅总共才72平方米呀！很快，胸有成竹的孩子来和家长谈判了。

爸、妈，下星期六我过生日，可以邀请同学一起庆祝吗？

你准备邀请多少同学？

当然是全班同学了。

全班同学都知道你要过生日吗？

当然不是。但是通知了他们，不就都知道了吗？

干吗这么大张旗鼓的？

别的同学已经这么干了，如果我不这么做，显得我没有朋友，没面子。

就是你愿意请所有的同学，人家也不一定都能来，都愿意来呀？

估计不会都来，但多数同学会来的。

怎么这么有把握？

我已经参加了8个同学的生日Party了，他们不好意思不来；班长和我是哥们儿，他可以带一些朋友来；我们小组的同学差不多都会来……

咱们家能容纳这么多人吗？

老土了不是？现在谁还在家里庆祝生日？

生日不在家里？还有谁比爸爸妈妈、爷爷奶奶更关心你的生日？

这就得求你们理解了。我们都不希望生日聚会有大人参加，放不开，玩不痛快！

那你打算怎么办？

那就要看老爸老妈的“重视程度”了。我们班最牛的一个同学，在肯德基请了全班同学。得到的礼物是他老爸开车拉回去的。咱们家当然没那条件了，我们只好去免费公园乐和乐和了。但是，起码得买一个够四五十个人吃的蛋糕，再加上糖果、饮料、矿泉水吧？

哪里找这么大的蛋糕？

没见过电影里的婚礼大蛋糕吗？有的比人还高呢！现在，只要给钱，要做多大的蛋糕都有人给你做。

开这么大的Party，需要花多少钱？

去肯德基至少得花1000多元吧，自己买蛋糕饮料省多了，五六百元钱就差不多了吧！

啊！一分钱也不会挣的孩子，花钱的本事还真了得！但面对如此周密的生日Party计划，家长可以说不吗？

▲症结：生日Party变成了借生日之名的狂欢

生日Party是由西方孩子的生日聚会演化而来的一种生日庆典活动。在我国，基本属于80后、90后城市青少年的“专利”。但其中庆祝生日、感恩父母的本来含义越来越淡，更多的时候成了借庆祝生日之名的青春狂欢。而含辛茹苦生养抚育孩子的父母在生日Party中则只扮演“缺席买单”的角色。这样的生日Party，父母“找不到北”是正常的。

◆他山之石：最难忘的那碗生日长寿面

上小学的时候，寒暑假经常被送到早年家里的保姆、后来一直像亲戚那样走动的城郊云姨家。父母工作很忙，我生下来就是云姨带着。连报户口填生日都是云姨脱口而出报的出生时间。我们家没有过生日的习惯，孩子们对生日也很淡然。当时，许多家庭都是这样。

10岁那年的生日，按照云姨使用阴历的习惯，正好赶在寒假里，还不到我和弟弟回城里的日子。一大早，就听见云姨在吩咐老伴，今天喂完牲口快点回来（大伯给生产队里赶马车，捎带管着喂牲口），把你的小车拾掇拾掇，一会儿得送丫头回城里一趟,你推车。

开学不还得几天吗,怎么今天就送回去?

这你就别管了,吃完中午饭就回来。

好吧!大伯向来对云姨的指示都是理解的、不理解的统统无条件执行。

早饭后,我和弟弟一边一个被云姨用小被子围好坐上了大伯的独轮车,云姨胳膊上挎着篮子,篮子上盖着块大毛巾,紧赶慢赶地跟着。

10多里路,到家正好赶上做午饭。妈妈对我们提前回来很吃惊。接下来发生的事情则让我们全家人吃惊又感动。

云姨的篮子里装的是她一大早做好的手擀面。可能是担心粘在一起,细细长长的面条被埋在粗粗的玉米粉中,下面还有自家攒下用来换零花钱的半篮子新鲜鸡蛋。原来,云姨是坚持把我送回爸妈身边吃一碗加了荷包蛋的长寿面呀!

"长寿面,就得在爹妈眼前吃,才不会忘了养育的恩。"云姨冒着冬日的寒风来回奔波20多里路,原来就是为了让我记住这一点!

那是我这辈子印象最深的生日,也是我吃过的最好吃的长寿面。

☆应对策略:帮孩子找回生日的感觉

生日应该是有感觉的。生日的感觉属于家庭。帮孩子找回生日的感觉,家长应当把生日代表成长的概念尽可能早地带给孩子。树木每年增加一圈年轮,人每年都在成长。在人成长的过程中,家是摇篮,是学校,是实验场,是最可靠的保险公司。人生而弱小,家给了我们最早的庇护;人生而孤独,家给了我们亲情和温暖;人生是漂泊的船,家是温馨的港湾;人生是漫长的跋涉,家是旅途的驿站。我们的生命来自父母,我们身上被称之为人性的要素在家中孕育,没有家的人是无根的浮萍,不珍惜家的人没有归宿。因此,在纪念自己又长大一岁的时候,最不应该忽略的是给了自己生命并抚养自己的父母,最不应该忘记的是他人为自己成长付出的劳动。

感谢父母意味着懂得体谅。攀比生日Party的规模和排场不应当得到鼓励,家长更不必"勉为其难"。与抚养孩子,让孩子接受义务教育不同,开生日Party不是家长必须履行的义务。让孩子明白这一点是必要的——在某种意义上,这甚至与家庭经济条件无关。

真正有意义的生日Party应当与18岁成人教育的要求吻合起来。在孩子即将告别未成年岁月的特殊的日子里,至爱亲朋的祝福与希冀,未来的人生规划,朋友的激励鞭策等，可以让孩子在浓郁的亲情友情中对人生产生许多新的感悟。生日 Party 可以因陋就简，但不可以庸俗。

◎53.孩子可以带同学回家吗？

我们夫妻工作都很忙，双方家又在外地，身边没有至爱亲朋。女儿从小就是"脖子上挂钥匙的孩子"，常常是独来独往。为了安全起见，我们一直教育孩子不要随便带人来家，但是我们也能感觉到孩子内心的那份寂寞。女儿不止一次地要求爸爸妈妈网开一面，允许她带同学来家一起学习、一起玩儿，但我们就是拿不准该不该答应孩子的要求。

▲症结：安全与孤单的两难选择

这是城市双职工家庭子女教育中一个非常普遍的问题。孩子需要童年的游戏伙伴，这是毫无疑问的。小学生从下午放学到父母下班回家，每天大约有两个小时是一个人待在家里。从热闹的校园到寂寞冷清的家，环境反差相当大，许多孩子都不太适应。写作业、看电视、玩自己熟悉的玩具，很快就会觉得百无聊赖。而绝大多数家长虽然了解孩子的需要，但由于太多的顾虑却不得不严令禁止孩子带小朋友来家。这是现代生活中一个很大的悖论：一方面人人都希望自己的孩子将来有很好的社会适应和交往能力，另一方面谁也不肯冒点风险为孩子早期的社会交往创造条件。

◆他山之石：关于课外学习小组的记忆

20 世纪的五六十年代，中小学生通常会按照临近、自愿的原则，在老师指导下结合成课外学习小组，每天放学后轮流到附近的某个同学家里一起写作业，一起做户外游戏，然后一起打扫战场。既解决了学习中遇到的困难，也锻炼了与人交往的能力。在这个过程中也有小伙伴之间的矛盾摩擦，也有偶然的过失造成的小麻烦，但更多的是互相帮助、互相理解、一起成长的欢乐。

☆应对策略：外控和自律结合，有条件开放

现在的情况和 20 世纪五六十年代有了很大的差别。家庭财产迅速增加，生活差距拉大,隐私观念增强,把自己的家庭向孩子的小伙伴“开放”的顾虑也在增加,一下子恢复以前的课外学习小组也不现实。因此,对孩子提出的要求,不可能用简单的“是”或“否”来解决。

为了帮助孩子摆脱寂寞,家长不宜断然回绝孩子的要求,但考虑到小伙伴可能对孩子和家庭产生的影响,同意孩子带同学回家应当有附加条件:一是活动范围限定在孩子自己的房间或家长指定的区域,并对家庭最重要的区域采取必要的安全防护措施;二是活动内容应以学习和户外游戏为主;三是不损坏家庭财产安全和环境卫生,不影响周围的邻居;四是不接触可能造成安全问题的煤气、电器用具;五是不能留饭、留宿;六是人数不能太多,也不能是一个异性同学;七是家长之间要有经常的沟通,互相理解,发现问题及时干预;八是随时通过老师了解孩子及其伙伴的在校表现,做到心中有数。如果孩子违反以上“契约”,他必须付出失去伙伴的代价。

当然,对上述内容的表述,应当采用孩子能够理解的方式,充分说明这样做的必要性和好处,让孩子心悦诚服、自觉遵守。

◎54.怎样和孩子讨论性问题?

这是两段经常发生在家长和孩子之间的对话:

妈妈,王阿姨家的小弟弟是从哪里来的?

阿姨在山沟里拣的。

那我也是妈妈拣来的吗?

当然啦!

那么你拣我的时候我是哭着呢,还是玩着哪?

瞧!那只风筝飞得多高啊!

……

爸爸,你知道我们老师有多偏心吗?

怎么啦?

上体育课我们班女生只要一说身体不舒服,老师就说,有特殊情况的可以到树底下凉快去,我们男生想歇会儿,说哪里疼也没用,你说,她们能有什么特殊情况?

这个嘛……咦，臭小子，你能不能问点有用的？

本来，向孩子揭示生命的奥秘、帮助孩子了解青春期发育带来的生理心理变化，是家庭性教育的重要内容，但历来没有被重视，家长只好顾左右而言他。也许，有的家长认为“孩子不该懂这么多”，有的家长认为“把握不好分寸可能会起到‘教唆’的作用”，有的家长认为“讨论这样的问题会降低了自身的品位”……总之，许多家长不知道怎样和孩子讨论性问题。性教育成了许多家庭教育的盲区。

▲症结：耻感文化氛围窒息了性教育

饮食男女，人之大欲。食、色，性也。然而，对这样一个本来像吃饭一样平常的问题，有着五千年文明和过人智慧的中国人硬是把它变成了一个成人难以启齿、孩子羞于发问，一代又一代人都不得不偷偷摸摸地“探索”的累死人的话题，这实在是生活中的一大悖论。如果说，在“男女授受不亲”的封建时代，男孩儿女孩儿由于一进入性成熟期就开始谈婚论嫁，性教育往往通过婚前性启蒙“毕其功于一役”，青春期的性困惑不太容易成为一个社会性问题的话，那么，现代社会情况却完全不同了。伴随工业文明的起步，现代教育大大延长了孩子们的“青春期”。为了适应工业社会对劳动力素质的要求，孩子们必须接受9年~16年(小学到大学)、有些人甚至要接受22年的系统教育。假如一个孩子初中阶段性发育成熟，到具备独立谋生、支撑家庭大约需要10多年的时间，此间将无法取得通过合法渠道获得性满足的资格。虽然婚姻法规定男22岁、女20岁可以结婚，但是在取得独立的经济地位之前，成家立业显然是个不现实的问题。于是，长长的青春期便成了一个“性饥渴”的时期。而耻于谈性的文化传统则把性教育变成了家教禁区。

◆他山之石：性问题是科普话题

在世界上公认的青春期性教育搞得比较好的国家，性教育一般都从娃娃开始。从幼儿时代，成人就不回避孩子们对性的好奇。当一个小女孩儿问家长，为什么男孩子可以站着撒尿，女孩子却不可以时，家长会坦然地回答：那是因为男孩子长了和女孩子不同的性器官；如果小姑娘要看看男孩子用什么撒尿，幼儿园的老师可能会鼓励勇敢的小朋友帮助她明白这个问题。而穿露裆裤的小男孩也会自豪地显示一下自己的不同之处。在一个更为开放的文化环境中，人们并不以为这样做有什么不妥。对进入青春期的中学生,性教育则包括了关于男孩子的遗精、女孩子的经期卫生、异性交往的恰当方式,乃至如何预防性侵犯、性病、艾滋病和怀孕在内的所有他们认为对孩子健康成长有用的知识。事实上,当今世界青少年性犯罪率最低的国家,无一例外都是青春期性教育搞得比较好的国家。因此,老师和家长们完全没有必要为青春期性教育而尴尬,我们需要研究的,只是青春期性教育应当为孩子们提供什么。

☆应对策略:让性教育走进阳光地带,成为人格教育的重要部分

开放的社会环境、商业文化中大量的性爱刺激,使青少年在本能的欲望和社会规范之间,在生理需要和心理需求的双重挤压之下,面对性别角色的定位、与异性交往的方式、对性冲动的自我调适等"性的同一性"问题,必然产生青春期的性困惑。阿伦·格莱格曾经精辟地指出:"在性的问题上要么无知,要么世故,要么压抑,要么刺激,要么矢口否认,要么任意放纵,要么遮遮掩掩、神神秘秘,要么就是连廉耻都不顾……可以说,只要这种混乱状态一天不结束,性就必然与欺骗、下流联系在一起。"因此,结束这种与欺骗和下流连在一起的混乱状态,让青春期性教育走进阳光地带,成为一个可以在家庭饭桌上、学校课堂上、电视荧屏上、互联网络上公开讨论的科普话题,对于帮助青少年顺利度过骚动不安的青春期具有十分重要的意义。

青春期是性别角色形成的时期。一个社会是阴阳平衡、两性和谐,还是两性冲突、"两个人的战争"不断,在很大程度上取决于青春期性教育是否成功。因此,青春期性教育归根到底是培养健全的男性和同样健全的女性的一种人格教育。在当前情况下,青春期性教育至少要关注以下4个方面的任务:

第一,要培养青少年良好的性别意识,使青少年懂得由遗传决定的性别并无优劣之分,在科学技术日益普及的现代社会,"第一性"、"第二性"的划分变得越来越没有实际意义。生为男孩儿,挺好;生为女孩儿,也不错。虽然确实存在性别差异,社会对性别角色也有不同要求,但这种差异和要求恰恰是为了两性间的互补。因此,无论男孩儿女孩儿,都要愉快地接纳自己的性别角色,并做好履行角色义务的心理准备。比如,男孩子要具备刚毅、勇敢、坚强的阳刚之气和尊重女性、呵护女性的绅士风度;女孩子要从小培养温文尔雅、端庄大方、自尊、自爱的淑女风范和在现代社会生存必须具备的独立人格等,防止性别角色混乱导致的心理冲突。

第二，家长、师长和大众传媒要以严谨科学的态度向青少年传授性生理卫生知识，帮助青少年了解伴随生理发育产生的各种性生理现象和性冲动哪些是正常的，哪些是病态的；了解性传播疾病对青少年可能造成的伤害及预防的措施；了解婚前性行为的诸多缺点（如由于一时冲动动作粗暴引起性器官的损伤；性交环境差、担心被人发现而匆忙行事易导致性功能障碍；青春期求新意识强，容易更换性伴侣，造成乱交并导致性犯罪；传播性病；未婚先孕；违反法律、道德造成负罪感和两伤后果等）；指导青少年正确处理青春期的自慰行为；对受到性侵犯和有越轨行为的青少年提供人道主义救助等，搞好青春期的生理保健。

第三，开展青少年性心理健康教育，通过学校的心理健康教育课、社会的咨询热线、青少年报刊的科普园地等，帮助青少年了解性心理发展的一般规律，解答青少年的性困惑，指导青少年进行健康文明的两性交往；将青少年对性问题的过分关注转移、升华到健康有益的方面。

第四，强化性道德教育，使青少年明白，根据一定的道德原则权衡并调节自己的性行为，是人区别于动物的重要标志之一。人的性行为不完全是一种生物的本能，它同时具有社会和文化的属性。当人把自己降到兽的层次时，人就变得比兽还坏。因此，青少年要自觉接受现阶段性关系与性行为必须遵循的道德标准，即：自愿、无伤、以婚姻为基础。其中，以婚姻为基础是发生性行为的前提条件。在异性交往中，要遵循基本的道德准则，即：尊重、分寸、界限。其中，尊重对方的权利和人格是基础，分寸和界限是行为规范。青少年必须警惕“性解放”、“性自由”的陷阱，远离毒品、远离艾滋病、远离一切精神垃圾和低级趣味，才能使自己的青春岁月充满阳光。

◎55.孩子的“好朋友”有标准吗？

独生子女的社会交往已经成为家长特别关注的问题。家长既担心孩子交不到朋友、不会交朋友，更担心孩子交了坏朋友。指导孩子交友，首先遇到的困难就是“好朋友”太难找了。太要强的孩子可能咄咄逼人，不要强的孩子可能缺少上进心；家庭条件太好的孩子可能有优越感，家庭条件差点的孩子又可能自卑；有特长的孩子可能学习坐不住，没有特长的孩子又少了点儿趣味……到底什么样的孩子算好朋友？起码应当是学习好、品德好、性情好、没有不良习惯，最好再有点才艺的。

▲症结:错把完美当标准

对于孩子来说,“好朋友”含义非常单纯,谈得来的、要好的朋友就是好朋友。经过家长复杂的“二次思维”之后,好朋友被赋予了成人的价值判断,并规定了近乎完美的标准。按照许多家长的择友标准,大概一个班级五六十个孩子当中,能够勉强符合标准的只有少数“三好生”了,普通孩子统统没有交朋友或做朋友的资格。显然,不应当把“完美”作为孩子选择朋友的标准——除非你希望自己的孩子永远没有朋友。

◆他山之石:交友三境界

中国古人认为交友有不同的境界:趋炎附势、是非不分、沆瀣一气、狼狈为奸的人为“佞友”,即奸佞之友。此类朋友通常为一己之私所聚,为分赃不均所散,是典型的恶人之交。平日甘之如饴,只说顺耳之言,不闻逆耳之声,即便指鹿为马也随声附和,涉及个人利益则一触即跳,甚至反目成仇的人为“损友”,是典型的小人之交。平日交往淡然如水,唯切磋琢磨、矫正偏失、进逆耳忠言、担逆境困厄则不分彼此为“诤友”,才是真正的益友。所谓“人生得一知己足矣”,说的就是这种意义上的朋友,他不完美但正直、坦诚;他不一定总是让你高兴,但总是对你有益;他是那个在临终时可以托付儿孙的人。

☆应对策略:鼓励孩子选“诤友”做“益友”

友谊是青春岁月的灿烂阳光。指导孩子交好朋友,可以从以下几个方面入手。

第一,要拒绝佞友。由于社会阴暗面的存在,孩子的世界里也有诸多的“陷阱”。比如,有不良嗜好的孩子最容易成为犯罪团伙的“进攻目标”。在软硬兼施的利诱和威胁面前,有些孩子稀里糊涂地当了黑恶势力的帮凶。基本的是非观念、法制观念、纪律观念、道德观念可以帮助孩子抵御来自佞友的邪恶诱惑。

第二,要远离损友。马在坦途上易失前蹄,人在甜言上易栽跟头。应当提醒孩子,即便是真诚的赞美,听的时候也要清醒地打个折扣,永远不要误以为自己真有别人赞美的那么好。对于夸奖之后跟着提出某些要求的“朋友”,对当面夸自己同时贬别人的“朋友”,要提醒孩子保持必要的距离,以免跌入“朋友的陷阱”。远离损友可以省却许多烦恼，节省时间做更有益的事情。

第三，要学会选择“诤友”作为益友。赞美给人信心，批评给人砥砺。与赞美自己的人交朋友比较容易，因为对方欣赏自己。而当面指出自己不足的人，有时候可能会让人感到难堪，但不要因此忽略其坦率的可爱。引导孩子永远不要把公开批评自己的人当成“敌人”。在公开的批评者中，“诤友”存在的概率最高。李世民和魏徵延续终生的友谊和信任已经证明了这一点。珍惜诤友，让诤友成为终生的益友，是人生最宝贵的财富。鼓励孩子主动去感谢批评自己的人，主动去交愿意批评自己的朋友，他将拥有最好的朋友。

◎56.孩子不会交朋友怎么办?

现代社会竞争越来越激烈，合作能力也越来越重要。许多家长希望孩子从小学会交朋友，并且有朋友陪伴一起成长。但现在的问题是孩子既需要朋友，又不会交朋友。我的孩子上幼儿园的时候，把所有在一起玩的孩子都算作朋友；上小学时，把每天上学放学一起走的同学当成朋友；上了中学之后才发现，虽然也有像大人那样礼尚往来的同学，也有集体活动中兴趣相近、能玩儿在一起的伙伴，但是，当遇到困惑和问题需要分享时，自己却没有真正可以信赖的朋友。不会交朋友，或者说不知道怎样培植友谊，已经困扰了孩子很长时间，虽然家长努力想成为孩子的朋友，可我们心里清楚，同龄朋友的作用是家长无法取代的。家长应当怎样指导孩子交朋友?

▲症结:把朋友当成能满足我需要的人

所有的孩子都需要朋友，家长也常常更多地关注孩子是否掌握了“交朋友的技巧”，而唯独忽略了怎样做别人的朋友。不会交朋友的孩子十有八九自己就不会做别人的朋友——尤其是已经习惯了“自我中心”的孩子。他们不了解别人的需求、不能设身处地为别人着想，自己遇到困难希望别人主动出手相帮，而对别人的困难却熟视无睹:那不关我的事！自己的隐私需要分享时要求别人“保守秘密”，而分享别人的隐私则会漫不经心地当“小喇叭”……如果仅仅把朋友当成能满足我需要的人，交不到朋友是很正常的。

◆他山之石:朋友是相互的

《现代汉语词典》给朋友最简单的定义是：彼此有交情的人。这个定义包含3个要素:一是“彼此”的概念。朋友是相互关系,不是剃头挑子一头热。即便是男女朋友,如果只是单方面的喜欢对方,也只能叫“单相思”。二是有交往。鸡犬之声相闻,老死不相往来,即便住在对门也不会成为朋友。现代社会钢筋水泥的庞大建筑中住满了互不相识的人，与大杂院里孩子们随时可能在邻居的饭桌上“尝尝鲜儿”的时代相比,交往的机会的确减少了。三是要有情感交流。如果只是见面点点头,一声礼节性问候,或者只是被动地在集体活动中不得不发生“例行公事”式的交往,充其量只能成为“熟悉的陌生人”,不可能成为朋友。因此,朋友是相互的。

☆应对策略:更重要的是学会做朋友

既然只有在互相交往而且发生情感性交流的基础上，才有友情成长的空间,才有成为朋友的可能,那么,鼓励孩子学会做别人的朋友和帮助孩子掌握交朋友的技巧至少是同等重要的,甚至前者更重要。

当幼儿园的孩子因为没有争到某件喜爱的玩具而哭泣时,那个伸出小手为他擦眼泪并把自己的玩具送过去的孩子,最可能成为他的朋友。因为这孩子分享了他的痛苦,带给他温暖和欢乐。在这种情境下,鼓励孩子主动与别人分享的家长,事实上是在教会孩子怎样做朋友同时也是怎样交朋友。

同样的道理,当同学第一次住进集体宿舍在打开水时会不会随手带上同学的热水瓶，当看到值日的同学因忘记打扫而手忙脚乱时会不会主动帮把手,当同学生病时会不会主动表示关心,都可能关系到他有没有朋友,或者交到什么样的朋友。因此,帮助孩子明白,每个人心中都有对朋友和友谊的渴望,交朋友的真谛并不在于技巧,而在于心灵。包容的心、乐于助人的手、诚挚的态度常常比华丽的言辞更能巩固友谊,带来朋友。

◎57.学习成绩不理想的孩子怎样交朋友?

孩子学习成绩不理想,家长总希望他能交学习比较好的同学做朋友,帮助他提高学习成绩。但是,无论家长怎么劝,孩子总是打憷:人家凭什么要和我交朋友？你光想着让别人帮助我，人家爸妈说不定还怕我把他的成绩坠下来呢！你以为学习好就一定是雷锋啊？我才不上赶着求别人呢，大不了人家上大学咱上高职就是了。得，小子还挺“自尊”呢！事实上，孩子身边也确实有不少朋友，但大多数都和他属于同一梯队，其中个别孩子还是出了名的“玩儿家”。家长能不担心吗？

▲症结：交朋友不是找家教

与孩子年龄比较接近的家庭教师有可能成为孩子的朋友，但交朋友肯定不是找家教。本案例中家长过于明确的功利目的引起孩子反感是必然的。有的家长为了帮孩子交到学习好的朋友，甚至不惜请吃饭、送礼物“笼络”。结果，不仅没有交上朋友，还伤了孩子的自尊心。可见，朋友不是花钱可以雇来的，也不是企求可以得到的。

◆他山之石：孩子们为什么需要朋友

交朋友的目的是什么？家长和孩子的回答可能完全不同。在1999年中国青少年研究中心组织的涉及4500名少年儿童的社会调查中，1/5的孩子感到自己很孤独；26.7%的孩子感觉朋友比自己期望的少；22.1%的孩子认为自己没有什么知心朋友；30.8%的孩子表示父母限制自己交朋友；27.7%的孩子不愿和父母说心里话；50%的孩子表示“我的事情自己拿主意”；66.5%的孩子愿意和同学一起写作业；80.4%的孩子最好的朋友是同校同学；54.3%的孩子课余时间愿意和朋友聊天。选择朋友时，聪明好学、品行好、和自己有相同的兴趣是孩子们排在前3位的选择；而善良、诚实、勇敢则是孩子们最看重的品质。与孩子相比，家长的选择可能会更多一些功利的考量。因此，家长需要了解孩子为什么需要朋友，他们需要陪伴，需要分享成长的欢乐与烦恼，需要和志趣相投的朋友一起探索共同关心的问题等。这决不仅仅是只要学习成绩好就可以满足的。

☆应对策略：发掘孩子自身的优势，与朋友形成互补关系

学习成绩不理想并不意味着孩子没有优点、没有可取之处，许多时候只是意味着孩子对考试不适应而已。指导学习成绩不理想的孩子交朋友，家长首先要克服本身的“自卑感”。事实上，如果没有成人的误导，孩子们交朋友时，学习成绩并没有大人想象的那么重要。孩子们更看重的反倒是个性、品质、能力、才艺等个人自身条件。所以,中学里人缘最好的孩子常常并不是“死读书”的“好学生”,而是个性突出、能力出众的学生。因此,家长与其煞费苦心地帮助孩子去找一个“能帮助他提高学习成绩的朋友”,不如鼓励孩子用自身的优势吸引学习好的孩子成为自己的朋友。也许,他可以成为学习好的同学的足球小教练、游泳救生员,或者凭自己的才艺成为班级活动骨干并受到同学们尊重等。当孩子自身的优势得到肯定时,为他带来的朋友肯定不再仅仅是学习上同一梯队的成员。他与朋友之间的互补关系一旦形成,学习进步也会成为一种内在的要求,朋友之间的互助也省却了许多求助于人的尴尬。

◎58.学习不好的孩子可不可以做朋友?

中国有句古话:入芝兰之室,久而不闻其香;入鲍鱼之肆,久而不闻其臭。孟母三迁,无非也是担心不良环境对孩子潜移默化的影响。所以,我们从小就给孩子规定了不准和学习不好的孩子交朋友的“家规”。在小学阶段,这条规定执行起来比较简单,因为孩子们本身互相交往就比较少,家长的干预也管用。但孩子上了中学以后,自己的想法越来越多,尤其是家离学校比较远的孩子,一出去就是一整天,家长事实上已经不可能监督孩子的交往。所以特别担心孩子交上一帮学习不好的孩子,整天不务正业。所以,我们会经常过问一下孩子朋友的学习成绩,初中一、二年级时,孩子高兴了还回答一句,一般,还行吧!上了初三以后,孩子对这个问题越来越不耐烦。不高兴了就说难听的:你们烦不烦?我的朋友学习好坏和你们有什么关系?侵犯我的隐私也就罢了,难道你们连我朋友的隐私也要侵犯?知道不知道,按照最新的教育理念,分数是孩子的隐私!

分数该不该成为孩子的隐私,我们闹不明白,但是,不让孩子和学习不好的孩子交朋友难道也错了吗?

▲症结:学习成绩不应当成为交朋友的标准

关心孩子朋友的学习状况本身并没有错,但是,如果学习成绩、甚至考试分数排名作为可不可以做朋友的标准,肯定是不对的。孩子们学习兴趣和能力发展有个体差异,开窍有早晚,今天成绩好的同学未必能够一路优秀到大学,即便学习成绩一直不错,也未必明天一定成就大事业。仅仅关注朋友的学习成绩,一方面会给孩子正常的人际交往构成人为限制，使孩子没有机会学习识人、辨人的本领，另一方面可能也会让孩子错过一段值得珍惜的友谊。比如，一个来自特困家庭、学习成绩一般但始终不放弃努力的孩子，一个成绩平平但诚实正直乐于助人的孩子，一个非常聪明、见多识广但因为兴趣广泛学习成绩受到影响的孩子，他们作为朋友的存在能带给孩子在同质性较强的朋友中无法得到的东西。所以，学习成绩不好不应当成为“没有资格做朋友”的根据。

◆他山之石：人生需要“一字师”

古时候，秦相吕不韦曾组织门客写《吕氏春秋》，书写成之后贴出布告说，如果有人能增减一字则赏千金。据说成语“一字千金”就来源于此。许多学富五车的前人也非常谦虚地把那些才学远在自己之下，却能为自己指出文章错别字的人称为“一字师”，即教会了我一个字的老师。如果把一字师的含义延伸一下，“三人行必有我师”就不再是谦辞，而是事实。显然，学习不好的孩子只要有优点，就具备做朋友的资格。

☆应对策略：发现闪光点，把握警戒线

世界上本来就没有完人，没有全才。世界上也少有一无是处的人，特别是可塑性极强的未成年人。学习不好在许多孩子身上只是一种暂时的伴生现象。孩子的朋友中有学习不好的孩子是完全正常的。

第一，家长可以从关心的角度和孩子一起分析朋友学习不好的原因，无论是聪明但不用功、勤奋但不得法，或者被其他事情分散了学习注意力，都可以给孩子带来许多有益的启示，从“保底”的意义上说，孩子可以间接地接受一些经验教训，这没有什么坏处。

第二，学习不好但仍然被孩子选为朋友，这孩子身上肯定有某些吸引人处，有他自己的“闪光点”，发现这些闪光点，并鼓励孩子欣赏并虚心学习这些优点，学习不好的孩子同样可以成为好朋友。

第三，学生以学为主，“学习不好”这一条肯定不能算“优点”。因此，对于学习不好的朋友过于贪玩，把学习当成给父母完成任务，以及玩起来像条龙、一学习就变成虫等不良习惯，也应当提醒孩子，至少应当不受其影响。应当把这个要求作为交友的一条警戒线。因为人生需要一起进步而不是一起滑坡的朋友。

◎59.性格内向的孩子怎样交朋友?

我的孩子性格过于内向,平常就少言寡语,人多的场合就更不吭气儿了。在别的家长担心孩子交友不慎,唯恐受到坏朋友影响时,我们最担心的却是孩子没有朋友。独生子女本来就孤单,再没有几个朋友,将来孩子长大了靠谁呀?只要想到将来有一天要把孩子孤零零地留在充满风险的世界上,我就不寒而栗。怎样改变孩子性格内向的毛病,让他学会交朋友?

▲症结:不必把改变性格作为交朋友的前提条件

中国有句老话叫“江山易改,本性难移”。从心理学角度分析,性格作为稳定的个性心理特征的核心部分,其形成既有先天遗传因素的影响,也有后天环境与教育的塑造。因为性格本身具有内在的稳定性,它不可能被彻底改变,由于性格具有可塑性,在内外因共同作用下,它也会不断调整完善。因此,没有必要把改变性格作为交朋友的前提条件,因为许多时候,有点内向的人可能比过于外向的人更适合做朋友;更何况,“满面春风皆朋友,其中知己没几人”已经成为现代人对人际交往的反思和咏叹。性格内向的孩子怎样交朋友,问题的核心不在于改变性格,而在于学习交往。

◆他山之石:性格内向不是“缺点”或“毛病”

人的性格的确有内向外向(也叫内倾外倾)之分。从心理学的角度,内向外向不过是同一人格纬度上不同的位点而已。瑞士的分析心理学家荣格最早进行了这种划分:一般说来,外向型性格的典型表现包括善于社交,乐于交谈,喜欢聚会,不喜欢独处,容易激动等;内向型性格的典型表现为安静、自省,喜欢阅读,除少数朋友外不喜欢交往,不容易激动,处世谨慎,喜欢整齐有序等。国内外许多研究都表明,极端的内向和外向的人都比较少见,大多数人都兼有内外向的性格特征,只是有所偏重而已。许多关于个性的心理测量问卷,都包含测量内外倾的分量表,可以大致判断测量对象在内外倾纬度上的具体位置。但无论内向还是外向都不是“毛病”,只是不同的性格“特征”而已。因此,不能把性格内向当缺点,把性格内向的孩子当“病人”。

☆**应对策略：发掘性格内向的孩子自身的交往优势**

性格外向的孩子活泼开朗，容易“先声夺人”，但大大咧咧也容易得罪人；性格比较内向的孩子朋友的数量可能相对少一些，但由于交友态度比较慎重，反倒可能拥有更高的交往质量。家长可以从启发孩子认识自身的交往优势入手，指导孩子逐步扩大自己的朋友圈。

性格比较内向的孩子在交往中有三大优势：一是因为性情安稳、不张扬，容易给人以安全感；二是因为沉默寡言，更适合保守朋友的秘密；三是因为喜欢阅读和沉思，思考问题常常比同龄人更为谨慎全面，在朋友遇到问题的时候会成为负责任的参谋。如果在这些比较内向的孩子共同优势的基础上还有自己的“一技之长”，便又多了一个交往的窗口。认识到这些优势，性格比较内向的孩子可以增加交朋友的信心。

性格内向的孩子由于不善言辞或不愿多言，不够活泼，也会给融入同龄群体带来一些困难。家长可以有意识地为孩子提供一些参加集体活动的机会，如夏令营、少年军校、少先队假日小队、青少年志愿行动等，鼓励孩子在集体活动中开放自己，主动交流，大胆展现自己的才干。

在孩子交往遇到诸如不知道怎样表达自己的好感和关心、不知道怎样解除朋友间的误会、不知道怎样拒绝朋友不合理的要求等具体问题时，家长应当给孩子当好参谋，鼓励孩子自己去面对和解决问题，而不是代替孩子解决问题。

总之，交往能力需要在交往的实践中提高和完善，对孩子交往平台的安全性予以必要的监护，当好孩子交友“高参”，性格内向的孩子同样可以找到自己的友谊和朋友。

◎60.孩子和老师“对着干”怎么办？

当家长的都希望孩子在学校能够得到老师的喜爱。据说，被老师喜欢的孩子学习成绩也比受冷落的孩子好。可是，我们的孩子却偏偏喜欢和老师对着干。明明自己学习不咋地还有点调皮捣蛋，可在他的眼里，老师的毛病比他还多：语文老师普通话不着调，数学老师除了数学啥也不知道，图画老师就会扼杀创造力，音乐老师没有超女唱得好……由于所有老师的毛病都被他挑遍了，姥姥不疼、舅舅不爱那是自然的。虽然老师们倒未必都和个不知深浅的孩子一般见识，但是，孩子在学校老师不待见那是肯定的。我们批评、劝告的话说了不老少，但孩子就是听不进去。好像能挑出老师的毛病就证明自己比老师还高明似的。对这么“没数”的孩子，家长该怎么办？

▲症结：孩子需要把不理想的状态“合理化”

把“喜欢和老师对着干”作为对孩子行为的一种判断很可能不太准确。“和老师对着干”是一种行为表现，但未必是因为“喜欢”。在师生关系中，通常老师处在强势地位，学生处于弱势地位，学生一般不会选择和老师对着干，更不会“喜欢”这样做。生活中接触到的大量案例表明，与老师对着干的孩子一般都存在学校生活适应方面的问题。或不适应老师的教育教学方式，或因小过错经常受到批评，或自认为努力但结果不理想等等。当孩子对自己的状态不满意时，就会产生心理压力，而面对压力人的第一个本能的反应就是“找理由”，把自己不理想的状态“合理化”。比如，“遇上这样的老师，神仙也不可能考出好成绩”、“看见某某老师那张脸，我就学不下去了”，找到这样的“理由”，孩子可以减轻学习成绩不好给自己带来的“内疚”。通常孩子挑老师的毛病，真正的动机不是为了证明自己比老师高明，而是为了寻找自己的心理平衡，这是一种典型的防卫机制。

◆他山之石：孩子们身上常见的防卫机制

在现实生活中，在成人主导的世界里，孩子们身上最常见的心理防卫机制主要有以下几种：一是投射或外化。认为自己的问题别人也有，可以得到一种宽慰。比如：别看我考了52分，我们班有的同学还不如我呢！我承认自己有毛病，老师、家长就没毛病？连伟人还有毛病呢！二是躯体化。以躯体症状解决心理问题。比如，有的孩子在没有心理准备的情况下受到老师批评，会产生“学校恐怖”，但孩子明白不去上学爸爸妈妈肯定不答应，于是，心理的不舒服转化成躯体的不舒服，发烧、拉肚子、头疼、胃疼等等。而且，这些症状多半在该去上学的时间出现。三是倒退行为。当感到问题不能解决时，以退缩的方式让自己回到没有能力解决问题的阶段，让自己变小。四是反向表现。知道某种行为不会被接受和认可，就努力表现为相反的形态。比如，明明不想写作业，却整晚趴在书桌上表示出用功的模样等。五是合理化。给自己不合理的想法、态度、行为找到充足理由，让自己感到宽慰。事实上，成人身上存在的许多防卫机制在孩子身上都可能有所表现。了解这些防卫机制有助于家长及时把握孩子的心理状态，提供必要的帮助。

☆应对策略：鼓励孩子面对困扰自己的真正问题，不找“替罪羊”

和老师对着干的孩子通常都不快乐，但他们常常没有勇气面对让自己不快乐的真正问题——对自己不满意。对自己的状态不满意又必须接受这种状态，找一个“替罪羊”是所有的应对方式中最容易做到的。由于这种做法不能真正解决问题，于是便形成了一个怪圈：抱怨越多，努力越少，状态越差。

解决问题第一步，必须从“对着干”的现象和“不尊重老师”的简单批评中跳出来，从讨论孩子对自己是否满意、哪些方面不满意入手，找到困扰孩子的真正问题。

第二步，引导孩子面对并接受困扰自己的真正的问题，“释放替罪羊”。老师肯定有缺点毛病，抨击老师的缺点毛病可以让自己感到短暂的心理平衡，但不能解决自己的问题。与其让老师或者其他人成为自己坏情绪的“替罪羊”，不如用抨击他人消耗的能量去改善自己。

第三步，鼓励孩子行动起来解决自己的问题，并提供必要的帮助。

第四步，提醒孩子，成长过程本身就是不断遇到新问题、不断解决问题的过程，要学会放下已经解决的问题，做好迎接新挑战的准备。

◎61.发现老师处理问题失当怎么办？

孩子上小学四年级了，品德、学习都不错，成绩基本能稳定在班级前5名，还是少先队小干部，属于老师比较喜欢的那种孩子。但是，最近孩子遇到了很大的困惑。上级主管部门要来学校检查工作，正好又赶上期中考试。为了证明素质教育搞得好，老师临时调整了同学们的座位，把平时学习比较好的同学和成绩比较靠后的同学均匀地掺和了一下，并明确要求，为了集体荣誉，上公开课的时候，无论会不会回答问题都要举手，但老师只会叫真正会的同学；考试的时候，只要没有别的班的老师和陌生人巡视考场，同学们一定要互相帮助，争取全班平均总分第一。儿子回来对家长说，老师今天准是发高烧烧糊涂了，怎么教我们弄虚作假、考试作弊呢！显然，老师的做法明显是错误的。但是，联想到许多评估、检查、验收过程中的弄虚作假和劳民伤财现象，对这位“小巫”级的小学老师，家长还真的不好意思大加讨伐，况且，孩子还在老师手心儿里呢？面对诸如此类的问题，家长应当怎么办？

▲症结：“师道尊严”、“价值底线”、“利害考量”的三难选择

对于家长来说，发现老师处理问题不对或不恰当是最尴尬的事情。本案例就涉及师道尊严、价值底线和利害考虑的三难选择：如果家长明确表态批评老师的做法，老师在孩子心中的形象必然大打折扣；如果“体谅”老师的苦衷，要求孩子“配合行动”，则损害了我们社会基本的价值观念；如果采用向教育主管部门或有关领导反映的做法，家长又担心受到批评的学校和老师会不会对自己的孩子“挟嫌报复”。

◆他山之石：我爱我师，更热爱真理

尊师重教是中华民族的传统美德，也是民族文化生生不息的源泉。但是，唯书、唯上、唯圣人言的文化传统，也常常窒息了民族的创造精神。因此，在大力弘扬科学精神的今天，伟大哲学家亚里士多德的“我爱我师，更热爱真理”的精神是值得大力倡导的。对师道尊严的维护显然不能超越价值底线，不能凌驾于是非判断之上，否则我们就给孩子做了错误的榜样。

☆应对策略：让家长委员会成为矫正教师偏失的监督力量

教书育人是太阳下面最崇高的职业，但教师却是肉眼凡胎的普通人，他们也有七情六欲，他们也会犯错误，他们也要在尝试错误的过程中成长。为了孩子的福祉，对于老师不当的教育言行，家长当然有监督和矫正的责任，但矫正老师的过错需要正确的策略。鉴于我国独特的文化传统，直截了当地指出老师错误有时候的确会对师生关系、家长和学校的关系产生负面影响。因此，当问题只涉及一对一的师生关系时，应当采取个别交换意见的方式寻求共识。遇到本案例描述的涉及社会基本价值的问题，则应当在核查事实的前提下，以家长委员会的名义转达意见和建议，既可以引起校方的重视，又可以免除对“后果”的顾虑。实践证明，大多数学校对于家长委员会提出的意见和建议通常是非常重视的。家长委员会应当成为连接家庭和学校教育的纽带和桥梁，成为矫正教师偏失的监督力量。对于天真单纯的孩子，则应当明确表达家长的是非判断：任何时候、任何情况下，考试作弊都是可耻的。作弊不是帮助同学，也不是维护集体荣誉。要鼓励孩子坚持正确的做法，坚持做人做事的道德底线；当学校或老师的某些做法明显违反法律法规、侵犯了未成年人权益时，作为第一监护人，家长则应当拿起法律武器，维护孩子的合法权益。

◎62.两代人教育观念不一致怎么办？

我有一个三代同堂的家庭。由于大学毕业后留在省城，妻子又是独生女，为了生活方便，我们痛下决心选择了和岳父母住在一起。没有孩子之前，四口之家挺和谐的。但自从有了孩子之后，我们夫妻之间、我们和岳父母之间在孩子教育问题上几乎从来没有过达成一致的看法。小到孩子该吃什么、穿什么，大到孩子应该朝哪个方向发展，人人都有“为孩子好”的锦囊妙计，但家里又常常为了一些鸡毛蒜皮的小事儿，弄得大人不痛快，孩子无所适从。我们不止一次地想到从老人家里搬出来单过，但是又不忍心把孩子和从小带他的姥姥、姥爷分开。我们到底该怎么办？

▲症结：不同的价值导向会破坏教育合力

在三代同堂、四代同堂的家庭中，教育方式与价值导向缺少一致性会构成冲突型的家庭教养方式。类似的问题在生活中简直太多了。对同一件事情的处理，家长互相矛盾的态度，一管一护的做法，传递给孩子的是令人困惑的信息：既然连大人也闹不明白对错是非，我选择什么不是更无所谓吗？

◆他山之石：小勇该不该打架

孩子们在一起免不了有冲突，男孩子之间的小打小闹更是寻常故事。小勇的爸爸是个中学教师，历来主张“君子动口不动手”。无论什么原因，他都反对用暴力解决问题。小勇的妈妈是个下岗女工，在一家商场承包了一个柜台。也许与商场上的较量有关，她从自己的经验中得出的结论却是：人善被人欺，马善被人骑。与人相交，应当以眼还眼，以牙还牙。别人打你一巴掌，你就还他两巴掌，看以后谁还敢欺负你！小勇的奶奶生就一副菩萨心肠，孙子挨打她心痛，孙子打了别人的孩子她也心痛。她的主张是:见事不好,拔腿快跑,见到老师,赶快报告。夹在各有道理但主张不同的大人之间,小勇开始感到很为难:无论他做了什么,他总是错的。他选择逃跑,妈妈认为他没出息,不像男子汉;他选择打架,奶奶说他傻瓜,不知道好汉不吃眼前亏。

同样的事情经历得多了,小勇偶然发现,几乎每次他受到责骂时,家里也总有人为他撑腰、鸣不平。有时,大人们为他而发生争执时,甚至会“忘记”了他这个“肇事者”。这一发现真让小勇“大喜过望”。现在,小勇已经习惯了在大人们的矛盾与冲突中“火中取栗”:当他需要证明自己打架有理的时候,他就向妈妈诉说自己的“委屈”;当他吃了亏的时候,就向爸爸告状说别人“野蛮”;当他闯了祸害怕别人报复时,则用恶人先告状的方式,借助奶奶的干预使自己免受惩罚。“聪明”的小勇感觉到:无论自己做了什么,都可以让大人感到自己是对的。显然,小勇的“不吃亏”隐含着巨大的隐患。因为他始终也没有弄明白应当用什么样的方式处理人与人之间的矛盾与冲突。

☆应对策略:用共同的价值标准协调教育行为

从法理意义上讲,父母是孩子的第一监护人,有权利在子女教育过程中起主导作用,包括是否选择三代同堂的生活环境。在其教育行为没有违背社会规范的前提下,祖父母辈对儿女的教育权利应当给予尊重和理解,没有必要越俎代庖。但是,鉴于第一代独生子女作为家长的特殊责任,无论是否选择三代同堂生活方式,都需要在家庭教育问题上争取上一代人的理解和支持,形成共同的价值标准,创造有利于孩子成长的家庭环境。

第一,应当尽早(在决定生孩子的时候)进行家庭教育理念层面的沟通,在把孩子培养成什么样的人这个根本问题上,两代人之间应达成基本的共识,形成教育合力,避免使偏了力气。

第二,在孩子成长的过程中,针对具体问题的分歧,在如何达成教育目标的方法层面,经常检点意见冲突各方的经验教训,防止成人间的冲突给孩子造成价值判断的困惑。

第三,当两代人的意见或成人之间的意见暂时不能统一时,在不损害孩子权益的前提下,可以通过妥协实验维护一个主导意见,即按照第一监护人的意见试试看,如果不能奏效,再吸取他人意见不断改进。毕竟,在培养孩子成人、成才的根本问题上,两代人没有根本的利害冲突。

第四，在涉及人生最基本的价值判断时，家庭不能给孩子提供与社会核心价值体系相冲突或自相矛盾的价值导向，否则将给孩子的社会化带来灾难性影响。前者可能发展反社会人格，后者则可能培养玩世不恭的处世态度。

◎63.孩子不尊重家长怎么办？

说来惭愧，我们夫妻双方在工作单位都算是有头有脸的人物，上级信任、下属尊重，同事中人缘也不错。但是，让我们无法理解、无法接受、无法容忍的是，在家里没有得到孩子的尊重。孩子小时候，尽管也时常耍点小性子，但父母一瞪眼，还有点怕头，没想到上了中学以后，本事见长、脾气更见长，家长说一句，他有十句等着，甚至当着亲戚朋友，也照常表现他的"个性"，不给家长留一点面子。家长肯定有不对的地方，但是，十几年的养育，起码的尊重总是应该有吧？

▲症结：家庭常常是人们最不在乎自身形象的地方

孩子不尊重家长，原因非常复杂。能力、文化、心理、个性、习惯等，都可能成为具体理由。但是，最根本的原因在于几乎所有的人都把家庭当成了可以最不在乎自身形象的地方。妈妈出门时总是时尚光鲜，在家里可能会蓬头垢面，不修边幅；爸爸在人前总是文质彬彬、谈吐不俗，社交场合抽烟也会事先取得在场女士许可，在家里喷云吐雾可从来不管妈妈是否呼吸道感染，孩子是否喜欢烟草的味道，甚至责骂孩子时粗话脱口而出。多数情况下，孩子没有机会领略父母威风八面、叱咤风云、虚怀若谷、礼贤下士的职业风范，却时时可以感觉到他们作为寻常父母的所有缺点：唠叨、暴躁、情绪化，有时候还说话不算话等等。

"仆役眼中无英雄"这句话，原本是说明身边的人最容易看到英雄豪杰身上常人看不到的缺点，因而不会像"粉丝"们那样神化英雄。用来形容亲子关系，也可以解读为"儿女眼中父母毛病多"，因为父母在家庭中决不会像在局长、教授岗位上那样在乎自身形象。

当父母身上全部的人性弱点都展现在孩子面前时，父母就还原为普通人的形象。如果家长从来就没有教会孩子普通人之间怎样互相尊重、和谐相处，那么，平时不注意尊重孩子的家长得不到孩子尊重，不是很自然的结果吗？

◆他山之石:熨平补丁的渔家母亲

朋友叶子在大海边的一个小渔村长大。年轻守寡的母亲含辛茹苦拉扯 7 个孩子。母亲去世多年之后,照片依然放在女儿贴身的衣兜里。关于母亲点点滴滴的回忆成了女儿永久的财富。

这是叶子回忆中的一个小小的片段,它是那样深深地打动了我。

母亲一辈子干净整齐。就在家里生活最困难的日子,白天为别人织补了一天渔网、浑身酸疼的母亲还要在油灯下为每个孩子准备好第二天上学穿的衣裳。有一天,我放学后下地干活儿不小心划破了裤腿。妈妈找了一块颜色相近的旧布,精心地打了一个补丁。缝完最后一针,妈妈看了看,好像还不满意。于是,她披上衣服下了炕,用一个铁茶缸子倒了半杯热水,然后小心地在炕桌上捋平了那条打了补丁的裤腿。含了半口水喷在那块补丁上,耐心地用装了热水的茶缸子来回推压,直到所有的边缘都被压得平平整整。也许,在许多母亲看来,熨平了的补丁仍然还是补丁,不能掩盖生活的贫穷,但是,在妈妈眼里,熨平补丁是必须的。她常说:贫穷不丢人,但邋遢是不能原谅的错。

由此,我真正了解了叶子洁身自好的源泉,也找到了她对母亲终身敬重的原点。

☆应对策略:互相欣赏、互相批评、互相尊重

家长和孩子"零距离接触"的生活场景,客观上缩小了"审美距离"。家长不可能用制造距离的方式创造美感, 也不可能为了给孩子做榜样而每天正襟危坐。因此,家长需要在全面暴露自身弱点的同时,在一个或几个方面展示自身的优点,让孩子真心佩服,这是赢得尊重的前提条件。

第一,父母应当经常与孩子交流工作学习心得,让孩子了解自己职场拼搏的艰辛与欢乐,了解自己的工作成就,以及面对困难挫折的乐观进取精神,进而产生一种心理认同。

第二,父母应当经常倾听孩子的喜怒哀乐,不因其简单幼稚而不屑一顾。对于孩子取得的每一点微小的进步,要表达自己真诚的赞美,对孩子克服困难实现目标的努力,应当表达自己由衷的佩服,使孩子经常感到人格被尊重、进步被肯定的内在满足。

第三,家长和孩子在互相欣赏的同时,也应当有朋友似的互相批评。家长不能只要求孩子接受批评而自己却“老虎屁股摸不得”。一旦家庭内部有了一种平等批评与自我批评的习惯，尊重就不再需要刻意追求了。

◎64.孩子“自我封闭”怎么办?

我们有一个非常安静的孩子，安静得经常让我们感觉不到他的存在。小时候，身边不少于两个人照料他。可能是照顾得比较周到吧，这个不太哭闹的孩子省却了我们许多烦恼，一件玩具、一本画册就可以自得其乐好长时间。但是从上小学开始，我们就感觉有点不对劲儿了。孩子不愿意与别人交往。除了必须和老师同学对话，多一句也不说。课堂上，从来不主动举手回答问题，除非被老师点名。在家里也是问一句答一句，很少主动和家人交流。我们曾经担心孩子得了“自闭症”，但是经过专家诊断，排除了这种可能性。但是孩子老这么“封闭”自己毕竟不太好吧?

我们也问过孩子，为什么上课不主动回答问题，孩子反问我们：为什么一定要抢着回答呢?只要心里明白不就得了!至于在家里为什么不说话，孩子的回答更让我们吃惊，你们想知道的，不都问过我了吗?

▲症结:家庭缺少开放式交流

从有问有答的交流可以看出，这孩子并不拒绝与人交往，只是缺少主动性而已。身边不少于两个人“周到的照顾”，给孩子创造了一个因为“不缺乏”而没有理由哭闹的环境。家长问得太多，则让孩子感觉到没有主动说话的必要，于是，安静宝宝安静地成长，最后变成了不主动说话的人。如果家长进一步分析自己问孩子的方式，可能会发现交流中“开放式的问题”比较少。由于家长总是比孩子想的多、有时候家长问的甚至比孩子想说的还要多，“应付”家长已经来不及了，孩子哪还有主动说话的心情?

造成这种情况还有另外一种可能，那就是孩子可能因为缺少交流机会而没有学会交往。如单亲家庭、寄养家庭或父母缺失的家庭，孩子会由于缺少对话者而无法学习开放自我。

可见，关注过多或缺少关注，孩子事实上都会体验到“交往剥夺”。

◆他山之石:“交往剥夺”的弊端

如果因为人为原因丧失或部分丧失与人交往的条件,心理学上统称为“交往剥夺”。人生不能无群。童年时代与其他社会成员正常的交往是儿童社会化的重要内容。从来没有上过幼儿园的孩子、与父母隔离的孩子、因为各种原因交往被剥夺的孩子,常常比同龄孩子更缺少安全感,更不容易信任他人,对人的态度更冷淡,也更容易产生抑郁和敌意。在现实生活中包括成人在内,许多人格障碍的形成都与“交往剥夺”密切相关。

☆应对策略:用开放式交流代替封闭式的提问与回答

亲子沟通的模式各不相同,问答式的交流在很多家庭被广泛应用。它的“好处”是,家长可以在第一时间了解自己关心的“结果”,如考试成绩、老师的表扬与批评等,缺陷在于这种方式以家长关心的“问题”为中心,而不是以孩子“成长的感受”为中心。所以,家长问的积极性远远高于孩子回答的积极性——特别是当孩子认为答案可能不符合父母期望的时候。

开放式的交流关注的不仅仅是结果,更是孩子自身的感受,是家长和孩子之间心灵的交流。开放式的交流也包含提问与回答的形式,但提出的问题本身也是开放性的。比如,同样是关心孩子的学习,有的家长问:今天考语文,你得了多少分?答案只能是一个具体分数,简单到只有两个阿拉伯数字,谈话只能到此为止。如果问题变成:今天语文考试感觉怎么样?哪一部分比较容易,哪一部分觉得比较难?自己还满意吗?当问题具有一定的开放性时,回答必然包含更多主动思考的信息。

开放式交流不是家长主导、居高临下的垂询,而是亲子间平等的对话,是围绕孩子成长话题的广泛的讨论和交流。家长要敞开胸怀接受孩子成长过程中的全部欢乐与烦恼,和孩子共同品味人生,体验成长,而不仅仅是评价与奖惩。

品行之惑

◎65.孩子为什么不会“感动”?

这是发生在一个知识分子家庭的真实故事。有一天晚上9点多钟,上小学四年级、做语文课代表的女儿皱着眉头、咬着笔杆,为完不成作业发愁。妈妈关心地问了一句:“今天布置了这么多作业啊,到现在还没写完?”

女儿不耐烦地回答:“妈妈,别瞎搅,谁说今天作业多了!”

“既然作业不多,为什么写到现在?”

“班主任老师刁难我们,布置了一道奇怪的作业题,让我们结合自己成长的经历,写一件让自己感动的事情。我想了一晚上,也没想出来!”

“原来是这样。这道题出的不错呀!要不要妈妈帮你想一想?”

“有没有搞错?感动我的事儿,你帮我想?”女儿满脸的不以为然。

妈妈没有在乎女儿的态度,根据自己的理解开始讲述女儿成长的故事片段:

“丫头,你还记得吗?你6岁时一个冬天的夜晚,你突然发起了高烧。妈妈、奶奶连夜打出租车带你去了儿童医院。打完吊瓶仍然没退烧。回家以后,妈妈和奶奶折腾了整整一夜,不断地为你做冷敷,还用酒精棉球替你擦手心、脚心。天亮了,退烧了,看到妈妈和奶奶为了你眼睛都熬红了的时候,你没感动吗?”

“妈,谁家的孩子病了,大人不得照顾照顾?”孩子不认为这是感动的理由。

“丫头,还记得吗?上小学二年级的时候,有一天你放学后跟着其他班刚认识的一个小朋友回了家,到晚上8点半还没有回来。爸爸妈妈找遍了所有的地方,还惊动了楼上楼下邻居家的叔叔阿姨,大家满世界找你,直到9点多钟你被同学的妈妈送回来,大家心里一块石头才落了地。孩子,爸爸妈妈这么牵挂你,邻居的叔叔阿姨这么关心你,当时你也没感动吗?”妈妈想到了第二个故事。

“妈,谁家的孩子丢了,大人不得找找?”孩子的口气里带着明显的不耐烦。

“丫头，现在你是语文课代表，还得了好几次小红花征文奖。想没想过，你刚上小学的时候，除了幼儿园学过的最简单的汉字，你连造句都不大会。4年了，每天晚上，当你已经进入梦乡的时候，老师们还在辛勤地批改你们的作业。修改每一个错别字，纠正每一个有毛病的句子，分析每一篇作文的谋篇布局。没有老师的教导，能有你的小红花征文奖，能有你这个语文课代表吗？对老师为你的成长付出的劳动，孩子，你不觉得自己‘应当’感动吗？”妈妈的口气里已经增加了劝诱的成分。

孩子听出了妈妈语气的变化。她眨了眨那双充满灵气的眼睛，认真地思索了几秒钟，然后给出了答案：“妈，老师不给我们批改作业，他们凭什么领工资呀？”

女儿的回答着实让妈妈吃惊不小：这孩子来到世上，得到了这么多的关心和爱，为什么不仅没有学会用关心回报关心、用爱回报爱，甚至连感动都没有学会呢？这难道仅仅是一位母亲的叩问吗？

▲症结：爱的泛滥钝化了孩子应有的敏感

存在决定意识。现在的孩子生活在“爱的泛滥”的环境中。被两代长辈、6个大人、12只眼睛盯着的独根独苗，一降生就被浓浓的爱意所包裹着。习惯了“被爱”的孩子很自然地认为“生活本来就应当这样”。既然本来如此，我为什么要感动？孩子有这样的思维并不奇怪。正如人类生来就拥有阳光雨露、森林草原、空气淡水、滋养万物的大地母亲却不知感恩一样。人们对生来就拥有的东西一般会视为理所当然。如果没有必要的引导、没有生活的教育，孩子可能永远都不会感动，正如没有粮食、能源、环境、人口四大危机，人类仍然不会意识到自然的恩惠一样。

◆他山之石：人们常常因为“意外”而感动

生活中，我们常常为偶然发生的小事感动，许多人都有类似的体验。也许，那只是长途旅行中对面的旅客递过来的一张面巾纸，休病假时同事的一个问候的电话，缺课时同学提供的一份课堂笔记，情绪低落时朋友无声的陪伴，雨中伸过来的一把同路人的伞……因为陌生，因为意外，因为我们原本没有期待，所以，一个美好的画面永远定格在我们的记忆深处，带给我们一份温馨和感动。

问题在于，我们的亲人为我们付出的比所有这些偶然加在一起还多了不知多少倍，我们却很少感动，这正常吗？如果连家长都认为亲人的所有付出都是“应该的”，孩子不会感动还有什么不正常呢？

☆应对策略：学会感恩从正确使用“谢谢”开始

对生活常怀感恩之心，可以有效地提高主观幸福感。近年来，许多关于幸福感研究的结果都证明，收入水平、地位高低、名声大小与人们对幸福的感觉并不是一种“同步关系”。换句话说，世界上最幸福的人并不一定是拥有财富最多、地位最高、名声最大的人，而是那些接受生活现状，常怀感恩之心的人。

学会感恩，应当从孩提起步，从学会说谢谢开始。人之初，生命非常弱小，离开了成人的抚育不可能存活。在孩子能够听懂母语之际，家长应当尽早地教孩子学会正确使用“谢谢”——不仅仅作为一种礼貌用语，而是用来表达内心真实的情感：所有人为我付出的心力和劳动都应当感谢。只有当孩子懂得感谢给了自己生命、并抚育自己成长的父母，感谢为自己开启智慧的老师，感谢为自己提供衣食住行的平凡劳动者，感谢给了自己归属感和权利保护的祖国母亲的时候，他们才会萌生感恩之心，产生回报一切的内在需求，进而学会摆正自己在生活中的位置。

◎66.孩子为什么不会“分享”？

如果家境稍微好一点，现在的孩子基本上什么也不缺。但是，和物质匮乏的时代相比，现在的孩子好像更自私了。吃饭时，孩子会很自然地先掏出鸭蛋黄给自己，并把喜欢的菜换到自己面前，因为“我喜欢”；家里的小零食，更是孩子的专利，家长不经意尝了尝，孩子会用小手指刮刮自己的脸蛋儿：不害羞，大人吃小孩儿的东西——尽管从来没有人告诉他那是专为他买的；爸爸的自行车坏了，需要更新，孩子很自然地要求，新的给我，我的旧车可以换给爸爸——唯一的理由是谁叫你是我爸呢，就该让着我！在幼儿园里，孩子们会争夺玩具——而且总是认为别人手里的玩具可能更好玩儿；在学校里，要争的东西就更多了：小到发教材作业本时封面有没有磨损，大到当干部、评三好、参加活动的机会等等，只要我喜欢的都应该给我！不会分享已经成为孩子们身上一个共性的问题。

▲症结:独享的生活环境剥夺了分享的机会

不会分享是个“问题”,但不是孩子的“错”。独生子女的成长环境决定了大多数孩子从小没有分享的机会。婴儿时代,他喝的进口奶粉、他用的婴儿尿裤、他玩的所有玩具,还有身边大人无微不至的爱,无一例外都属于他自己。因此,如果没有刻意的教导,孩子只能形成“凡是我喜欢、我需要的东西都无条件地属于我”的概念。因为他们只体验过独享的快乐和方便,而没有分享的体验。因此分享在孩子看来,意味着把我喜欢的东西给别人,意味着“失去”,哪怕只是暂时的,他们也不愿意。而家长要求孩子分享时不恰当的做法,也加深了孩子的丧失体验。

◆他山之石:分享并不意味着福祉的减少

占有的欲望和利己的本能作为人性的弱点几乎是与生俱来的,而分享的能力则是群体生活训练的结果。当我们聪明的祖先意识到为了获取生存必需的食物,为了获得御寒所需的毛皮,他们必须合作劳动,否则种族就会灭亡时,他们学会了分享,并逐步摸索出日益完善的分享规则。分享不是剥夺。分享本身并不意味着福祉的减少,而只是让更多的人享有为同一事物而快乐的权利。

☆应对策略:品味分享的快乐,实现快乐分享

让孩子学会分享,首先要教孩子学会品味分享本身带来的快乐。上甘岭上的一个苹果,可以让坑道里所有的战士品味到苹果的甘甜和分享的快乐;幼儿园里一个天线宝宝、芭比娃娃、米老鼠,可以给所有的孩子带来欢乐。正如一句西方谚语所说,两个人分享一个快乐,就变成两个快乐;两个人分担一个痛苦,就变成了半个痛苦。姑且不论快乐和痛苦是否可以这样量化分配,暂时抛开某些人的快乐刚好建立在另外一些人的痛苦之上的情况,生活的经验确实经常告诉我们,和朋友分享快乐的确可以放大快乐,有人分担痛苦的确也会减轻痛苦。尽早明白这个道理,对于孩子们学会分享非常关键。

让孩子学会分享,必须创造权利平等的分享环境。除了婴幼儿专用物品、特殊时期的特殊照顾(如生病、重大考试前增加营养)外,家庭中不应该给孩子更多“优先的享受”。孩子独享冬日里的一块西瓜,不如全家人分享的效果好;单独给孩子买一双耐克鞋,让父母穿旧解放鞋,也远不如花同样的钱给全家人买同

一种风格的运动鞋感觉更舒服；家长节衣缩食满足孩子超前消费的需要，到头来只能使孩子把一切视为理所当然。

让孩子学会分享，最终目的是达到快乐分享。如果说品味分享的快乐是被动地享受结果，快乐分享则是主动追求过程的快乐，是“我愿意分享，我快乐”。当孩子面对需要分享的情境，能首先想到分享，他将得到更多的快乐，因为他已经学会了事先绕开了“独享的欲望”可能带来的所有的不愉快。

◎67.孩子心里没有别人怎么办？

记得我们小时候，在三代同堂的大家庭里，孩子的地位绝对没有今天这么高。我们从小就知道爷爷奶奶是家里的功臣，是重点保护对象，也是全家最受尊重的人；爸爸是家里的顶梁柱，三年自然灾害时，为了让爸爸吃饱肚子好干活儿，妈妈总是在爸爸吃饭之前先用汤汤水水填满孩子们的肚子，打发到外面去玩儿，好让爸爸避开孩子们饥饿的目光吃顿安稳饭；而一群孩子之间，大的照看小的、让着小的则是不成文的“规则”，每个人的心里都有“家”的概念，都装着大家庭的所有人。任何人提出要求时都要考虑到家庭的承受能力。可是今天的孩子，不知道怎么搞的，好像心里只有自己。既不看父母的脸色，也不体谅父母的甘苦，动不动就与家庭条件更好的同学攀比，各种各样的要求没完没了，好像父母生了他、养了他，也一辈子欠了他似的。孩子心里为什么没有别人？

▲症结：众星捧月的生活让孩子自我膨胀

人的心理容量是有限的，正如人的饭量有限一样。当从小被众星捧月般呵护长大的孩子，习惯了以自我为中心的生活方式，他们就清楚，自己的喜怒哀乐牵动着全家人的神经，他们的学业成绩是家中的“头等大事”，他们的前途是三代人的希冀，他们的存在是家庭的“最高价值”，他们是家里“最重要的人”。于是，他们“小小的自我”不断膨胀，直到占据绝大部分心灵空间。当心灵被“自我”填满时，哪里还有别人的位置？

◆他山之石：自我中心主义的人生陷阱

自我中心是一种个性特征。习惯于以自我为中心的人，为人处世总是以自己的需要和兴趣为中心，以自己的利益为中轴线，要求万物为我而备。他们很少关心别人，很少顾及别人的感受，只要自己痛快，只要对自己有利就固执己见，喜欢把自己的意见强加于人，认为别人甚至集体都有义务赞同、没有权利反对他的意见。这种个性的人很难与他人和谐相处。自我中心主义的立场是社会化过程中的人生陷阱。一旦陷入，将终身成为不受欢迎的人。不懂得别人也有表达不同意见的权利常常成为他们痛苦的根源。

☆应对策略：描绘我的社会支持系统

孩子有自己的世界，这个世界可能与成人完全不同，但有一点和成人的世界是相同的，那就是孩子的生存与发展同样依赖自己的社会支持系统。防止心里没有别人的孩子跌入自我中心主义的陷阱，最好的做法是让孩子了解自己的社会支持系统以及自己与这个支持系统水乳交融的关联。

在心理辅导课程中有一个帮助人们澄清自我社会认知的作业，“描绘我的社会支持系统”。具体做法是在一张白纸上画一个五环图，下面是一个小小的我，扩展出去每一个圆，然后根据和自己关系密切的程度，分别填写“爱我的人”、“关心我的人”、“帮助过我的人”、“为我服务过的人”等，再和孩子一起解读五环图的内容，领悟自己与他人的关系。

实践证明，凡是认真地完成了这项作业的孩子，对人我关系都会产生新的领悟。面对自己成长过程中亲人的爱、朋友的关心，熟悉和陌生人提供的帮助和服务，没有哪个孩子还敢说“我的本质是我混出来的，我不欠这个世界任何情分！”他们会切身体验到“人”字的结构是互相支撑，自己的生命已经物化了许多人的劳动，自己应当对周围的人满怀感恩；他们会认识到自我中心、唯我独尊是一个愚蠢的错误，谁也不是生活的中心，人人为我，我为人人才是生活的真谛。

◎68.孩子“贪婪”怎么办？

当代青少年生活在物质相对丰富的社会。商店里的商品从来没有像今天这样五光十色，儿童玩具和用品从来没有像今天这样令人眼花缭乱，食品保健品从来没有像今天这样争奇斗艳，孩子们也从来没有像今天这样“贪婪”。消费社会在刺激成人消费欲望的同时，也大大提升了孩子的胃口。孩子的消费已经是家庭消费的大头，但是，总还有新的消费品吸引孩子的眼球。面对什么都需要，达不到目的就耍赖、得到了又不知道珍惜的孩子应当怎么办？

▲症结：成人膨胀的占有欲刺激了孩子"贪婪"的欲望

我们生活的世界充满了诱惑，无论是成人还是孩子，希望占有的东西都越来越多。与其说孩子"什么都需要"，不如说他们"什么都想要"更为准确。孩子贪婪的表现，常常是成人日益膨胀的占有欲望的翻版。既然家长可以拥有名牌服装、高级化妆品、越来越大的房子、私家车、更多的钱财、许多可能有用也可能根本无用的东西，孩子们希望得到更漂亮的衣服、更多更好的玩具、更新奇的日用品，得到这个世界可以提供、而且他人已经拥有的东西，还值得惊讶吗？其实，很多家长不仅自己把不遗余力地争取占有更多的社会资源作为"成功的标志"，而且直言不讳地鼓励孩子，努力学习就是为了"书中自有黄金屋，书中自有颜如玉"。正是在这种潜移默化的影响下，孩子慢慢"学会"了贪婪。

◆他山之石：合理需要≠贪婪

生命的成长、生命价值的实现，的确需要基本的支撑——包括物质财富和精神财富——这是人与生俱来的合理需要。按照人本主义心理学家马斯洛的观点，生理需要、安全需要、交往需要、尊重需要、自我实现的需要共同构成了人类基本的需要结构。当低一层次的需要得到基本满足时，人就会追求较高层次的需要满足，只要生命存在，这个过程永远不会停息。马克思也认为，人的需要就是他们的本性，也是推动社会发展的原始动力。无论对于人类整体还是个体，需要都有正当不正当、合理不合理之分。这是由社会满足需要的客观条件和人与人之间平衡冲突的要求所规定的。大到社会制度的更替，分配制度的不断改革，小到家庭成员对有限资源的分享，都要求"正当"、"合理"。如果说，区分一种需要是否正当，我们通常依据法律标准的话，区分需要是否合理，人们更多使用的则是伦理标准。比如，法律不允许任何人寻求个人需要满足时可以侵犯他人权利，所有建立在侵犯他人权利基础上的需要都是不正当的；孩子希望得到一辆价格不菲的豪华版自行车，只要不使用违法手段，我们很难说这种需求不正当。但是，当购买这样一辆自行车需要家庭其他成员节衣缩食的时候，从道德角度这个要求则是不合理的。这种需要既超出了家庭承受能力，又以牺牲他人基本利益的方式来满足自己奢侈的需求,有违社会公平原则。因此,突破了正当合理界限的需求就是贪婪。

☆应对策略:预防和矫治贪婪,从拒绝不合理的要求开始

在孩子的婴幼儿和童年阶段,他们还搞不懂“合理需要”与“贪婪”的区别。所有的愿望都通过“我想要”的方式表达出来。甚至在没有语言能力之前,孩子已经在凭借生存本能和家长“谈判”了,哭声就是他们的武器。在嘹亮或孱弱的哭声中,他们的需求引起了成人的关注,他们的要求得到了无条件的满足。当他们可以用简单的词语表达愿望时,他们最早学会的句型是“命令句”:妈妈,(我要)喝奶!爸爸,(我要)骑大马!奶奶,(我要)雪糕!当身边的成人乐颠颠地满足他们的全部要求时,他们很自然地认为自己的命令是不可抗拒的,自己的要求是“必须”被满足的。一个从来没有被拒绝过的孩子,永远不可能反思自己的需要是否合理。

预防孩子贪婪,应当从拒绝他们“第一次”不合理的要求开始。比如,当孩子第一次在百货商店儿童玩具柜台前撒泼要赖,第一次抢夺小朋友手中的玩具,第一次把自己爱吃的菜盘端到自己面前,第一次要求奢侈消费时,家长都应当耐心讲明不能满足他们愿望的道理,态度坚决地予以拒绝。这样做对帮助孩子形成合理的需要结构具有不可估量的意义。

对于已经习惯于“贪婪”,而且“现在就要”、必须“即时满足”的孩子,家长应当在坦承自己过往的教育失误的前提下,与孩子讨论“贪婪”的危害,并采用“延迟满足”或“有条件满足”的方式,帮助孩子逐步克服贪婪的欲望。要鼓励孩子抵御不正当需求的诱惑;对虽然正当但暂时不具备满足条件的要求,应引导孩子接受“延迟满足”的安排。比如,“最近爸爸的企业不景气,家庭收入明显减少,你的新自行车我们得到明年才能考虑,相信你愿意体谅父母的难处”,就是延迟满足的很好的理由;对于合理但不急需的要求,则可以提出相应的条件作为一种激励,鼓励孩子为实现自己的目标付出努力并取得进步。比如,妈妈知道你非常喜欢大贝司,但学习大贝司需要占用许多课余时间,如果你能够克服懒散的习惯,向妈妈证明你可以挤出时间学大贝司,下个月(或者和孩子议定的时间)你就可以得到它。在延迟满足的过程中,孩子也会进一步澄清自己的真正需要,并锻炼自己的耐心和意志。

◎69.孩子有不良嗜好怎么办?

我儿子16岁了,学习还过得去,朋友也不少,属于比较省心的孩子。但是,最近无意中发现孩子书包里有烟,房间里也经常有烟味。妈妈问起来,孩子倒也坦白:我确实会吸烟,但算不上“有瘾”,一个星期两包就够了,有时候是拿爸爸的烟,有时候也用自己的零花钱买烟。其实这也没什么,抽烟喝酒又不犯法。班里会抽烟的不光有男生,个别小女生也会抽烟。而且同学们还说,抽烟喝酒也是一种能力,是社交通行证,将来找工作说不定这种能力还很有用呢!看着孩子振振有词的样子,父母真是哭笑不得。抽烟喝酒确实不犯法,而且烟酒产业还是国家的重要税源,如果再讨论下去,说不定儿子会给我们讲出一番抽烟也算“爱国”的道理来呢!但是,对于未成年人,无论如何抽烟也是不良嗜好吧?

▲症结:生活中的不良诱因和成人的“鼓励”

现实生活中,孩子的许多不良嗜好和身边成人有意无意的“鼓励”有关。亲友聚会的场合男人喝酒的“海量”,女人搓麻的输赢,劝酒递烟的场面,都会给孩子幼小的心灵刻下关于成人生活的深深的印记。如果成人无意间鼓励孩子“尝一尝味道”,培养一个小烟民、小酒鬼、小赌徒则易如反掌。因此,孩子所有的不良嗜好,无一例外来自生活环境中不良的诱惑和成人的“鼓励”,尽管这种鼓励多数出于“无意”。

◆他山之石:“嗜好”的杀伤力

人类的嗜好有着复杂的起因,或寻求刺激,或摆脱孤独,或缓解压力,或寻求接纳,或打发无所事事的时光,不一而足。人类对嗜好品的选择曾经受到区域资源条件的限制,但经济全球化正在把区域性嗜好转变为人类共同的嗜好。对于人类个体而言,嗜好一旦形成,不但克服的难度很大,而且有可能成为人生的另类陷阱。近年来,被廉政风暴吹落乌纱的许多贪官污吏,不少就栽倒在自己的“嗜好”上。你好抽烟,有人就送“天价烟”;你好喝酒,有人排队请你喝天下名酒;你好收藏,有人就敢送国宝级文物书画;你好色,自有送上门的妙龄女郎……“嗜好”的杀伤力不可小瞧。

☆**应对策略:将不良嗜好消弭在萌芽状态**

人类嗜好造就了日益繁荣的“嗜好品”市场,“嗜好品”巨大的市场价值使世界各国对其“爱恨交加”,也给未成年人家庭教育带来了重大难题。一方面,许多父母本身就有某种不良嗜好;另一方面,绝大多数家长又不希望孩子沾染不良嗜好。在生活场景中处处充满“嗜好”诱惑的背景下,引导孩子将不良嗜好消弭在萌芽状态,家长应当做出多方面的努力。

第一,家长应尽可能远离不良嗜好,给孩子创造一个高雅的生活环境。大量的观察结果显示,在不抽烟、不喝酒、没有明显不良嗜好的家长身边长到成年的孩子,没有不良嗜好的比例明显高于那些从小在父母喷云吐雾的烟雾中,在家长酒桌、牌桌边长大的孩子。近朱近墨的结果自然不同。为了孩子,家长应当远离不良嗜好。

第二,已经有了某些嗜好的家长,应当尽量不在孩子面前满足自己的嗜好。这不是虚伪,而是对孩子健康成长负责。孩子有权利生活在空气清新的房间里,家长有义务不在房间内抽烟;家长有闲暇娱乐的权利,但这种权利应当以不影响孩子为前提。许多家长选择到职工俱乐部、社区活动中心消遣娱乐是明智之举。

家长应当坦率地和孩子讨论不良嗜好的现实危害和长远影响,鼓励孩子为了身体健康、学业事业有成、家庭幸福,远离各种嗜好品的诱惑;对于开始尝试嗜好品的孩子,要采取监督、激励、规范相结合的方法,帮助孩子把不良嗜好消弭在萌芽状态;对于积习较深的孩子,在思想引导、启发内在动机的同时,也可以借助专业咨询和行为治疗逐步戒除。

◎70.孩子撒谎怎么办?

在孩子所有的毛病中,我最痛恨的是“撒谎”。孩子咿呀学语时,我就讲过“狼来了”的故事,教育孩子要做一个诚实的人。但不知道怎么搞的,孩子还是学会了撒谎。明明计算机主机还热得烫手,愣是不承认放学后开过电脑;明明是自己向爷爷奶奶“要”了零花钱,硬说是爷爷奶奶“给”的;甚至胆子大到自己动手“修改”考试成绩,把“71”分的卷子改成“91”分。家长真的搞不懂,孩子这样做到底是为什么？

◆症结：谎言泛滥的生活情境与“撒谎的好处”的诱惑

绝大多数家长都要求孩子诚实，但孩子却从小生活在谎言泛滥的生活环境中，这本身就是一对矛盾。

第一，要求孩子诚实的家长，在生活中也常常“撒谎”，并且不自觉。比如，一位自己不喜欢的同事打来电话，爸爸可能要求接电话的孩子说“爸爸不在家”；妈妈当面夸奖了一位邻居阿姨发型漂亮，转脸就骂了句“臭美”；外婆病入膏肓，病床前所有的亲友都说“气色好多了”，一出病房门一家人就开始商量后事，如果此刻孩子童言无忌跑去告诉外婆，“他们都说你快死了，这是真的吗？”十有八九，孩子可能会挨一巴掌……生活是一个严酷的老师，它一点一滴地“教会”了孩子们许多书本上、童话里没有的东西。从小在这种谎言泛滥的生活情景中熏陶，“说谎”常常不被孩子们认为是一个严重的问题——几乎所有的人都在“说谎”——尽管动机可能千差万别。

第二，“撒谎”表面上有许多“好处”。考了 71 分的孩子，可能要面对父母的“男子单打”、“女子单打”，甚至“男女混合双打”；改成 91 分，可能有麦当劳、肯德基、王朝比萨，孩子会认为自己改得“很聪明”；承认放学以后没写作业，一直在玩儿电脑游戏，爸爸妈妈肯定会没完没了地批评训斥，提前关上电脑至少表明“尊重”了父母的要求……趋利避害的本能决定了孩子既渴望得到奖赏，又力求避免惩罚，实属“情有可原”。

第三，孩子撒谎本身也说明亲子沟通不良，互相信任不够，家教方法不当。孩子不会对自己最信任的人、可以分享的人撒谎。所以，当孩子撒谎成习之际，也是家长需要深刻反省之时。

▲他山之石：“有意撒谎”、“无意撒谎”与“善意的谎言”

从教育学、心理学的角度分析孩子的“谎言”，大致可以分为“有意撒谎”、“无意撒谎”，以及体现生存技能的某些“善意的谎言”。

有意撒谎是孩子为了明确的目的而编织的谎言，一般是为了获得奖赏或者逃避惩罚。比如，为了得到“拾金不昧”小红花，把自己的零花钱当成“拣来的钱”交给老师；为了不挨打，涂改考试成绩等。有意撒谎常常是不良品德的表现。

无意撒谎是孩子并不是为了达到什么功利的目的而“信口开河”，说出的与事实不相符合的话语。通常幼儿和小学低年级的孩子常常会有这种“无心的谎言”。比如，孩子们比自己的玩具：小丽说，“我妈妈去上海，给我带回一个漂亮的芭比娃娃，个子和我一样高！”贝贝不服气，“我的芭比娃娃是爸爸从美国买回来的，比你的还漂亮！”亭亭插了进来，“我没有芭比娃娃，但是，我有一个带小房子的铅笔盒，房子里面还有一只会唱歌的小鸟呢！”也许，小丽拥有的压根不是“芭比娃娃”，个子也没有她夸张得那么高，贝贝的爸爸也没有去美国，亭亭的铅笔盒里也没有会唱歌的小鸟……她们之所以这样说，可能是分不清自己的梦想和现实，可能只是表达了“希望拥有”某物的愿望，可能是受到了玩具广告的“启发”，还可能只是一种“想象力”的发挥，但通常不是“有意说谎”。这种表现通常与幼儿神经系统髓鞘化过程还没有完成，思维能力还处于起步阶段相关，与她们的“品德”没有太直接的关系。当然，对“无意撒谎”的不恰当的“纵容”，也会导致向有意撒谎的转化。

“善意的谎言”是人格高度社会化的产物。如对垂死者的安慰，给处境糟糕透顶的人不太实际的希望，批评过于敏感的人斟词酌句的“反话正说”等。善意的谎言之所以被接受，主要源于“动机的善良”。但是，动机本身的“主观”性，决定了孩子们在形成关于“善”与“恶”的稳定的判断标准之前，用“主观的善意”为“有意撒谎”辩解留下了足够的空间。

☆应对策略：让撒谎成为不必要的行为

孩子撒谎的类型不同，应对的策略也应当有所区别。

对于年龄尚幼的儿童“无意说谎”，既要有耐心的包容，也要有认真的引导。避免用“你又说谎了，你是个坏孩子”之类的简单否定句伤害孩子的自尊。可以手拿玩具娃娃问孩子：你希望有一个个子和你一样高的芭比娃娃，对吗？听到确定的回答后，再拿手中的玩具娃娃和孩子比比个头，继续问：你的个子每天都在长高，但是芭比娃娃不会长高了，对吗？瞧，现在芭比娃娃的脑袋刚刚到你的肚脐眼，你们两个是一般高吗？在孩子羞赧的笑容和肯定的回答中，现实和想象的关系也得到了初步的把握。当然，这样做的目的不是为了扼杀孩子的想象力，而只是为了帮助孩子区别事实和想象，掌握准确观察事物的能力。

对于有意说谎的孩子，最有效的家教策略就是用父母的实际行动和理性的态度，让孩子感觉到“撒谎是不必要的”。比如，为了逃避父母责骂而修改考试成绩的孩子，通常都是因为父母对自己学业成绩期待较高，孩子暂时又无法满足父母的期待，只好“出此下策”，以“投父母之所好”。如果父母面对71分的试卷心平气和，关心地询问一下孩子没有考好的感受，耐心地和孩子一起分析原因，鼓励孩子振作精神打翻身仗，孩子压根就没有必要说谎了。其实，说谎之后，孩子比家长更焦虑。有些比较关键的考试，家长签了字的试卷老师是要收回的，修改过的试卷如何向老师交代？为了“圆谎”，孩子又要绞尽脑汁了，多累呀！

关于“善意的谎言”，家长也没有必要作为“生存技能”、“人际关系技巧”刻意去培养。因为表达善意更多的时候不需要撒谎。把孩子培养成善良的、有爱心和同情心的人，当面对某些尴尬处境时，孩子会找到恰当的方式表达自己的友爱和同情。许多时候，友善的目光、沉静的陪伴、悉心的照料，远远胜过虚幻的慰词。让孩子明白这一点，他可能终身受益。

◎71.孩子懦弱怎么办？

我是一名士兵出身的现役军官，铁骨铮铮的硬汉。妻子是里里外外一把手的要强的女性。一个偶然的机会，我发现自己一直感到骄傲的、学习好、有礼貌、不惹事儿的儿子却是个“尿包软蛋”。一群孩子做游戏，好像一开始就说好了包袱、剪子、锤，输了的孩子当“白狗子”，赢了的孩子当“红军”。远远地看到儿子已经胜出，成了红军中的一员，可不大一会儿，却看到儿子跪在地上缴械投降了。后来才搞明白，原来孩子们为了证明红军能以少胜多，决定增加白狗子的数量，因为赢了的孩子谁也不愿意当白狗子，儿子被迫面对两个选择，要么做白狗子，要么出局。于是，儿子屈服当了白狗子。不仅如此，在接下来的游戏中，儿子因为已经当了一次坏人，又被分配了当小偷，成了被警察捉的“窝囊废”。本来，孩子们的游戏家长不需要干涉，游戏需要反面角色，谁演一下都无所谓，但儿子在游戏中表现的懦弱我却不能容忍。我应当怎样修理这个小废物？

▲症结：父母的“强大”和“正确”使孩子习惯了盲从

“硬汉父亲”和“女强人妈妈”的组合，相对优越的家庭条件，可能给孩子创造了不错的生活环境，但是，爸爸妈妈总是对的，父母的话没有理由不听的现实，也剥夺了孩子用自己的眼睛观察，用自己的头脑思考，用自己的理智判断的机会，更何况，孩子无条件地服从父母的意见，在家长眼里并不是缺点，而是听话的好孩子的重要标准。如此一来，从服从到盲从逐渐形成了习惯，孩子不会或不敢表达自己的主见也就不奇怪了。

◆他山之石：孩子可以柔弱但不可以懦弱

与成人相比，孩子的生命更柔弱，这是由身心发育水平决定的，故而不可以拔苗助长。从柔弱的生命中萌生出坚强的意志、顽强的品格是成长的内在要求。软弱胆小的人之所以被叫做“懦夫”，是因为他们缺少了一根支撑大写的人字的脊梁骨。因此，孩子可以柔弱决不可懦弱。

☆应对策略：唤醒孩子的“心理自我”

性格懦弱的孩子“自我意识”觉醒较晚，需要家长有意识地“唤醒”。

一般情况下，孩子的自我意识发展要经历自我中心期——客观化时期——主观化时期3个不同的阶段，各个阶段的自我发展水平分别属于生理自我——社会自我——心理自我。3岁以前的孩子主要学习区分物我、区分人我；学龄前期到青春期的孩子开始参照社会标准进行自我评价，形成社会角色意义上的自我，这是个性形成最关键的时期；青春期到成人阶段，自我意识成熟，进入心理自我阶段，社会评价的影响仍然存在，但自我主观评价开始占据主导地位。性格懦弱的孩子“心理自我”还没有完全觉醒，他们还不是“自己生命的主人”，成人的唤醒与帮助是必要的。

唤醒孩子的心理自我，一是要引导孩子学会客观公正地自我评价，鼓励孩子拿自己的今天和昨天比，看到成长和进步，感觉到自己没有原来想象的那么差，从而增强自信心。二是当孩子面对具体问题试图退缩时，应当鼓励孩子尝试应对，勇敢地表达自己的意见。比如，在上面的游戏场景中，可以建议孩子提出角色轮流扮演的想法，并尝试争取其他小朋友的支持。一旦他的意见得到响应，原来一相情愿的孩子为了共同的游戏，也会学会让步，孩子们由此得到了共同成长的机会。三是在家庭生活中，可以有意识地为孩子提供表达自己主见的机会。比如，业余爱好的选择、闲暇生活的安排、家务劳动的分担、家庭重大事务的平等参与等等，都有助于孩子克服懦弱，学会担当，学会坚强。

◎72.孩子依赖性太强怎么办?

女儿已经16岁了,但总像个不愿长大的孩子,什么事都依赖大人。起床吃饭要大人叫,衣服要大人洗,偶尔学校搞个活动,旅行包里吃的、用的样样都得大人操心,甚至去超市为自己购买女孩子专用的一些小东西,也推着妈妈:还是你去拿吧。在学校也是“万事不出头”,动不动就说“我不行”。过去听同事讲,孩子太有主意了会把家长搞得无所适从,我还曾经庆幸自己有个“乖乖女”,凡事都听大人的。现在看来,孩子太没有主意也未必是件好事情。从小学到高中,为了孩子生活方便,我们已经像候鸟一样搬了几次家,再过几年孩子就要离家上大学了,总不能让家长跟着搬到外地去“拿主意”吧!对这种过分依赖的孩子应该怎么办?

▲症结:父母包办越多,孩子越依赖

几乎所有依赖型的孩子,都有特别“任劳任怨”的父母。早晨给孩子整理房间外带剥鸡蛋皮,出门前先检查孩子的自行车并负责打气;晚上给孩子铺床外带洗袜子;孩子在校园生活中遇到的大大小小的不如意,父母则一马当先出面协调等等。孩子就在这样的环境中学会了依赖并享受着依赖的好处。许多“高分低能”的孩子就是这样被培养出来的。家长过分的保护、过高的期望、过多的包揽,使孩子的独立性失去了成长的可能,很容易形成怯懦胆小、意志薄弱、既娇且骄、清高孤傲等非社会的个性心理特征。一旦遇到不能由父母决定的事情,他们便手足无措。

◆他山之石:依赖型人格的“后患”

如果说,在弱小的童年时代,对父母的依赖不可避免的话,成长过程则意味着依赖的逐步减少,直至完全的独立。青春期处于独立性和依附性激烈冲突的时期,绝大多数孩子在这一阶段将学会“剪断脐带做大人”,逐步形成独立人格。而拒绝长大的孩子则会形成依赖型人格。

所谓依赖型人格是指在应当有自己主见的人生阶段,仍然甘愿处于被支配的地位,缺乏自信、自我否定、不敢也不愿意负责任,只要能逃避责任,宁愿把自己的命运交给别人支配。儿童时代过分依赖父母的人，长大以后也更容易被老师、朋友、领导、同事、配偶、子女，甚至心怀不轨的人所支配。

依赖型人格是一种异常人格。一旦形成这种不健全人格，对他人的依赖就成为生存的基本要求。遇到任何问题，如果身边没有可以依赖的人，当事人将寸步难行，甚至诱发心理疾病。

☆应对策略：给孩子证明“我能行”的机会

孩子成长意味着由依赖走向独立。教孩子逐步摆脱对成人的依赖，形成独立人格，家长只需要做好一件事情，那就是给孩子证明“我能行”的机会。把“替孩子包办一切”变为“鼓励孩子自己去面对一切”。

当孩子第一次从家长手中夺过喂饭的汤匙要自己吃，他应当受到鼓励，哪怕他们会把饭撒得到处都是；

当孩子第一次把小手伸进洗衣盆，应当给他一双小袜子，教给他怎样打肥皂、怎样搓洗、怎样漂净、怎样晾晒，而不是“别给妈妈添乱”的驱逐；

当孩子第一次扣错了纽扣，家长不应当抱怨孩子越帮越忙，而是应当把孩子带到穿衣镜前，让他自己动手纠正这个可爱的错误；

当孩子第一次打开房门取回当天的报纸，第一次去餐厅买饭，第一次自己处理和小朋友的矛盾，第一次主动整理床铺和书包，第一次竞选少先队小干部，第一次要求放学后去看望生病的同学……家长要做的不是挑剔，而是赞美和鼓励，当然也可以有一点小小的建议和修正。

对于孩子，这些都是证明“我能行”的机会。

自信在“我能行”的证明中增长，独立人格在“我能行”的证明中形成——家长没有理由不给孩子证明“我能行”的机会。

◎73.孩子懒惰怎么办？

我和妻子都比较注意从小培养孩子的劳动观念，认为这是他将来的立身之本。但是，孩子对家务劳动完全不屑一顾，甚至连自己的被子不督促都不肯叠。从一些外国影视片和家庭教育读物上，经常可以看到孩子帮助做家务，家长付钱给孩子的做法。我们拿不准钱能不能治懒惰，也拿不准给钱的办法合适不合适？

▲症结:不能把孩子分担家务解读为替父母打工

在孩子可能有的所有毛病中,懒惰是一个特别值得重视的问题。因为劳动不仅是将来谋生的需要,也是生命中快乐的重要源泉。劳动不仅是实现人类个体价值的唯一渠道,劳动甚至创造了人本身。热爱劳动是重要的美德,应当从小培养。分担家务劳动是孩子学会劳动,并养成劳动习惯的第一课,而不是学会为父母打工挣钱的功课。

◆他山之石:拒绝"按劳付酬"的N个理由

孩子分担家务劳动不应该采用"按劳付酬"的方式,充足理由如下:

第一,对于家庭成员来讲,家务劳动是一种"自我服务"。围绕吃、喝、拉、撒等日常生活产生的家务劳动,是全体家庭成员为维持特定的生活方式必须承担的一种义务。同样是整理床铺、洗衣做饭、刷锅洗碗、打扫卫生,由家政服务员、保姆来做,它们就是一种社会服务,购买这种社会服务当然需要支付合理费用。但是,家庭成员为自己做同样的事情,意义是完全不同的。因为在家庭内部,不同的成员都享有同等的权利分享一切欢乐和享受,因而,家庭成员也必须承担相应的义务,包括合理分担家务劳动。孩子作为未成年人,有权利要求父母为自己提供全部的生活保障,也有义务在力所能及的范围内分担家务劳动。这个道理必须向孩子讲得十分明白,否则,孩子就会以为家务活儿是给爸爸妈妈干的,从而陷入思维的误区。

第二,对于孩子来讲,承担家务劳动的能力是"成长"的重要标志。让孩子分担家务,体现了对孩子能力的信任和尊重。从洗自己的袜子、小手帕,到熟练地操作洗衣机洗大件物品;从到食堂买馒头到去超市购物;从使用微波炉热饭菜,到自己动手做出"拿手好菜";从让爸爸妈妈帮助穿衣到自己整理房间……在这个过程中,孩子会体验到成长的快乐、劳动带来的成就感,并逐步养成对未来独立生活至关重要的良好生活习惯。从这个意义上讲,孩子还是家务劳动中最大的受益者——不仅因此得到了成人的尊重,而且为自己未来的生活打下了良好的基础。

第三,对于亲子关系来讲,分担家务劳动还体现了家庭成员间浓浓的亲情、洋溢的爱心。家务劳动频繁琐碎,天天重复,容易使人厌倦。但是,一旦为这种日复一日的劳作注入强烈的情感色彩,感觉就大不相同了。当每个家庭成员主动分担家务都是为了让自己所爱的人生活得更加轻松愉快时，这种“爱的奉献”就会演奏出“锅碗瓢盆交响曲”的和谐旋律。当孩子用分担家务劳动来表达对父母“爱的回报”时，让钱“插足”其中，不是一件非常可笑的事情吗？

总之，父母没有必要花钱“雇”孩子干活儿——因为孩子不可能比钟点工干得好；孩子也不是在“为父母”干活儿——在家务劳动中，孩子做的是“自我服务”，长的是“生活本领”，履行的是“家庭成员的义务”。因此，对于孩子在家务劳动中的良好表现，家长可以鼓励、激励、奖励，但没有必要“发工资”。

当然，在特殊情况下，将孩子家务劳动的表现与合理的零花钱挂钩的办法也是有效的。据我所知，西方许多家长也正是这样做的。既然孩子做不做家务都得给点零花钱，承诺的家务完成得不好，适当减少点零花钱，让孩子付出点代价对培养责任感也是有益的，但决不是等价交换。

☆应对策略：家庭劳动教育的“四部曲”

当前，我国中小学生自理能力差、动手能力差的问题已经引起了社会各方面的普遍关注。从“夏令营中的较量”中一个个真实的故事，到日常生活中随处可见的不爱劳动、不会劳动的“大孩子”的表现，我们有充分的理由为这一代独生子女在未来社会的生存能力感到担忧。在全面推进素质教育的过程中，必须对家庭劳动教育给予特别的重视。

第一，家长要从小培养孩子的劳动观念。劳动创造了文明世界，劳动也创造了人本身。劳动既是人类生存的基本手段，劳动也是人类一种基本权利和义务。当孩子还不具备劳动能力的时候，家长就要有意识地培养孩子对劳动、劳动成果和劳动人民的尊重。比如，要求孩子拣起撒在桌上的饭粒，必须同时讲明“粒粒皆辛苦”的道理；教孩子爱护公共卫生，也应当说明有多少人为创造这样的生活环境付出了辛勤的劳动；教孩子对他人的帮助表示感谢，更应当说明值得“感谢”的正是他人为自己付出的劳动等。孩子在学习尊重劳动的同时，也会理解劳动是值得尊重的事情，从而形成最初的劳动意识。当孩子开始具备一定的劳动能力时，家长应不失时机地给孩子创造劳动的机会，让孩子体验劳动的自豪和欢乐。比如，当孩子第一次为奶奶搬来一只小凳子，为妈妈端来一杯水，为爸爸拿来一双拖鞋，为邻居老爷爷扶起一根拐杖，把路边的香蕉皮送进垃圾筒时，都应当得到充分的表扬和肯定——包括对其劳动态度和劳动能力两个方面的肯定。这对孩子劳动观念的形成具有重要意义。

第二，要注意养成孩子爱劳动的习惯。在家庭生活和社区活动中，要给孩子分配适当的“角色”，并要求其承担“角色”应当履行的义务。比如，在家里，妈妈是“炊事员”，爸爸是“修理工”，孩子是“卫生员”，每个人除了照料好自己的个人生活之外，还要为家庭做一份贡献；作为社区成员，打扫公共卫生、爱护花草树木、参与社区绿化、参与助老扶残的公益活动等，都有助于养成孩子“自己的事情自己做，家里的事情帮着做，公益的事情热心做”的良好的劳动习惯，以及相应的社会责任意识，这对其一生的发展都是十分重要的。

第三，要耐心地教孩子学会劳动。孩子学习做任何事情，都有一个从不会到会、从不熟练到熟练的过程。孩子洗碗，可能失手打碎了饭碗；孩子切菜，可能会不小心切破了手指；孩子去买东西，可能粗心丢了零钱；孩子洗衣服，可能由于缺少常识越洗越脏……所有这一切，都是孩子“学会劳动”必须付出的代价。家长决不可以因为孩子做事情“不利索”而“越俎代庖”，包办代替；更不能以自己的能力为标准取笑乃至训斥孩子，扼杀了孩子尝试的热情。正确的做法应当是，像教练那样指导孩子，像观众那样欣赏孩子；像朋友那样为孩子每一点微小的进步感到由衷的高兴，像裁判那样为孩子每一个“标准动作”打上满分。

第四，要发现和鼓励孩子在劳动中表现出的创造精神。随着知识经济时代的到来，创新能力在未来人才竞争中的作用日益突出。创新能力的形成，固然离不开知识的积累与综合运用，但创造的欲望、探索的热情更是须臾不可缺少的心理品质。因此，对于孩子在劳动中表现出来的标新立异的想法与做法，不能因其不符合常规而斥之为“异想天开”。要肯定其敢想敢试的勇气，并给予必要的指导，使孩子在劳动的过程中感受创造的欢乐、成功的喜悦，并由此产生对劳动和创造性活动本身的浓厚兴趣——这正是家庭劳动教育的最终目的。

◎74.孩子邋遢怎么办？

现在的孩子身上互相矛盾的东西太多了。就拿生活习惯来说吧，一方面，他们要攀比名牌，赶时髦，出门要把自己捯饬得有模有样；另一方面在家里却邋遢得一塌糊涂：书桌上永远堆着小山一样的东西，房间里搞到没有插脚的空间，床上更是乱成一团，脏衣服、臭袜子、睡衣全都不在应该待的地方。如果家长不帮着收拾，整个一个垃圾场；好不容易清理得有点样子，几天之内又全乱了套。如果家长唠叨两句,孩子还有的是理由:别看我的房间乱了点,可什么东西都在眼皮底下,用起来还挺方便的。如果家长提出检查卫生的要求,孩子直接给你幽上一默"男生宿舍,女士免进";可真想找东西的时候,又需要援兵了:爸妈,快来帮我找找××课外练习本,我要迟到了!

▲症结:"榜样"和"仆人"教会了孩子邋遢

孩子邋遢的习惯一般有3个来源:一是承袭了家长不良的生活习惯。有些家长自己就是出门油头粉面,回家放浪形骸,还美其名曰:家就是让人放松的地方,在家里不需要讲面子、要好看。得了家长真传的孩子,自然会对邋遢产生"天然"的耐受力;二是家长扮演了勤劳仆人的角色,孩子前脚扔,家长后手拾,家长用仆人般的劳作维持了整洁有序的家庭环境,让孩子全无后顾之忧:我邋遢点没什么,反正有个不邋遢的老妈跟着呢!三是孩子成长过程中缺少整洁习惯的训练。家长或者出于对孩子学习压力的体谅,或出于对孩子的疼爱和迁就,从来没有对孩子进行过系统的生活习惯训练。没有内心标准的孩子自然不会在乎生活的场景是否邋遢。

◆他山之石:"整洁的习惯"为什么是成功秘诀之一

关于成功的秘诀在青少年励志书里已经有多种版本。爱因斯坦版本是"成功=艰苦的劳动+正确的方法+少说空话";爱迪生的版本是"天才=1%的灵感+99%的血汗";鲁迅的版本是"把别人喝咖啡的时间都用在工作上";门捷列夫的版本是"终身努力,便成天才";竺可桢的版本则独具特色:"成功=聪敏的头脑+灵巧的双手+整洁的习惯"。整齐清洁既是一种良好的生活习惯,也是任何职业场所的起码要求。假如外科护士不能把手术器械彻底消毒并摆放整齐,就无法保证手术成功;五星级酒店会因为房间里的一只苍蝇而降级;凌乱的营业大厅会让客户怀疑公司的效率和服务质量;遍地垃圾的城镇不仅反映管理水平低下,也折射出民众基础文明的欠缺等等。可见整洁的习惯能够被作为成功的要素之一,自有其充足理由。

☆应对策略:让孩子在享受整洁的过程中养成整洁的习惯

整洁的习惯之所以在不同的文化背景下都得到认可,首先是因为整洁对人是有益的。"非典"期间政府动员全民消毒,之所以得到迅速响应,并非人们喜欢消毒液的味道，而是人们懂得环境消毒可以有效地预防致命病毒的传播。整洁的环境会让人身心舒适。有些人可能会习惯邋遢、忍受邋遢，但很少有人喜欢邋遢。孩子也是一样。

培养孩子整洁的习惯，家长首先要为孩子提供一个整洁的家庭生活环境。无论家庭经济条件好坏，做到干干净净、整整齐齐都不至于太困难。因此，无论工作多忙，每天留一点时间做家庭清洁，每周做一次比较彻底的大扫除，经常晒晒被褥，给房间通通风，不经意间孩子就会习惯了整洁，并把整洁作为对生活的一种基本需要。从小享受整洁环境的孩子是无法容忍邋遢的。当孩子还没有能力自己创造整洁环境的时候，家长的行为是他们模仿的榜样。

培养孩子整洁的习惯，家长要鼓励孩子用自己的双手制造整洁。比如，当孩子的新衣服不小心被窗台的灰尘弄脏时，应当提醒孩子，与其抱怨窗台上“该死的灰尘”，不如给窗台擦把脸；当孩子因为找不到心爱的故事书着急时，应当提醒孩子，如果故事书在房间里有一个固定的位置，在需要的时候，它就会“招之即来”；当孩子嫌厨房的油烟飘进房间熏人时，可以提醒孩子做饭点火前应当首先打开油烟机……正是这些数不清的举手之劳，造就了整洁的环境。喜欢整洁就不能吝惜付出必要的劳动。

对于已经邋遢成习的孩子，需要进行必要的行为训练。在孩子尝到邋遢的苦头时，家长应当不失时机地鼓励孩子作出改变。教练员训练运动员时常用的“行为忠告法”，是可以借鉴的。由于许多运动员早期接受的训练不规范，不少运动员都会有一些影响训练成绩的不良动作习惯。有经验的教练员很少喋喋不休地向运动员说明这些不良动作的危害，而只是说明正确的动作要领，并在不良动作出现时给予非常简短的忠告，由运动员按照正确的动作要领进行自我矫正，经过多次重复，直至新的动作习惯形成。这种训练方式启示我们，家长一面抱怨孩子邋遢、一面不断地充当仆人，替孩子整理一切，是不可能解决问题的。不良习惯只有通过当事人自己的努力才能改变。家长要做的只是促成这种改变而已。

◎75.发现孩子看“黄碟”、“黄书”怎么办？

儿子17岁了，生得一表人才，而且学习成绩好，各方面表现都不错。虽然家长经常留心,也没有发现孩子早恋的蛛丝马迹。正在家长暗自庆幸的时候,最可怕的事情发生了:孩子竟然偷偷地看黄色光碟!发现问题的那一刹那间,我的大脑变成了一片空白:这还是那个让我骄傲和自豪的好儿子吗?他究竟沉湎这种下流事儿有多久?他到底想干吗?他现在离流氓犯罪还有多远?家长应当怎样管教这样的孩子?

▲症结:"性好奇"没有通过正当渠道得到满足

伴随生理发育产生性好奇,原本是正常的现象。由于我国源远流长的"耻感文化"氛围的影响,青少年性教育始终没有走进"阳光地带",更没有科学系统的研究支撑。因此,一代又一代人的好奇心只能通过"涉黄"方式得到满足。在传媒不发达的时代,人们靠"黄段子"、色情文学启蒙,在信息传播手段发生了革命性变化的今天,孩子们则可以通过各种音像制品甚至儿童不宜的影视节目轻易找到他们感兴趣的东西。看黄碟、黄书正是孩子性好奇心没有通过正当渠道得到满足的一种表现。

◆他山之石:提前"半步",量身定制家庭性教育

孩子对世界的好奇心通常可以得到家长认可甚至是赞扬,唯独对性的好奇例外——这是很不正常的。孩子对性的好奇心不过表达了了解自身的愿望,同样应当得到合理的满足。

防止孩子对黄色淫秽出版物、音像制品过分好奇,最好的办法是让健康的性教育比孩子的成长提前半步。比如,在孩子体验到本能冲动之前告诉孩子身体内部将要发生的变化,以及这种变化可能造成的心理冲击,让孩子做好必要的心理准备,孩子就不会因惊慌失措而产生罪恶感;提前告诉孩子诸如月经初潮、遗精、性梦等现象发生的必然性,以及如何正确处理,孩子就会以科学的态度冷静面对;提前对孩子进行性道德、性规范教育,在遭遇激情时,孩子就懂得了自我约束的必要,自觉把握行为底线。这种提前半步的家庭性教育是针对"这一个"孩子的发育水平量身定做的,因而它的功能是学校或社会教育无法替代的。

☆应对策略:"性趣"的无害化引导——转移与升华

孩子的性好奇早在童年时代就出现了,而性冲动的体验大都发生在青春期。性成熟的过程中，孩子会逐渐体验到来自身体内部的本能的冲动。手淫行为在男女青少年当中的普遍性可能超出了家长的想象。距今40年~50年前，大多数中国人都认为手淫是堕落行为，是一种罪恶，至少是不良习惯。后来的研究表明，手淫不过是个人替代性交行为获得性兴奋、达到性高潮的一种自慰行为，和性生活一样，只要不过度，本身并没有严重后果。于是，“手淫精神病”的概念作为医学名词销声匿迹，“自慰行为”作为中性概念得到普遍认可。在现实生活中，许多成人为了夫妻性生活和谐寻找性爱刺激，与孩子们通过看黄碟、黄书寻求满足的心理机制是完全相同的。差别在于孩子的内在冲动没有一个合法的对象，只能通过自我刺激得到满足而已。

对于身心尚未成熟的孩子，家长一方面要理解其身心发育的内在需求，对其成长过程中自然发生的“性趣”采取理解和包容的态度，不要夸大其词、无限上纲，把某种偶然的行为视为洪水猛兽、大逆不道，用过于严厉的态度训斥讨伐，会培养孩子的“性罪恶感”。另一方面也要引导孩子在了解自身身心发育现象的前提下，对“性趣”进行主动地转移和升华。一是应当告诉孩子自慰行为不是罪恶，但过于频繁也会对身体产生不利影响，应当自觉节制。二是帮助孩子了解人体是大自然美的杰作，但这种美不应当被“兽化”，而应当被赋予人文精神的高贵内涵，沉湎于动物本能的满足，人与野兽就不再有差别。三是对孩子看黄碟、黄书，应当指明可能产生的严重危害，要求孩子立即改正。四是对于黄书、黄碟的来源渠道，应当要求执法机关及时取缔，共同努力净化孩子的成长环境。五是发现孩子对性的趣味过于强烈时，应当指导孩子转移注意力，发展高雅的业余爱好，积极进行体育锻炼，把时间和精力用到对实现生命价值更有意义的事情上。这种无害化引导对孩子身心健康成长将具有不可估量的价值。

◎76.孩子迷上网络游戏怎么办？

我们的儿子原本既聪明又听话，性格还挺活泼，学习成绩一直在班里名列前茅。但最近两年，学校周围到处都开起了什么“网吧”，孩子一放学就钻进去玩儿，常常是5点放学7点才回家。星期天一玩儿就是大半天。家长不给钱，他能把吃饭的钱省下来去上网。学习成绩直线下降不说，性格也变了不少，对家长的话也是爱答不理的。我真担心这样下去孩子的前途就完了，我不明白政府为什么允许开这么多“网吧”，更不明白孩子为什么对网络这么着迷。我可不可以用不给钱或放学就接回家的方式彻底切断孩子和网络的联系？

▲症结：寻找虚拟世界的虚幻满足

玩网络游戏已经成了许多孩子生活中最重要的事情。造成这种现象的根本原因在于许多孩子在现实生活中缺少成功体验和满足感。学习、文艺体育活动，甚至各种青少年集体、群体中无处不在的激烈竞争，让孩子们情不自禁地渴望逃避，而网络游戏正是他们逃避现实困扰的最好方式。

逃进网络游戏，孩子们不仅可以忘记现实生活中的烦恼，而且可以在网络游戏中纵横驰骋，称霸天下。网络世界是平等的，过关闯隘全凭“实力”，“老鸟”备受尊重，“菜鸟”甘拜下风；网络世界是匿名的，没有人知道“我是谁”，恣意妄为、无拘无束，做好了有人喝彩，做不好不丢面子，做错了还不需要负责；网络世界是虚拟的，杀了人可以不受制裁，结了婚可以不担责任，养宠物甚至养孩子不需要成本……总之，在虚拟世界体验成功与满足，比现实世界容易许多。所以，孩子们选择了网络游戏作为灵魂的庇护所。

◈他山之石：不得不退学的网络游戏高手

上大学之前，小T不知道网络游戏为何物。在宿舍的卧谈会上，见多识广的同学们兴致勃勃地交流游戏心得，让他觉得自己像个“傻冒”。凭自己的高考成绩，他认为玩游戏后来居上应当不在话下。于是，认真研究了一番闯关策略，经过了几个月不分昼夜的实战训练，他成了网络游戏高手。据说星际争霸曾经打到世界第五。然而，就在同一个学期，这个原本学习不错的大学生，五门功课补考仍然不及格。最后被学校劝退，丢掉了来之不易的接受高等教育的机会。

☆应对策略：引导孩子把握好玩网络游戏的“度”

在网络游戏已经成为孩子闲暇生活重要组成部分的现代社会，要求孩子与网络游戏彻底绝缘是许多家长无法做到的。正如不让20世纪60年代出生的孩子爬树掏鸟窝、不让他们看小人书一样。但是，引导孩子把握好玩网络游戏的“度”，做网络游戏的主人而不是奴隶，是大多数家长应该和孩子一起努力的方向。

网络游戏并非全然有害，否则不可能在世界范围内形成一个庞大的合法产业。但是，也并非所有的网络游戏都适合所有年龄阶段的孩子。把握玩网络游戏的度，一是要指导孩子选择适合该年龄段的游戏，严禁含有色情暴力的内容的游戏，避免可能产生的负面影响。二是要鼓励孩子自己规定每周玩游戏的时间，防止过分沉湎游戏荒废学业，影响健康。三是当孩子不能自律时，家长必须行使监护权，可以给予从警告到取消上网资格等必要的惩戒。四是家长可以通过参与孩子网络游戏的方式，亲自体验网络游戏对孩子的吸引力之所在，在分享的过程中给孩子更有针对性的指导。

◎77.孩子迷上网聊怎么办？

为了工作方便，很多家庭电脑都上了宽带网。我们家电脑联网那天，最兴奋的是孩子。他当即表示，有了互联网，可怜的独生子女们可以不再孤单了。当时，家长并没有太在意孩子的态度，认为孩子不过觉得新鲜好玩罢了。但实际上变化从第二天就开始了。孩子放学以后不再找理由在外面磨蹭，而是用最短的时间回家，打开电脑就上网聊天，开始说试试QQ好用不好用，聊天的多数是熟悉的同学，后来发展到与陌生人聊得热火朝天，甚至吃饭、写作业都成了次要的事情。嘴巴里经常冒出的名字怎么听也不像人名了，而是一些稀奇古怪的网名。现在社会上因为交网友出事儿的孩子越来越多，这么聊下去，出事还不是迟早的事儿？家长担心极了，但不知道应当怎样对待迷上网聊的孩子。

▲症结：现实人际互动受限，通过网聊排遣孤独、寻求理解

“可怜的独生子女们可以不再孤单”，喊出的可能正是孩子的心声。出于安全或其他方面的考量，许多家长对孩子的社会交往都采取了限制而非鼓励的态度。再加上现在的父母越来越忙，与孩子沟通十分有限，进入青春期、渴望理解、渴望友谊、渴望得到他人认可、渴望社会接纳的孩子，总要为内心的诉求寻找一个平台，网络聊天成为孩子们的最爱。不仅如此，由于在现实生活中的人际互动受到限制，有些孩子人际交往能力发展也受到了影响，他们没有学会得体地与人交往，只好选择在网络空间满足交往的愿望。无论属于哪种情况，排遣孤独、寻求理解都是孩子们网聊的重要目的。

◆**他山之石:她把自己变成了儿子最好的"聊友"**

檬是我见过的"最现代"的母亲之一。发现儿子喜欢网聊超过了必要的限度,她开始用类似"慧眼伯乐"这种很"雷人"的网名和儿子在网上"过招儿"。

果然,儿子不以为然:何方神圣,竟敢以伯乐自居?

慧眼伯乐回答:许多得意的人在网上,许多失意的人在网上,许多孤独的人、喜欢凑热闹的人也在网上。"慧眼伯乐"就是想发现那些最善于利用互联网的人,并收集他们的高招儿指点"迷途羔羊"。

听起来很像"救世主"降临人间啊?

No!"从来就没有什么救世主,也没有神仙皇帝,要创造人类的幸福,只有靠我们自己!"

哇噻!很雷呀!国际歌的词都整出来了。能不能告诉我,你都发现了什么?

有人上网做有用的事,有人上网干无聊的事儿,有人上网仅仅是因为还没有找到想干的事,也有人上网仅仅是为了找到和自己同样无聊又想摆脱无聊的人,从统计意义上讲,真正会用互联网的人远远少于上网的人。

听你这么一说,我都觉得自己有点无聊了。

那就找点不无聊的事干干。找到了,别忘了告诉我一声……

就这样,妈妈走进了儿子的另一个世界,并成为儿子愿意接纳的聊友。很自然地,此后支招儿的效果已经不一样了。

☆**应对策略:教孩子把握上网聊天的"度"**

上网聊天作为现代社会人际交往方式已经得到了越来越广泛的应用。孩子有上网聊天的权利。为了防止对网络人际关系的过分依赖产生的负面影响,家长应当指导孩子把握好上网聊天的"度"。

第一,引导孩子澄清自己的网聊动机,从有利成长的角度利用网络资源,学会选择聊天对象,建立志趣相同的QQ群,形成自己的网络成长支持系统。不要加入青少年不宜的聊天室、尤其是带有色情诱惑的聊天室,防止误入迷途。

第二,严格控制上网聊天时间,不要让上网聊天打乱了正常的学习、生活规律。上网聊天可以成为对单调的学习生活的一种点缀、一种补充,但不能把上网聊天作为对现实人际关系缺陷的"代偿"或逃避,更不应当喧宾夺主,否则肯定得不偿失。

第三,家长可以创造条件,鼓励孩子参加夏令营、暑期志愿行动、社会调查、

科学考察等集体活动，扩大孩子现实生活中的交往，增加面对面的人际互动，锻炼适应人际关系的能力，

第四，改善亲子沟通方式，家长要减少对孩子上网聊天的负面评价，努力倾听孩子的心声，尝试做孩子的聊天伙伴、良师益友，帮助孩子逐步摆脱孤独感的困扰和对上网聊天的依赖。

◎78.孩子非要去见网友怎么办？

女儿在生活中不是个善于交往的孩子，好像也没有什么朋友。最近交了一个网友，让她非常兴奋。她说自己终于有了真正的朋友，是众里寻他千百度，蓦然回首看见的那一种朋友。于是，15岁的女儿开始了要求、请求、哀求、软磨硬泡的艰难历程——希望家长同意她去几百公里之外的地方去和网友见面。一个15岁的女孩子，要去那么远的地方，见一个不知是男是女、是老是少、是人是鬼的陌生人，家长当然不能同意。但是，看女儿的劲头，不达目的誓不肯罢休。有一次，女儿甚至威胁家长说，别把我逼急了，干出某某某那样（非要去香港见明星，最后逼得爸爸跳了海的“粉丝”）让老爸去跳海的事来！对孩子的一意孤行，家长应该怎么办？

▲症结：渴望现实的人际关系

对网上的朋友一往情深、相见恨晚，常常意味着孩子在现实生活中缺少友谊，迫切希望把网友变成生活中真正的朋友。这是原本感到孤单的孩子“正常的愿望”。在这种情况下，如果知道网友就在本地，孩子们通常不会请示家长就直接赴约。值得注意的是，有些孩子因为现实交往能力比较差，只好过分依赖网络虚拟交往，把网络交友当成了寻找友谊、朋友甚至爱情的唯一渠道，这种情况下，孩子最容易落入“陷阱”。

◆他山之石：“网友”本来就是“网上的朋友”

所谓“网友”，顾名思义是“网上的朋友”。他（她）可以远隔重洋、隐姓埋名、当面相见不相识；可以声气相求、惺惺相惜、互相支持、互相勉励，而不受双方在自然条件方面是否可以产生审美愉悦的限制等。正因为如此，人们才可以在更

好地保护个人隐私的情况下敞开心扉与陌生人交流。成熟的网民很少会产生一定要见面的冲动，原因也正在于此。除非双方感到确有“现出庐山真面目”，一对一交往的必要。否则，绝大多数“网友”应当留在网上，没有见面的必要，这对大家都好——既尊重别人，也保护自己，进可以地广天宽，退可以相忘于江湖——何等潇洒！

☆应对策略：给孩子规定见网友的“条件”

孩子心地单纯善良，容易为情所动、为情所困。一旦产生了想与网友见面的愿望，常常会表现得迫不及待。如果家长处理方式简单粗暴，很容易激化矛盾。可供选择的应对策略包括：

第一，耐心地了解孩子希望见到网友的真实目的，共同分析达到该目的是否只有见面一条道。比如，孩子喜欢对方，想成为现实生活中的朋友，想看看对方的模样，如果对方也有同样的心愿，他们至少应当达成基本的互相信任，互相提供真实的个人资料。如果对方连个人真实信息都不愿透露，只能说明还不具备成为朋友的前提条件，见面没有必要

第二，即便双方已经交换了个人信息，这种信息的真实性仍然需要证实，贸然相见有可能出现“眼睛一眨，老母鸡变鸭”的场面，那是孩子的力量所无法掌控的。因此，即便是见本地网友，孩子也不可以独自前往，最好有家长、同学暗中陪伴，而且见面时间、地点必须有安全保障。

第三，与外地网友在异地见面，原则上应当拒绝。这是法定监护人保护未成年人的合理选择。当然，对于“不见网友毋宁死”的孩子，适当地变通也是必要的。比如，讨论可以从一个简单的问题开始：

为什么是你去见他，而不是他来看你？

他爸妈不同意他来。

你的爸妈是不是也有同样的监护权呢？

是我想要见他的。

他也同样迫切地要见你吗？

可能没有我这么迫切吧。

上赶着是朋友吗？

反正我就是想去见他！

那好，让我们双方的家长先沟通一下，如果对方的父母同意接待你，或者他

们同意你的朋友来，在不影响学习的前提下，爸妈可以成全你。但是，如果双方达不成共识，你得重新考虑你的计划，不能一意孤行，好吗？

当然，对有可能一意孤行的孩子，家长必须说明可能发生的各种意外情况，要求孩子清楚地评估自己承担行为后果的能力。

面对如此通情达理的父母，孩子还会再固执己见吗？

◎79.孩子“上网成瘾”怎么办？

生活中，我们曾经见过吸毒成瘾、赌博成瘾、抽烟成瘾等各种各样的“瘾君子”，也深知成瘾的危害，但做梦都没有想到的是，给人类社会带来巨大方便的互联网会给我们的孩子带来如此可怕的灾害——上网成瘾。

我的孩子上初中三年级，为了防止孩子上网，家里到现在没敢买电脑。也许这样做更糟糕，孩子从初二开始就成了网吧的常客。从节省自己的零花钱上网，发展到借钱上网、偷拿父母的钱上网，管急了就干脆去夜间不关门的通宵网吧。孩子自己承认，可以不上学，不能不上网；可以不吃饭，不能不玩新游戏。互联网到底有多大的魅力，能让孩子如此上瘾？这孩子是不是真的病了？

▲症结：网络传播内容和方式的诱惑和现实生活的困扰

关于孩子网络成瘾的原因，已经有大量的研究成果。每一个孩子迷恋网络的具体理由可能千差万别，但发展到网络成瘾阶段，通常都受到两个基本因素的影响，一是网络传播内容与方式的诱惑；二是现实生活中遇到难以克服的困扰。20世纪互联网等信息技术问世以来，短短几十年工夫，已经彻底改变了人类社会的学习方式、生活方式、交往方式，数字化生存变为现实。网络海量信息和瞬间沟通的便利，对充满求知欲望、迫切要求接纳与认可、急于展示自我的青少年具有无法抗拒的吸引力。生活中他们是弱者，是“教育对象”，网络上他们可以做主人，甚至可以独步天下。从“星际争霸”到“魔兽世界”，一路闯关夺隘带给他们的内心快乐是其他活动难以替代的。他们还可以开博客，做播客，当版主，尽情展现自己的聪明智慧和才华。特别是在学业不顺、人际关系不良、亲子关系不好、情感遭遇挫折等时候，网友的安慰、理解、支持，使互联网成了他们最后的“精神避难所”。

◆**他山之石:关于“网瘾”的诊断标准**

2008年11月8日,北京军区总医院制定的我国第一个《网络成瘾临床诊断标准》通过了专家论证。该院医学成瘾科主任陶然说,网络成瘾是指个体反复过度使用网络导致的一种精神行为障碍,分为网络游戏成瘾、网络色情成瘾、网络关系成瘾、网络信息成瘾、网络交易成瘾等5类,其中以网络游戏成瘾居多,占82%。其后果可导致性格内向、自卑、与家人对抗及其他精神心理问题,出现心境障碍,如对自己的学业及工作前途感到悲观、情绪低落、做事没有兴趣等,部分患者还会导致社交恐惧症等。虽然,将网络成瘾纳入精神病诊断范围在医学和心理学界引起了非常激烈的争论,但是,对青少年网络成瘾表现的分析却得到了大量观察结果的证实。

陶然介绍,网络成瘾症状表现有:一是对网络的使用有强烈的渴求或冲动感;二是减少或停止上网时会出现周身不适、烦躁、易激怒、注意力不集中、睡眠障碍等戒断反应,这种戒断反应可通过使用其他类似的电子媒介,如电视、掌上游戏机等来缓解。

诊断是否是网络成瘾,陶然认为下述5条内至少符合1条:为达到满足感而不断增加使用网络的时间和投入的程度;使用网络的开始、结束及持续时间难以控制,经多次努力后均未成功;固执使用网络而不顾其明显的危害性后果,即使知道网络使用的危害仍难以停止;因使用网络而减少或放弃了其他的兴趣、娱乐或社交活动;将使用网络作为一种逃避问题或缓解不良情绪的途径。平均每日连续使用网络时间达到或超过6个小时,且符合症状标准已达到或超过3个月,可以诊断为网络成瘾。

☆**应对策略:认知协调和行为矫治双管齐下**

青少年“网络成瘾”,是信息时代家庭、学校、社会教育面临的一个全新的问题。在“喜欢上网”、“沉湎网络”到“网络成瘾”之间,有一个渐进的发展过程。不同阶段的干预,效果会有很大差别。

对于只是喜欢上网、行为尚未失控的孩子,应当进行预防性教育引导,帮助孩子明白网络不是洪水猛兽,是现代社会一个很有用的工具,但网上良莠杂陈的信息对青少年却是一把“双刃剑”:一方面,它可以极大地开阔青少年的视野,把最好的、最有用的知识瞬间展示给你;另一方面,网上的文化垃圾也会用最快的速度传播。青少年接受新事物快，又不善于辨别良莠，特别容易受到影响。因此，必须学会驾驭互联网，让它“为我所用”，并用在有益的方面。

对于已经开始沉湎网络的孩子，可以从矫正不合理的认知入手，帮助孩子尽快认识到陷进网络不能自拔的后果，通过提供更安全的上网环境、讨论网络行为自律守则，家长帮助监督执行等方法，防止孩子网络成瘾。在这一阶段，尽量不要用简单粗暴的办法对待孩子上网问题，如不给零花钱、每天上学放学押解等。因为这些比较极端的方法不仅于事无补，还会伤害孩子的自尊，导致逆反心理。而温和、尊重、信任更能唤醒孩子内在的自觉。

对于已经“网络成瘾”的孩子，应当说服孩子寻求专业心理咨询。在专家的指导下，家长配合进行行为矫治。帮助孩子明白沉溺于“虚拟世界”的危害，注意和孩子的思想情感交流，发现和培养孩子的兴趣，适当带领孩子进行户外活动，逐步减少上网时间，引领孩子一步一步走出困境。

◎80.孩子怎样“上网”更安全？

网络已经走进了孩子们的生活。他们将来的学习、工作、生活也离不开网络，所以，作为家长，我并不简单地反对孩子上网。问题在于网络问题太多。那些一头钻进钱眼儿里的黑心网站就不必说了，像割韭菜似的一茬一茬往外冒，甚至社会主流网站一不留神也会被黑。虽然政府净化网络环境屡出重拳，但是网络对孩子的精神污染随时可能发生。孩子怎样上网才更安全？

▲症结：净化网络环境是“道”与“魔”之间的长期较量

网络已经成为巨大的新兴市场。按照市场规律，凡有利润的地方就会有人愿意“冒绞首的危险”。因此，净化网络环境将是“道”与“魔”之间长期的较量。即便政府长期坚持网络环境治理，但网络技术进步同时也意味着从事网上非法行为的技术手段也在同步发展。网络彻底清洁化任务相当艰巨。孩子安全上网仅靠网络环境治理的努力肯定是不够的，必须动员包括家长、孩子在内的一切社会力量。

◆他山之石:问题不仅在于网上有什么,更重要的是孩子选什么

净化网络环境,减少网上文化垃圾对孩子们安全上网的重要性是毋庸置疑的,但网络环境净化是长期而又艰巨的任务。正像我们不可能要求现实世界是一个“无菌环境”一样,我们也不可能寄希望于在某一个时间点上,网络精神污染问题彻底解决。在孩子成长的过程中伴随一个良莠杂陈的网络世界是不可避免的。问题不仅在于网上有什么,更重要的是我们的孩子会在鲜花和毒草中选择什么。因此,净化网络环境是治“标”,提升孩子的选择辨别能力是治“本”。

☆应对策略:规范孩子上网行为,培养孩子的选择能力

安全的底线是上网行为不危害孩子的身心健康。让孩子安全上网是所有家长的共同心愿,做到这一点需要家长和孩子共同努力。家长有责任规范孩子的上网行为,孩子也应当具备基本的选择能力。

第一,有条件的家庭应当尽量让孩子在家里上网。电脑最好放在书房或客厅等公共活动区域,以便将孩子的网上活动置于家长的监护之下。一旦发现孩子进入青少年不宜的站点及时给予提醒。

第二,对孩子进行网络“游戏规则”教育,使孩子明白互联网是一种公共的信息通道,进入互联网必须遵守网上“交通规则”,既不能接受、也不能制作和传播违反社会行为准则的不良信息,对网上五花八门的内容要学会取舍。

第三,可以给孩子布置必要的“网上作业”,要求孩子向父母介绍“今天我在网上看到了什么”,了解孩子怎样利用互联网,指导孩子在网上寻找人类文明最优秀的成果。

第四,就上网时间和孩子“约法三章”。比如,每周可以有 1 小时~2 小时的上网时间,但前提是不影响学习、休息、家务劳动和正常的体育锻炼。如果孩子违反承诺,就应当为此付出代价:扣除下周的上网时间,或在一段时间里不允许再上网等。

第五,如果时间条件允许,家长也可以和孩子一起进行网上漫游,交流上网心得,坦率地告诉孩子,大人也会对网上游戏和聊天感到入迷,但是,网络不是生活的全部,我们都得学会“自我约束”。

◎81.孩子受人欺负怎么办？

现代社会充满竞争。我们小时候把“争强好胜”、“个性太强”当成缺点，现在成了很重要的优点，甚至是必需的生存能力。可是，我的孩子虽然聪明，但生性懦弱，不到3岁进幼儿园，不到6岁上学，到目前为止，学习不比大孩子差，但一直是个“小受气包”，经常被人欺负。小孩子受点委屈本来也算不了什么，但是，习惯了受欺负的孩子将来会不会没有竞争能力？孩子受人欺负，在什么情况下家长应当出面帮助解决问题？

▲症结：过度保护影响了孩子自我保护能力的发展

孩子经常被欺负，通常和生活环境中的过度保护有关。特别是那些入托、上学比较早的孩子，经常会因为年龄小受到“特别关照”。同样是没有做好某件事情，年龄小的孩子会被原谅；小伙伴之间发生了纠纷，阿姨老师会情不自禁地“保护弱者”，久而久之，习惯了弱小地位的孩子也同时习惯了被人保护的“特殊待遇”，自我保护的能力由于失去了成长的空间而自然萎缩。

◆他山之石：欺负行为的“再生产”过程

欺负是直接用蛮横无理的手段侵犯、迫使或侮辱他人的行为。在青少年当中，欺负行为的发生率很高。常见的欺负行为包括张口骂人、动手打人、搜寻或索要弱小的孩子身上的零花钱、迫使其他孩子代写作业、代人受过、掩盖错误等等。这些欺负行为得以长期存在的一个重要原因在于受欺负的孩子常常选择不向老师或家长报告。而受欺负的孩子不报告则是因为受到了另外一种形式的欺负——恐吓。“如果你告诉老师和家长，将会受到什么样的报复”是最常见的恐吓用语。对更加恐怖的报复手段的恐惧，促使孩子“认栽”或“宁可吃点儿哑巴亏”。受欺负孩子的懦弱，又反过来助长了欺负者的气焰，最后形成了“欺负——忍让——再欺负”的恶性循环。

☆应对策略：鼓励孩子机智勇敢地面对欺负行为，但不能以暴抗暴

欺负行为同时违反了法纪和道德规范，是毋庸置疑的错误行为，家长在必须明确否定的同时，教给孩子应对欺负行为的策略。

第一，告诉孩子“邪不压正”的道理，要求孩子不要害怕欺负行为。通常情况下，除了有组织的团伙犯罪，一般的欺负行为都具有偶然性。比如，一个贪玩的孩子想去网吧发现自己没有钱，临时起意劫一个小同学勒索一回，或者小伙伴一起玩耍，话不投机抡起了拳头等等。其实，欺负人的孩子常常也“自知理亏”，只是“管不住自己”而已。义正词严而充满机智的回答对终止欺负行为常常是有效的。当孩子在校园或上学放学的路上遭遇勒索，如果是认识的孩子所为，不妨鼓励孩子明确回答，“我知道你是某某某，我不相信为了几块钱你愿意当强盗，请让开，咱们各走各的路！否则，别怪我报告派出所，警察叔叔正在整顿校园周边环境呢！我可不愿意看见你去不该去的地方！”如果对方继续纠缠，则应当鼓励孩子再一次警告对方“周围都是我们学校的同学和家长，如果再不让开，我可要喊抓强盗了，你不想这么难堪吧？”如果对方仍不放弃，则应当鼓励孩子向周围同学或成人呼救，一声响亮的“有人劫钱，抓强盗！”在这种场合一般都会有人响应；如果勒索者是陌生的孩子，则应当鼓励孩子尽快呼叫附近熟悉的同学，对勒索者形成“团体压力”，使其不敢为所欲为。

第二，对于性格懦弱的孩子，家长要鼓励他们自己面对问题，从学会拒绝他人不合理的要求开始，有意识地培养孩子的独立人格。在家里，可以模拟一些可能发生欺负行为的场景，进行“角色扮演”，让孩子练习拒绝与面对问题。比如，爸爸扮演“小霸王”，要求孩子代写作业，让孩子找出拒绝的充足理由；妈妈扮演“刁蛮公主”，支使孩子替做值日，要求孩子试着反抗，当孩子没词时，由父母“支招儿”等。经过“实战训练”，孩子能学会很多原来不掌握的应对欺负行为的态度和技巧，逐步改变“小受气包”的形象。

第三，除非面对歹徒、生死攸关的场合，其他任何情况下都不要鼓励孩子“以暴抗暴”。发生在孩子之间的欺负行为，包括肢体冲突通常不会有生命危险。如果家长不恰当地鼓励孩子“人不犯我，我不犯人；人若犯我，我必犯人”，则容易导致“以眼还眼，以牙还牙”的暴力报复行为或不必要的“防卫过当”。鼓励孩子机智勇敢地面对欺负行为，唯一的目的是用文明的方式终止欺负行为，而不是要求孩子“以暴抗暴”。不能用捍卫国家主权的立场来解决孩子们成长过程中经常面对的矛盾和冲突。否则，将会造成难以挽回的严重后果。

第四，对于曾经有过欺负行为并已经意识到错误的同学，要鼓励孩子克服偏见，不贴标签，正常交往，以包容之心化干戈为玉帛。学会与欺负过自己的人交朋友,可以拓展孩子的胸襟,体会到宽容带来的快乐。

◎82.孩子欺负别人怎么办?

我的儿子9岁了,身体健康,生性活泼好动,看上去也不笨,但不知为什么,就是喜欢打架。从上幼儿园开始,老师就说他好欺负小朋友,为了这个,不知挨了家长多少打骂。每一次挨打之后他都能老实一会儿,但一眼看不见,转身又惹祸。我们真的不知道该拿他怎么办。也许这孩子生性就好斗?

▲症结:儿童的侵犯行为源于对成人的模仿

儿童的侵犯行为是许多家长和教师关注的问题,但令人遗憾的是,成人往往更多地研究如何对付这种侵犯行为,而很少追究侵犯行为产生的原因。事实上,孩子的侵犯行为打上了生活环境和身边成人行为模式的深深烙印。“模仿学习”是幼儿主要的学习方式。“生性好斗”的说法迄今为止还得不到相关研究的支持。孩子的“侵犯行为”正是成人经常用“侵犯”的方式来惩戒孩子的必然结果。当然,从孩子的心理特点分析,侵犯行为还表达了孩子对关注的渴望或某种挫折体验。一个晚上迟迟不肯去睡觉、不断给大人捣乱的孩子,也许只是等待父母一个简单的爱抚动作;一个故意搞坏东西的孩子,也许只是为了引起父母对自己的注意……因此,家长首先需要了解孩子的侵犯行为是缘何而生,才能采取有针对性的策略化解孩子的侵犯行为。

◆他山之石:小娜娜扮演的妈妈

下面这段小故事摘自一位幼儿教师的观察日记:今天下午活动课上,小娜娜专心致志地和一个塑料娃娃玩儿过家家的游戏,她自然是在扮演妈妈。在给娃娃换衣服的时候,她念念有词地说,瞧你这副邋遢样,谁也不会喜欢你!该吃饭了,她又对娃娃叫到,快坐到你的椅子上去!接着饭撒了,小娜娜对塑料娃娃又是踢又是打,表现出一种令人恐怖的愤怒……

下班时,小娜娜的妈妈来接她了。和其他小朋友的家长不同,娜娜妈妈见到孩子第一句话就是,看看你把自己弄成什么样子了!戴上你的帽子,快走!孩子还想再磨蹭一会儿,妈妈毫不犹豫地一把抓住了她的小手朝外拖去。接下来,小娜娜坐到地上耍赖，妈妈“啪”的一巴掌，结束了这场母女对抗。

孩子通过模仿会学习各种不同的社会角色。娜娜扮演的妈妈十有八九就是日常生活中她所熟悉的妈妈。当然，家长不是孩子唯一的模仿对象，但孩子日常的侵犯行为可能来自于家长不经意间的传授已经被大量的观察所证实。

☆应对策略：彻底摒弃家庭暴力，引导孩子“己所不欲，勿施于人”

打孩子肯定不是矫正孩子侵犯行为的好办法。近年来，棍棒底下出逆子的悲剧时有所闻，已经从反面证明：用暴力手段矫正孩子不良的行为习惯，很难收到好的教育效果。因为这种行为本身传递的就是一种负面信息：大人可以凭借自己体力上的优势强迫孩子接受他们不情愿的行为方式，为什么孩子不可以用暴力手段解决矛盾和纠纷？小时候大人打孩子，孩子没有反抗能力，屈服是唯一的选择。进入青春期的孩子随着身心发育水平的提高，不仅具备了在体力上与家长抗衡的能力，而且在认识上也能清楚地看到“大人”打“小人”的荒谬与不合理，用言行表示反抗便成为很自然的选择。一些从小被打急了、打皮了的孩子，还会产生一种“只要挨了打，错误就可以一笔勾销”的消极思维定式，再也不去思考挨打的原因和应当接受的经验教训，使父母责打孩子消耗的精力体力成了一种“有害的付出”。因此，矫正孩子侵犯行为，需要从摒弃家庭暴力入手。

第一，家长要调整自己的教育思路。一是在产生打孩子的冲动之际，先问一声自己：我为什么要打孩子？是因为他的错误的确严重到不能容忍，还是因为孩子只是犯了一个“他应该犯的错误”而我却对此感到失望和愤怒？如果孩子的错误的确严重，一顿痛打能解决问题吗？如果是自己的情绪反应过于激烈，对孩子公平吗？这样的思考，至少可以在“出手”之前，使自己冷静下来，防止家长为宣泄情绪而不公正地惩罚孩子；二是家长意识到孩子的行为肯定出了问题，但又讲不出多少道理的时候，为了防止激化矛盾，可以暂时用一下“缓兵之计”，告诉孩子：“你知道自己今天的错误有多严重，自己先去反省，半小时以后把你为什么这样做，以及错在哪里讲给爸爸妈妈听！”口气可以是严厉的，但必须让孩子感到家长的态度是冷静的。一般情况下，知道闯了祸的孩子不会拒绝思考——哪怕是为自己“找理由”。这就给家长留出梳理自己思路的时间。待思路清楚后，再与孩子进行严肃的、有准备的谈话，让孩子口服心也服；三是曾经习惯用责打的方式惩罚孩子的家长，要坦率地向孩子承认，父母过去使用的方法是简单粗暴的，以后会尽量不打骂，并尊重孩子，但孩子也必须学会尊重自己，和父母一起克服侵犯行为。

第二，要用理性的引导帮助孩子克服侵犯行为。一是耐心地告诉孩子侵犯行为可能产生的后果。无论是指向人或物的侵犯行为，都会带来不应有的伤害，而伤害和痛苦又是紧密联系在一起的，打破了脑袋会流血，摔坏了杯子就无法喝水，经常打架的孩子会失去朋友……都是孩子们的常识所能理解的。己所不欲，勿施于人，这种对侵犯行为后果的思考，可以有效地避免某些故意的侵犯行为；二是用委婉的方式让孩子了解侵犯行为不能解决问题，教他们学会正确地表达自己真实的愿望；三是及时满足孩子正当合理的愿望和感情需要，减少孩子由于得不到关注而产生的失落感和抵触情绪；四是对孩子的侵犯行为作具体分析，肯定其中所包含的"合理成分"，指出其错误所在，让孩子心服口服。比如，有的孩子侵犯别人是因为受到了冷落，这说明孩子有被接纳的渴望，但是，用侵犯他人的方式强迫别人接纳自己，却刚好和最初的愿望南辕北辙，寻找友谊和接纳应当有完全不同的方式。明白了这一点，孩子会为自己的"愚蠢"而汗颜，也会认真思考达到合理目的的正确途径。

◎83.孩子交了"坏"朋友怎么办？

俗话说，一根篱笆三个桩，一个好汉三个帮。人生在世，朋友是重要的资产。作为家长，我们很看重朋友和友情。可能受家长的影响吧，孩子从小就乐于交往，而且不缺少朋友。我们曾经认为这是件好事情。但是，最近接连发生的事情让我们大吃一惊。先是孩子为了帮一个不上网就难受的朋友借钱，向家长"预支"下个月的零花钱，然后又要求当公务员的父亲利用手中的小权力，帮助一个酒后打群架被拘留的"哥们儿"把事"摆平"。有时候，爸爸的烟也会不翼而飞，原来是被孩子拿去让朋友"过把瘾"去了。每逢遇到这种事情，家长少不了要教导两句，并提醒孩子不要老和不三不四的孩子搞在一起。但孩子的理由似乎更充分：既然是哥们儿，当然应当有福同享，有难同当，他不能眼睁睁地看着朋友为难无动于衷！似乎家长再说多了就是要他抛弃朋友、不仁不义。明明是自己所交非人，反倒显得理直气壮，对这种孩子，应当怎么办？

▲症结:错把江湖义气当友谊

友谊是青少年生命中的阳光,他们渴望友谊犹如干涸的田野渴望甘霖。当代独生子女这种需求更加突出。孩子交上了有各种毛病的朋友,常常与他们错把江湖义气当成友谊有关。近年来,武侠作品在影视屏幕大行其道,"道上规矩"、"侠客精神"对孩子、尤其是好勇尚武的男孩儿产生了较大的影响,加上乡土中国、人情社会的耳濡目染,身边成人处理问题时远近亲疏的差别,使涉世不深的孩子很容易把"江湖义气"等同于"友谊",而且很陶醉于这种"为朋友两肋插刀"的"英雄气概",忽略了更重要的东西。

◆他山之石:江湖义气≠友谊

所谓江湖义气,泛指行走江湖的人由于私人或帮派关系而甘于互相承担风险甚至牺牲个人利益的气概或情感。江湖义气一般适用于帮派内部或互有恩德的个人之间,因而具有狭隘性;江湖义气讲究恩怨必报,追求的不是普世价值,因而常常只论义气,不论是非,有时甚至助纣为虐;江湖义气常用类似歃血为盟、桃园结义等庄严神秘仪式表达,对喜欢猎奇的青少年具有很大的诱惑力。

江湖义气不等于友谊。友谊作为朋友间的情谊本身具有向善的属性。友谊不狭隘,友谊分是非,真正的友谊会考量朋友的合法权利和最大利益,而不是盲目地"支持"朋友所有的行为,更不是姑息、迁就、纵容朋友错误的行为。

☆应对策略:教孩子学会识别"有毒的朋友"

孩子珍重友谊是可贵的优点,有毛病的孩子也未必就是"坏朋友"。因此,应当尊重孩子对朋友真挚的情感,不要轻易把"坏朋友"的帽子扣到其他孩子的头上,防止产生抵触情绪。在宽容平等的气氛中和孩子讨论应当怎样甄别朋友、怎样对待朋友、怎样培植友谊就会容易很多。

我国元代秦简夫在《东堂老》中写到,人伴贤良智转高。中华经典中也不乏近朱者赤、近墨者黑之类的精辟论述。学会识别"有毒的朋友",是孩子社会化过程中必须掌握的本领。所谓有毒的朋友,是指那些表面上一团和气、百依百顺,为了讨好取悦,甚至不惜指鹿为马,做人不讲原则,处事没有底线的人。这种人或者因为心怀叵测,或者因为极端软弱,从来不分是非曲直,只会一味逢迎,哪怕最终给朋友带来灾祸也不以为意。因此,希望走人生正道的人不需要奸佞小人做朋友,远离"有毒的朋友"就是远离了灾祸。

对于孩子已经交往的有明显的恶习或劣迹的朋友,可以引导孩子在保证安全的前提下,采取以下应对策略:一是在任何时候、任何情况下决不同流合污。这是交友的底线。一起杀人、放火、抢银行的"朋友"是"犯罪团伙",只能导致共同毁灭的结果;二是在力所能及的范围内,尽朋友之谊给予规劝,这是为友之道的基本要求。证明自己的友谊有许多方式,无条件满足朋友的不合理、甚至不合法的要求是最不负责,也是对朋友最有害的选择。向朋友说明这一点并得到理解,应当成为衡量双方是否是真正朋友的"试金石"。真朋友不会要求对方仅仅为了满足自己的欲望去做错事、做坏事、自毁前程,否则就应当归入"有毒的朋友",只能分道扬镳;三是已经分手的"有毒的朋友"继续纠缠时,鼓励孩子向负有监护责任的老师、家长或有关机构寻求帮助,防止正当权益或人身安全受到侵害。

◎84.怎样处理孩子的过失?

我有个从小就天不怕、地不怕的孩子,为了看看暖壶究竟是不是热的,他曾经把小手伸进暖瓶口,把自己烫得哇哇乱叫;为了证明自己勇敢,第一次去游泳池他就跳水;为了给妈妈一个惊喜,他把自己的牛仔裤和妈妈最喜欢的丝巾一起扔进了洗衣机;为了"研究"手电筒和蜡烛在黑暗中哪个更亮,他敢和小朋友一起钻进床底下点火;为了献爱心,他还自作主张地掏光了妈妈的钱包……类似这样的过失太多了,每次挨了批评,孩子都会"诚恳地认错",过不了几天,又我行我素了。怎样处理孩子这些"低级错误",让他快点长大?

▲症结:孩子的过失大多源于好奇和鲁莽

孩子睁开眼睛看世界本能地充满了好奇。他们想知道的事情太多,成人的语言又太抽象太贫乏,教育方法太单调,无法满足孩子的好奇心和求知渴望。温度需要感觉、颜色需要比照、质地需要触摸、速度需要体验……纸上得来终觉浅,绝知此事要躬行。于是"无知无畏"的孩子免不了要做傻事,有过失。这是成长必须付出的代价,是无法避免的经历。孩子的好奇心应当保护,孩子的鲁莽应当防范。但不能把孩子的过失简单地等同于错误。

◆他山之石:“过失”与“错误”的联系与区别

几乎在所有的文化中,“过失”都被解释为因为疏忽而犯的错误。小到日常生活中洗碗打碎盘子、做饭烧坏了微波炉、掸灰尘撞翻了博物架上的工艺品,大到刑法中规定的过失伤人、杀人,共同的特点都是当事人应当预见而没有预见、应当注意而没有注意,从而导致损害性后果的行为。错误则是专指不正确的事物、思想或行为。

用是非标准来衡量,过失行为结果通常是“错”的;用伦理标准来衡量,过失行为通常没有“主观恶意”,因而不能简单地被认定为需要处罚的“错误”或“罪行”。

☆应对策略:让孩子经历过失,学会把事情做正确

与过失相伴的童年是人生最快乐的时光。家长不可以因为过失而剥夺孩子童年的快乐。把过失作为学习的机会,孩子可以品味许多成长的快乐。

对孩子因为不能预见而发生的过失不应该惩罚。比如,孩子做家务打碎了父母特别珍贵的瓷器,无论东西本身多么贵重,都不应当成为责骂和惩罚孩子的理由,因为这是无心之过,只要提醒孩子以后小心就够了。

对于孩子应激状态下超过正常需要的过失行为应当给予宽宥并提前防范。心理学研究认为,由出乎意料的紧张或危险情景引起的情绪状态为应激。应激状态总是伴随一系列生理心理变化,它既可以即时调动机体的活动力量,应对紧急情况,使人在遭遇突发事件的瞬间思路清晰、行动敏捷,有效地防御或排险,但持续的应急状态也会对机体造成较大的消耗,引发一系列身心健康问题。比如,孩子面临地震、山体滑坡、洪水等突发性灾害,紧急疏散时可能会跑得比平时快;遭遇歹徒袭击时可能表现得比平时机智勇敢;受到伙伴欺负时会表现得比平时冲动,甚至发生“防卫过当”行为等,都属于这种应激状态。对应激状态下的过当行为,家长要提前防范,一旦发生则要在宽宥和理解的前提下正面引导。

所谓提前防范,是在日常生活中结合有关事例,培养孩子对“骤然临之而不惊,无故加之而不怒”的君子风范的向往,教会孩子在冲动状态下“制怒”的方法。比如,产生张口骂人、抬手打人的冲动时,要求自己数到30秒钟之前不作决定,同时思考行为后果,通常30秒钟的缓冲时间可以化解许多危机。

对于已经发生的过当行为,家长应当理解孩子在应激状态下做出过当反应的“合理性”，并鼓励孩子勇敢地承担这种鲁莽行为的后果，从中接受宝贵的教训。比如，孩子一时冲动打架损坏了公物，检讨、赔偿都是应当承担的后果，接受教训避免类似过失则是他应当学到的人生经验。

过失既然是成长过程中无法避免的，家长更多的努力应当放在预防大过失和指导孩子在过失中学习方面来。让孩子从过失中学会把事情做正确，吃一堑，长一智即是收获。

◎85.孩子经常犯错误怎么办？

孩子犯错误连上帝都会原谅，这话是哪位伟人讲的已经记不得了。但至少留下了一个印象，就是应当原谅孩子的错误。但原谅错误总得有个限度吧？上学路上贪玩儿迟到，老师布置作业故意不记或少记，偷拿家里的钱买自己喜欢的东西，答应干的家务十次忘记九次，考试偶尔还要作弊，损坏了公物得家长赔偿，给老师添了麻烦得家长道歉，甚至小小年纪就早恋……十几年来，和孩子大大小小的错误“作战”，把家长搞得焦头烂额，孩子却一如既往地继续犯错误。我从来不指望孩子光宗耀祖，只要能不犯错误就知足了。

▲症结：错误不可能被“战斗”所消灭

把和孩子大大小小的错误“作战”作为家长的任务，把孩子有朝一日不犯错误作为战斗目标，这是一场注定要失败的战争。

孩子成长过程中的错误没有“核定编制”，没有数量限制，不像战场上的敌人，消灭一个就少一个。凡是主观认识和客观实际不对称的情境，凡是身心发展不平衡的时刻，凡是人性的弱点受到诱惑的场合，都可能发生错误。刻意消灭孩子的错误，除非消灭孩子本身。

已经发生的错误不可能被消灭，因为它是“过去时”；尚未发生的错误不可能成为消灭的对象，因为靶子还没有出现。忙于和孩子大大小小错误作战的家长，把大量的力气用在了“秋后算账”和“未来恐吓”中，唯独忽略了“当下”，而孩子是活在当下的。更何况，孩子的大部分错误可能没有家长想象得那样可怕。

◆他山之石："尝试错误"是探索未知、寻找正确的重要途径

从最广泛的意义上讲，所有违背客观规律的思想和行为都是错误的。大到人类社会、政党、社会组织，小到正在成长的孩子，都会犯错误。而且，成人的错误常常后果更加可怕。傲慢与偏见导致的种族大屠杀，违反自然规律导致的生态环境恶化，违反社会发展规律导致的国家衰落，人类无一例外地吞下了"成人错误"的苦果，却理直气壮地要求孩子不犯错误，这公平吗？

回顾人类文明的历史，我们十分清楚，没有错误付出的代价，就没有人类认识自然、认识社会、认识人类生命现象的所有伟大进步。探索未知、寻找正确的一个重要途径就是"尝试错误"，古今皆然。老谋深算、阅历丰富的成人都不能完全避免错误，伟人和天才都不能避免错误，孩子犯错误更具有"天然合理性"。和他们无心的过失一样，都是成长必需的代价，都需要家长的接纳与引导。

☆应对策略：允许犯错误，合理地惩戒错误，避免"犯不起"的错误

与对待过失的态度不同，家长对孩子的错误常常有一个基于成人标准的价值判断，而且常常是"缺席审判"——家长认为这是错误，肯定就是错误——因为我吃过的盐比你吃过的米多，我走过的桥比你走过的路多。这样的判断对孩子有时未必公正——孩子心里压根就没有成人那样复杂的"二次思维"，他们犯错误更多的时候只是"跟着感觉走"而已。因此，家长应当尊重孩子犯错误的权利，允许孩子犯那些只有孩子才有权利犯的错误。包容孩子无伤大雅、没有造成严重后果的错误，给孩子创造一个宽松的成长环境，防止过严、过苛的要求束缚了孩子的手脚、想象力和创造力。

错误应当受到合理的惩戒，否则不利于孩子在错误中学习和成长。惩戒的底线是未成年人保护法规，惩戒的唯一目的是帮助孩子接受教训。打骂、虐待、家庭冷暴力等所有侵害未成年人权利的行为都应当废止；惩戒的力度不应当超出孩子的理解接受能力。比如，用数倍的作业量来惩罚不完成作业的行为，只能培养孩子对作业的加倍反感，而在限定时间剥夺从事某项最喜爱的课外活动的权利，以保证高质量完成作业，孩子则无话可说；用拔掉网线的方式惩戒玩游戏入迷的孩子，效果亦不如君子协定、约法三章的管理办法等。

家长需要特别关注的是提醒孩子避免"犯不起的错误"。违法行为是孩子犯不起的错误，根据严重程度，可能需要付出自由乃至生命的代价；严重违纪行为是孩子犯不起的错误，如关键时刻的考试作弊，会失去接受更好教育的机会，误了一辈子的前程;严重违反道德的行为也是孩子犯不起的错误,如早恋一时冲动造成的后果,有时需要一辈子的幸福来补偿。在孩子成长的关键时刻,这种提醒是绝对必需的。小的错误可以修复,可以亡羊补牢,大的错误常常不会给人留下哪怕是悔恨的机会,让孩子越早明白其中包含的生活辩证法,对孩子健康成长越有利。

成长之惑

◎86.孩子的志向哪里来?

记得小时候写作文,“我的理想”是世代相传的题目。科学家、军人、火车司机、石油工人、医生、护士、教师、警察、纺织女工、国家干部……几乎所有的职业都有可能被孩子们作为人生理想来赞美和追求,劳动模范、战斗英雄更是理所当然的人生楷模。无论大小,好像那时候孩子们都有个志向,好高骛远的不多,没有理想的也很少。可是,今天和孩子讨论理想,几乎成了一个莫名其妙的问题。最常见的回答就是没想过,不知道,我说了算吗?如果说了不算,“想”有用吗?由于没有志向,一些孩子们学习没劲头,生活没情趣,人生没目标,成了学习的奴隶,考试的机器,“无根的现代人”。孩子的志向究竟应当从哪里来?

▲症结:膨胀的物欲、急功近利的教育禁锢了孩子的眼界和思想

没有志向不等于没有目标。现在的孩子从小就被教导要上最好的幼儿园、小学、中学、大学,将来才有可能找到挣大钱的工作,住大房子,开豪华车,过令人羡慕的生活。孩子们的眼界被限制在考试分数、年级排名、“三模”成绩等狭小的领域,叩问世界、叩问人生的好奇心还没有来得及成长就被学业的激烈竞争给扼杀了。直到进入了梦寐以求的大学或被考试竞争淘汰,才突然发现除了会背书、会考试,略通一点考试加分的艺体特长,自己什么也没有,什么也不会。现代社会膨胀的物欲、急功近利的教育目标,禁锢了孩子活泼的思想,贫瘠的精神土壤里,理想志向的种子是难以萌发的。

◆他山之石:如果父母给我留下500万元

这是笔者曾经接访过的一位高二男生。一身名牌,精神萎靡。因为沉迷电脑

游戏不能自拔,所有的功课都不及格,早就跟不上教学进度了。无论辛辛苦苦做生意的父母多么焦虑,孩子倒是满不在乎。他好像早就把自己未来的生活看透了:反正我也不是读书的材料,也没打算凭力气吃饭,上不上学还有什么关系呢?问及对将来的打算,小伙子的回答更令人目瞪口呆:估计父母一辈子省吃俭用的,怎么着到时候(父母死的时候)也能给我留下几百万元吧,家里还有两套出租房,吃瓦片也能养活我了,我要志向干吗?

如果仅仅为了延续生命,500万元的遗产加上两套出租房的收入也许可以养活自己一辈子,但生命的价值与尊严何在?活着的意义何在?

☆应对策略:让孩子学会对自己的人生负责

中国有句古训是:善教子者,教于孩提。志向问题归根到底是人生观问题。古往今来,真正的思想家、科学家很少叩问"人为什么要活着",而是研究"人应当怎样活着才有意义"。作为生物体的个人,本来微不足道,即使在血亲家族中,五代以上的长辈也很少能活在后代的记忆中,更别说人类的记忆了。绝大多数人对于这个世界,是无声无息地来,无声无息地去,只有极少数用创造性的劳动为文明发展留下了"我曾经在这个星球上生存过的痕迹和证明"的人,才会永远留在人类的记忆中。对生命的眷恋和对死亡的恐惧,迫使人类思考生命的意义和价值,也提供了人类不倦探索的原始动力。面对生活中每天都在发生的死亡,家长应当尽早让孩子了解生命的短暂和脆弱,引导孩子学会珍惜有限的生命,并学会对自己只能拥有一次的生命负起责任。

培养孩子的志向,要拓展孩子的胸襟,让孩子了解家事、国事、天下事,息息相关的道理,把自己的发展目标与社会需要结合起来。因为一个人无论多么聪明能干,也只能在社会提供的舞台上施展才华。因此,在升学、选专业、把握就业机会、参与校园和社会活动等方面,要引导孩子摆正位置,放平心态,既要有勇气和自信,又不能"以自我为中心"。

培养孩子的志向,要注意发现孩子的中心兴趣。报效国家,造福社稷,实现人生价值,最终都要通过职业生涯得以实现。在社会需要的广阔领域,孩子无论喜欢什么,都可以条条大路通罗马。不怕孩子喜欢做的事情"不热门",就怕孩子什么都不喜欢做。稳定的中心兴趣常常代表了孩子优势的发展领域,早期培养可能为将来的职业选择奠定基础。因此,家长应尽量避免越俎代庖,主观地决定孩子未来的发展,包括对第二课堂的选择。

培养孩子的志向,应当引导孩子处理好“常立志”和“立长志”的关系。童年时代,孩子的志向具有很大的随意性和情景性,容易受到正在发生的生活事件的影响。比如,看到航天英雄飞天,想当宇航员;看到警察立功受奖,又想当警察;看到明星大腕受追捧,还想当明星;看到比尔·盖茨重回世界首富宝座,又想成为中国的比尔·盖茨等等。一般情况下,进入青春期,已经产生成人感的孩子,可以开始比较理性地思考属于自己的未来。家长会发现,“常立志”的孩子常常“没长志”,高谈阔论时热血沸腾,但往往“只有心动没有行动”。遇到这种情况,建议家长不要简单地批评孩子“说话不算话”,而要从“知易行难”的角度理解孩子“心动”和“行动”之间的时间差,鼓励孩子每天进步一点点,一步步接近自己的目标。只要不是原地不动,都应该给予肯定。

对于孩子正在形成的志向,无论家长看来多么幼稚、不切实际,都不应当过多地指责,甚至强行改变。孩子缺少社会生活经验,孩子身上有更多理想化的东西,对孩子的志向进行引导、矫正,唯一正确的做法是给孩子提供拓展思路所需要的事实和材料,提供更好的思路和方法,鼓励孩子更客观、更全面地自我评估和矫正——这是属于他们的人生。

◎87.孩子的爱心哪里来?

在我们的生活中,的确还有少数孩子生活在“被爱遗忘的角落”,但大多数孩子已经生活在充满爱的环境中了。令人费解的是,不少沐浴着爱成长起来的孩子事实上缺少爱心。用“近朱近墨”的道理似乎无法解释这种现象,难道给孩子爱和照料本身不正是培养孩子爱心的最好方式吗?

▲症结:过量的爱麻木了孩子爱的神经

我们身边许多孩子缺少爱心,并不是因为他们的生活中缺少爱,而是因为他们习惯了享受爱、索取爱。身边成人过量的爱恰恰麻木了孩子爱的神经,钝化了他们对爱的敏感,所以才会有不会感动的孩子,对父母的奉献永不满足的孩子,把无条件满足自己的一切要求作为测量爱的标准的孩子。正像任何一种营养物质的过多摄入都会产生负作用一样,过量的爱在孩子身上也必然产生负作用:排斥或者排泄。

◆他山之石:“爱心”成长的土壤

爱心通常被解释为关怀爱护他人的思想和情感。这种思想情感的源头在于对个体生命先天地物化了他人的劳动和奉献这一基本事实的体认。我们的生活中既有许多不会感动的孩子,也有背着母亲上大学的现代孝子,小小年纪支撑家庭的爱心少年。“穷人的孩子早当家”不断地得到证明,其中一个重要原因就在于孩子从小体会到父母养育自己的艰辛,并由此萌生了分担生活压力的责任感。在“分担家庭生活压力”和“自己的事情别人做”这两种完全不同的生态环境中,有机会分担压力的孩子,更懂得关心爱护他人难道不是很正常的吗?

☆应对策略:给孩子付出爱的机会

在家庭生活条件日益改善的今天,并不是每个家庭都需要孩子分担生活压力。能干的父母主动包揽一切,包括本应属于孩子自己面对的问题。在“全能”的家长面前,孩子失去了付出爱的机会,爱心成长必然缺少助推力。正确的做法是把付出爱心的机会还给孩子,让孩子通过日常生活中点点滴滴的小事,养成付出爱、回报爱的习惯。

这是发生在一个教师之家的真实故事。

3岁半的儿子已经奔跑自如,小胳臂也比较有力气了。一天早晨,妈妈给刚刚起床的儿子提出了一个挑战性的问题:

宝贝,想不想试试自己的力气有多大?

想!妈妈,你叫我干什么?

妈妈想知道你能不能把房间里的痰盂端到卫生间,有问题吗?

当然没问题!

儿子端起了有半盆容量的痰盂,稳稳当当地朝卫生间方向走去。

也许是受到了痰盂味道的刺激,走到一半,儿子恍然大悟:妈妈,你骗人!你为什么叫我倒痰盂!里面又不全是我尿的!

奶奶走了过来:还是给我吧。

妈妈制止了奶奶,并在痰盂边蹲了下来,拉住儿子的小手,看着儿子的眼睛说:宝贝,妈妈没有骗你。我的确想试试你的力气,也想叫你倒痰盂。因为在要求你倒痰盂之前,我要知道你能不能做到。现在看来没问题了,你可以做到。

你说得很对,痰盂里小便不全是你尿的,也有奶奶一份。想没想过,在你能端起痰盂之前,你们房间的痰盂总是奶奶倒的,对吗?

儿子认真地点点头:对。

奶奶不光是为你倒痰盂,还喂你吃饭,帮你擦屁股,带你出去玩儿,帮你做过许多事情,对吗?

对呀!

奶奶为你做过这么多事情,她为什么不委屈?

为什么呀?

因为奶奶爱你呀!

我也爱奶奶!

爸爸妈妈工作忙,是奶奶帮助我们把你带大的。你今天长成小男子汉了,有力气了,该不该为奶奶做点事?

儿子不好意思地笑了:当然了!

那以后你们房间的痰盂该谁倒?

小男子汉!儿子的回答格外响亮。我还可以下楼取牛奶、到食堂买馒头……

奶奶欣慰地笑了,在孙子的小脑门儿上狠狠地亲了一下。

给孩子付出爱的机会,是爱心成长最适宜的土壤。

◎88.孩子的责任感哪里来?

我的孩子上初三了,长得人高马大,也很体面,但就是没有责任感。家对他来说,好像就是免费服务的饭店、旅社,爸爸、妈妈就是义务服务员。不仅倒了油瓶不知道扶,就连自己的袜子、裤衩也得家长帮着找。好不容易达成了"君子协定",承诺每天扔垃圾袋,坚持了3天又不了了之。虽然举手之劳为自己的孩子多干点事是应该的,但孩子老这么下去也挺愁人的。怎样才能比较有效地培养孩子的责任感?

▲症结:最负责任的家长培养了没有责任感的孩子

在过度保护、过分呵护的家庭环境中长大的孩子,缺乏责任感是一个普遍的问题。在某种意义上,恰恰是充满爱心的家长亲手剥夺了孩子责任感成长的机会。当孩子幼小的时候,家长心甘情愿地包办了孩子的一切,孩子任何"承担责任”的尝试都被家长以“帮忙不如添乱多”为由加以阻止:刷碗怕打碎了碗;洗袜子怕弄湿了衣服;擦玻璃怕从窗台上掉下来;擦地板担心拖把杆碰坏了电视屏幕;买东西又怕弄丢了钱……总之,我们有足够的理由拒绝孩子证明自己能力的各种尝试。久而久之,孩子自然不会认为自己还有什么必须承担的责任。所以,几乎所有抱怨孩子没有责任感的家长,都是最有责任感的人。他们不仅承担了本来属于家长的责任,也自觉地承担了本来属于孩子的责任。这听起来是个悖论,但生活确实如此:最有责任感的家长剥夺了孩子责任感成长的机会。

◆他山之石:把生活事件作为培养责任感的教材

日本学者高桥敷先生在他的文化人类学著作《丑陋的日本人》当中,曾经讲过这样一个发人深思的真实故事:当他在秘鲁的一所大学担任客座教授时,曾和一对美国教授夫妇比邻而居。有一天,这对美国教授的12岁的小男孩儿不小心将足球踢到了高桥先生的家门上,一块很大的茶色玻璃被打碎了。发生了这件事,高桥先生和他的夫人按照东方人的思维习惯,估计那对美国教授夫妇会很快登门赔礼道歉。然而他们想错了。那对美国教授夫妇在孩子闯祸之后根本就没出面。第二天一大早,是那个12岁的小男孩儿在出租车司机的帮助下,送来了一块用于赔偿的大玻璃。小家伙彬彬有礼地说:“叔叔,对不起,昨天我不留神打碎了您家的玻璃,因为放学之后商店已经关门了,所以没能及时赔偿,今天商店一开门,我就去买了这块玻璃来赔给您。请您收下这块玻璃,也希望您能原谅我的过失,这种事情再也不会发生了。”理所当然地,高桥夫妇不仅原谅,而且喜欢上了这个通情达理的孩子。他们款待孩子吃了早饭,而且送给他一袋日本糖果。然而,当孩子拿着这袋糖果回家之后,那对美国教授夫妇却出面了。他们将那袋还没有开封的糖果还给了高桥夫妇,并且解释了不能接受的理由:一个孩子在闯了祸的时候不应当得到奖励。在他们看来,12岁的“男子汉”应当学会对自己的行为后果负起他能负的责任了。这孩子打碎了邻居的玻璃,为了赔偿这块玻璃,他几乎花掉了自己储蓄折上所有的零花钱。但是,他决不会因此得到家长一分钱的“财政补贴”。如果他的钱不够的话,父母可以考虑借钱给他,但他必须有自己的还款计划。比如,早晨为周围的邻居送牛奶、取报纸,周末为别人修剪草坪,节约自己每周的零花钱等。这是他为自己的过失必须付出的代价,只有付出这种代价之后,他才能接受这个宝贵的人生教训。

☆应对策略:让孩子有机会为自己感到自豪

责任是人生应有的负荷,否则生命就会遭遇“不能承受之轻”。一个人所能得到的全部认可和荣誉,都和履行责任的努力紧紧地连在一起。承担责任的能力还是生命成长的标志。培养孩子的责任感,家长要努力提供让孩子为自己“自豪”的机会。

尝试着做从来没有做过的事情,是孩子求知欲、好奇心、行动欲望的表现。这种“自己做”的愿望,从小就应该受到鼓励并不断予以强化。

第一,家长可以充分肯定孩子“你真棒!”“你能行!”当孩子第一次要求或主动尝试做某件力所能及的事情的时候,家长只需要把注意事项和操作程序简洁地告诉孩子,把可能发生的情况及时提醒孩子,并真诚地为孩子喝彩就足够了。即便事后需要为孩子“打扫战场”,也比包办代替高明得多。

第二,把孩子通过尝试证明有能力承担的事情逐步转化为一种责任,让孩子感到自己“应该做”。作为家庭成员应该分担家务劳动,作为社区成员应当承担社区义务,作为公民应当承担国家赋予的责任。孩子一旦懂得了这个道理,“接受责任”就有可能成为一种良好的行为习惯,成为证明自己能力发展的契机。

第三,鼓励孩子为自己行为的后果承担责任。冒犯了别人要有勇气承认错误并道歉;给他人或社会造成了财产损坏或经济损失要从自己的压岁钱或零花钱中尽力补偿; 作出了承诺没能兑现应当有合理的解释并做出相应的补偿等。让孩子明白,有些事情虽然家长做起来可能更轻松、更完善,但是,由于不愿意剥夺孩子成长的权利,才必须由他们自己来做。

让孩子有机会为自己感到自豪,是培养责任感的重要途径。

◎89.孩子的好习惯哪里来?

自己没有孩子的时候,常听别人讲:孩子看着自己的好。但是,真正当了父母才发现根本不是那么回事儿。也许是因为和孩子天天生活在一起,缺少审美距离的缘故,孩子身上的毛病父母看得比谁都清楚。平心而论,我们对孩子从小要求还是比较严格的,这些严格的要求也基本上都是对的,但不知道为什么,孩子在生活、学习以及待人接物等方面始终没有形成一套父母所期望的好习惯。既然家长该提的要求都提过了,孩子为什么还会缺乏好习惯?

▲症结:好习惯不是“要求”出来的

所有的家长都希望孩子拥有能受益终身的好习惯。但是,培养好习惯的方法却是简单的说教。事实上,好习惯在很大程度上不是“要求正确”就会自然形成的。正如人的正确思想不会从天上掉下来,不会从娘胎里带出来,不会从脑瓜里长出来一样。泡菜的味道是由泡菜水决定的;孩子的习惯是由家庭和生活社区的氛围熏陶出来的。家长相敬如宾,待人彬彬有礼,孩子容易形成讲礼貌的习惯;家长古道热肠、乐于助人,孩子容易形成热情慷慨的习惯;家长爱岗敬业、忠于职守,孩子容易形成做事认真的习惯;家长起居有节,孩子容易形成良好的作息和卫生习惯。反之,家长信口开河,语言不文明,孩子也容易形成讲脏话,甚至胡说八道的习惯;家长沉湎于不良嗜好,孩子也容易受到消极影响……如果家长总是对孩子提出自己从不打算实践的行为要求,孩子永远不可能把良好的行为习惯化。

◆他山之石:习惯是万物的主宰

我们通常把长期养成的、不易改变的行为、倾向或风俗归类为习惯。心理学认为,习惯是人在一定情景下自动地进行某种动作的需要或特殊倾向。比如,当孩子吃饭之前被家长要求去洗手时,饭前洗手还不是他的习惯,只有当饭前洗手成为他自己的需要,不洗手感到不舒服时,这个动作才真正成为他的好习惯。习惯有好坏之分,但无论好坏,习惯都有巨大的力量。

《历史》的作者希罗多德曾经说过:如果向所有的人们建议选择一切风俗中在他们看来是最好的,那么在经过检验之后,他们一定会把自己的风俗习惯放在第一位。每个民族都深信,他们自己的习俗比其他民族的习俗要好得多。因此也不能设想,任何人、除非他是疯子,会拿这类事情取笑。因为“习惯乃是万物的主宰”。蒙台涅认为:通过哲学不能使智者头脑开窍的东西,通过习俗却能教育普通的百姓。卢梭更加明确地指出:一切法律之中最重要的法律既不是铭刻在大理石上,也不是铭刻在铜表上,而是铭刻在公民的内心里;它形成了国家的真正宪法;它每天都在获得新的力量;当其他法律衰老或消亡的时候,它可以复活那些法律或代替那些法律,它可以保持一个民族的创制精神,而且可以不知不觉地以习惯的力量代替权威的力量。我说的就是风尚、习俗,尤其是舆论。这个方面是我们的政论家所不认识的,但是其他一切方面的成功全都有系于此。

所有这些精辟的论述都表明，无论家长对孩子进行了多么正确的说教，如果没有经历内化为习惯的过程，都不能证明教育已经成功。

☆应对策略：培养好习惯从婴儿开始，从小事入手，以鼓励为主

刚刚出生的婴儿由于尚未“习”，也就无所谓“惯”。所有后来成为习惯的东西，都是后天“习得”的。有的孩子喜欢含着妈妈的乳头睡觉，肯定是妈妈“习惯”用喂奶的方式哄孩子睡觉的结果；有的孩子不好好吃饭，一般是大人追着喂、赶着喂“惯”出来的；有的孩子把哭声作为武器使用，那是屡试不爽的经验……因此，培养好习惯，应当从婴儿开始，从生活中的点滴小事入手，才能让孩子“习惯成自然”。

比如，培养孩子良好的生活习惯，可以从饭前便后洗手、按时作息开始；培养孩子良好的学习习惯，可以从每次集中精力写 15 分钟作业开始；培养孩子文明礼貌的习惯，可以从恰当地称呼家人、邻居开始；培养孩子爱劳动的习惯，可以从整理自己玩具开始等等。当孩子有意或无意中做出符合规范的行为时，及时的肯定或鼓励可以起到正面强化的作用。

对于孩子表现出的不良习惯，矫正的方式应当符合孩子的心理特点和理解能力。比如，与其简单地批评孩子不讲卫生，不如偶尔表扬孩子被子叠得整齐、指甲剪得干净、房间整理得整洁；指出孩子不会保护牙齿，不如和孩子比一比谁更会刷牙；指责孩子乱花零钱，不如鼓励孩子学习储蓄和理财，鼓励孩子把平日的零花钱省下来，在爷爷、奶奶、爸爸、妈妈过生日的时候给他们一个意外的惊喜；在节假日有一次难忘的旅游；给即将分手的同学留下一份怀念；给远方的朋友遥寄一份深深的祝福等等。

正如世界上最伟大的管理原则所言：人总是乐意去做受到鼓励的事情。培养孩子良好的行为习惯，可以提出要求，说明这样做的益处，但更重要的是在这种行为出现的第一时间给予鼓励。

◎90.孩子的自知之明哪里来？

孩子自卑肯定不好，但总是自我感觉“超级良好”，也会让人觉得挺“没数儿”。就算是“骄傲”也得有点资本吧？但我们家的“活宝贝”没有资本也骄傲。本来学习成绩也就在“第二梯队”,愣说人家学习好的孩子是死读书的“小书虫”,智商不一定比自己高;明明被老师批评了,反倒阿Q似的表白“老师的鼻子都被我气歪了”;本来缺少艺术细胞,看到别的同学参加学校文艺活动为班级赢得荣誉,还说人家是雕虫小技;最离谱的是竟然用“大凡天才必有怪癖”为自己不想改正的毛病辩护。怎样才能让孩子有点自知之明?

▲症结:超级良好的自我感觉源于对自我认识不足

自知之明是个人对自己比较透彻的了解,尤其是对自己短处的了解。孩子对自己过高的估计,一般和自我知觉的发展水平有关。在人的成长过程中,一般要经过物我不分,人我不分的阶段,区分人我的阶段,认识自我的阶段。青春期的孩子正处于自我观念形成的关键时期。他们迫切需要得到他人和社会的肯定,进而完成自我接纳。每个人在认识自我时都会存在盲区。如果我们按照心理学的原理把人的自我认识划分为“己知人知”、“己知人不知”、“人知己不知”、“人不知己不知”4个部分,孩子们的后两部分通常要大于成人。这没有什么可奇怪的,人生阅历使然。本来对自己了解有限,又急于肯定自我,眼睛更多地看到自己的优点,遭遇挑战时来点“阿Q”态度,也属于正常的心理防卫机制,家长需要预防的是“自我陶醉人格”。

◆他山之石:自我知觉与自我陶醉人格

伟大的哲学家柏拉图认为,“自知是认识的精髓”。特尔斐神庙最著名的铭文就是“认识你自己吧!”拉伯雷在《巨人传》中写到:人生在世,每个人肩膀上都扛着一个褡子,前面装的是别人的过错与罪恶,所以经常摆在自己眼前,看得清清楚楚;背后装的是自己的过错和恶事,所以从来看不见,也不理会,除了少数得天独厚的人。这说得太有理了。显然,恰当的自我知觉并不容易。

自我知觉是人站在观察者的立场,观察作为认识对象的“我”,从而形成的对自己的基本评价。如果用英语表示,就是“I”注视“Me”,找到“Self”的过程。自我知觉的过程需要“观照”。就像人要看见自己的模样需要照镜子一样。因此,自我知觉必须通过人与人之间的交往,通过对他人的观察和透过他人对自己的评价逐步形成的。在孩子自我认识形成过程中,周围人的看法与评价作用至关重要。如果孩子从小得到太多的宠爱和不切实际的夸赞,很容易自我评价过高,过分自我表现,并对表扬和赞美产生一种依赖;当得不到这种赞美时,为了满足内心的渴望,就会自我表扬,“我的一切方面都是好的”。这种思维定式有可能导致“自恋”,即自我陶醉型人格。

☆应对策略:让孩子给自己画张像

帮助孩子客观全面地认识自己,团体心理辅导中常做的“我的自画像”是非常有效的方法。具体做法是,要求孩子经过认真思考,用一组形容词简要回答5个问题。根据孩子不同年龄阶段,可以选择让孩子自己写出答案,也可以给出一组答案让孩子选择最符合自己的形容词。比如:

父母眼中的我:孝顺、乖巧、倔强、叛逆、省心……

老师眼中的我:聪明、勤奋、活泼、少年老成、调皮捣蛋……

同学眼中的我:热情、开朗、乐于助人、勤奋努力、够“酷”……

朋友眼中的我:忠诚、正直、能够保守秘密、有个性、随和……

我的自我评价:积极、乐观、骄傲、自卑、自我中心……

完成这个作业的过程,也是孩子“以人为镜”观照自己的过程。当孩子看到在不同人的眼里的自己拥有的不同形象时,原来的自我评价可能产生动摇,并作出某些修正,孩子对自己的认识也会变得更加客观、全面。

当孩子通过给自己画像,学习接受一个优点与缺点并存的自我,学习改进和完善自我时,他们的自知之明也开始健康成长了。

◎91.孩子的知人之明哪里来?

孩子上学稍微早了点,整个小学阶段都是大孩子的小跟班,从来没有当过“干部”。由于学习不错,上初中以后,被老师指定为班长。一个学期下来,可把孩子累坏了。好像班里什么事都是他在忙:收发作业、检查值日、排护旗手、组织运动会报名……学习也因此受到一些影响。家长问孩子,班里不是有班委会吗,为什么不是大家分担工作呢?孩子的回答让家长哭笑不得:委员倒是有一大堆,但谁知道他们会干什么?随便分了一下工,结果谁也不当回事,我不干谁干?当班长就得认倒霉呗!原来,孩子压根不了解别人想干什么、能干什么。如果这事发生在开学之初,不了解别人还说得过去,但整整一个学期过去了,班长竟然还不了解班委,这肯定是个问题。估计孩子对其他同学的了解可能更少了。当不当班长倒不是什么大问题，但孩子没有知人之明，将来如何立身处世？

▲症结：不能心中有“事”，目中无“人”

本案例中的小班长显然是有责任心的。作为一个“认倒霉”的班长，他的问题出在心中有“事”但目中无“人”上。造成这种局面不是因为孩子狂妄，认为自己可以包打天下，而是因为他不了解哪些人适合做哪些事，谁能够把哪件事情做得更好。换句话说，处在需要用人的岗位上却不“知人”，“善任”自然也就无从谈起。

◆他山之石：现代管理的金科玉律

没有管理就没有秩序、没有效率、没有和谐。大到管理一个国家，小到管理一个班级、一个家庭，负有管理责任的人事实上只需要做好一件事情：在最合适的时间、最合适的地点，把最合适的人放到最合适的位置上，让他们去做最合适的事情，最好的效益就包含在其中。作为现代领导科学、管理科学的金科玉律，它要求处在领导管理岗位的人知人善任。“知人”是“善任”的前提。“知人之长”通常比“知人之短”更有意义。

☆应对策略：鼓励孩子去发现并欣赏别人的优点

无论孩子今天是否当干部，明天是否做领导，善于发现和欣赏别人的优点都可以使他们终身受益。

第一，任何性格类型的孩子都有优点。自然界没有两片树叶是相同的，人世间没有两个个性相同的人。意志型、情绪型、理智型，独立型、顺从型，外向型、内向型的孩子，各有自己突出的优点和明显的弱点，同一个人在不同的情景下表现的个性心理特征也会有所不同，因此，发现别人的优点长处不应因其个性的弱点而打折扣。

第二，学习成绩处在任何梯队的孩子都有优点。不能因为某些同学考试成绩暂时落后而歧视或排斥他们，忽略他们身上本来拥有的许多长处。在班级活动中，他们同样可以发挥很好的作用并证明自己的价值。

第三，任何家庭背景的孩子都有优点。无论家庭富裕还是贫困、家长社会地位高低、文化教养如何，在完全不同的环境中长大的孩子，都会有自己打着家庭文化烙印的优点。富裕家庭孩子的“出手慷慨”并不能把贫困家庭孩子的“节俭”

比成“小气”；知识分子家庭孩子的“教养”也不能证明工人农民子弟“粗犷爽直”就是“不够文明”，这些只是差别而已。

第四，因为错误或过失受过批评和处分的孩子也有自己的优点。不能让“标签效应”影响了对他们的客观评价。犯错误和改正错误是每个孩子的权利，改正错误和接受教训的过程同时也是成长的过程。而发挥其优势和长处的，也是改正错误的有效手段。

如果孩子正在担任服务同学的某些社会工作，家长应当鼓励孩子用所有同学的优点长处的集合共同实现组织目标；如果孩子尚未被赋予相关责任，也要鼓励孩子坚信“三人行，必有我师”的古训，学会欣赏他人，培养知人之明，并用他人的优点长处作为滋养自己心灵的养料，不断完善自我。

◎92.孩子的竞争能力哪里来？

著名的国情问题专家胡鞍钢教授曾经把我国世纪之交的就业形势描述为“空前严峻的就业战争”。越来越多的青少年家长也经历过或正在经历着下岗失业等生活磨难。竞争已经成为人生无法回避的生存方式。上学、就业、创业、晋升，人生没有一个环节可以避开竞争。这个世界就是为成功者准备的。同样拼了4年，只有当冠军、拿奖牌才能得到承认；同样学习12年，只有考上重点大学才能提高人生起点；同样起早贪黑忙活儿，只有挣了大钱的人才能享受更好的生活。总之，只有战胜别人才能在竞争中胜出。因此，从小培养孩子的竞争意识、竞争能力，已经成为家庭教育的重要内容。但是，孩子常常无法理解我们的一片苦心。要求宽松了，孩子没压力，稍微逼得紧一点，还怕出问题。怎样才能在保证“安全”的前提下培养孩子战胜他人的竞争能力？

▲症结：不能把竞争仅仅理解为战胜别人的残酷搏杀

在现代汉语词汇中，几乎所有用“竞”字构成的词都包含了“争”的意思。竞猜、竞聘、竞选、竞赛、竞买、竞岗等等。通过竞赛争取优胜是竞争的本意。但把竞争仅仅理解为战胜别人、压倒对手的一种残酷搏杀则过于狭隘。无论是奥林匹克运动会上的竞赛，还是商场、职场上的激烈竞争，与强手过招儿的过程都包含了对自身的超越，只不过竞争对手的存在更加激发了主体自身的潜能而已。从这个意义上理解，竞争对手不是敌人，战胜对手也不是竞争的最终目的。没有必要把孩子的注意力过多地引向战胜别人、证明自己的方面。客观上存在的竞争关系无非是对人生的一种砥砺。

◆他山之石：真正的对手永远是自己

胜人者强，胜己者智。这句古老的格言包含了深刻的道理。许多时候，人们把自己的失败归结为竞争对手的强大，这常常是一种遁词。即便是在敌强我弱的战场上，以少胜多、以弱胜强的战例也不胜枚举；选择战略撤退也不是承认失败，而是为了更大的胜利；更何况，战场上没有常胜将军，选择屡败屡战直至胜利的人常常更多胜算。在学业、职业竞争中，也很少有人是被别人打倒的，除非自己选择放弃。如果坚持不放弃，即便是栽了很大的跟斗，仍有东山再起的机会。

2009 年 3 月 23 日，《中国青年报》刊登了一篇时评文章《褚时健的日历》。文章回顾了褚时健 17 年奋斗成就烟王业绩，成为风云人物；67 岁沦为贪污犯、阶下囚；75 岁承包 2000 亩荒山二次创业；81 岁完成了由“罪犯——橙王”的人生过渡，又一次成为焦点人物的过程。褚时健被自己的贪婪打倒和重新站起来的过程再一次印证了人生竞争的真正对手永远是自己的论断。

☆应对策略：摒弃自我设限，鼓励孩子挑战和超越自我

培养孩子的竞争能力，家长需要传授的并不是打败别人的绝招儿，而是鼓励孩子不断挑战和超越自我。

第一，引导孩子摒弃任何形式的自我设限，防止和克服消极的自我暗示。由于懒惰和惯性，孩子有时候会选择退缩，有时候会接受消极的自我暗示。比如，不想做的事情可能会用“我不行”作为理由，或用“我没做过、我害怕”等自我设限。在这种情况下，家长应当建议孩子改变自己的表述方式，用“我不知道自己行不行”代替“我不行”，用“我虽然没有做过，但愿意试试”代替“我没有做过，我害怕”，鼓励孩子尝试突破原来的“自我设限”。

第二，当孩子面对每一个“第一次”时，应当提醒孩子又是一个“成长的机会”，通过尝试，你可以知道自己有多聪明，多能干，多强大。接受挑战，即便是做得不够完美，你也可以学到原来不了解的东西，掌握原来不具备的本领，这本身就是收获。而退缩与回避将一无所获。

第三，引导孩子学会科学、合理地比较。想赢怕输是面对竞争普遍的心态。但孩子们有时比得不科学、不合理。如果只比结果，冠军和第一名永远只有一个，99%以上的孩子都是“失败者”；如果比较过程中取得的进步，则凡有进步即是“成功者”；如果只比别人，永远都会有人比自己更聪明能干，必然产生挫败感；如果和自己的昨天比，成长的感觉也会非常美妙。

第四，帮助孩子了解公平竞争、有序竞争游戏规则，以阳光心态面对竞争。学会尊重竞争对手，虚心学习竞争对手的优点长处，对竞争对手给自己的激励心存感激，主动和竞争对手交朋友，在公平的竞争中共同进步。

第五，在条件允许的情况下，鼓励孩子参加拓展训练、团体心理辅导活动，让孩子亲身体验突破自我和超越自我的感觉，巩固积极的心理定势。

一个乐于接受挑战、敢于超越自我，并能从中感受到生命价值的孩子，将来会害怕竞争吗？

◎93.孩子的合作能力哪里来？

生活在激烈竞争的时代，孩子的竞争精神、竞争能力固然很重要，但是，不懂得团结协作也会给未来的社会适应带来许多隐患。我的孩子自我表现欲望、明星意识很强，但合作意识和协调能力比较弱。竞争班级、学生会、共青团、其他学生社团领袖位置积极踊跃，需要做绿叶扶持别人则心不甘，情不愿；能够拿到名次、出出风头的活动积极参加，需要默默无闻奉献的琐细工作则很少问津。作为家长，我们当然也希望自己的孩子成为众人瞩目的“明星”，但是，我们更知道，没有人可以在一切领域、一切时候都是“明星”，即便是明星，也离不开幕后工作的协助，团结协作能力显然对任何人都是需要的。问题在于，在“独生”、“独养”的环境中怎样培养孩子的合作能力？

▲症结：过分强调竞争扼杀了孩子的合作意识

独生、独养的环境使现在的孩子缺少了早期社会化的伙伴，对于形成合作意识的确是一个不利因素。但托幼机构的普及，在很大程度弥补了这一缺陷。更值得注意的问题是，现在的家庭教育在从各个方面不断强化竞争意识的同时，相对忽略了团结协作意识的培养。当孩子被早早从温暖的被窝里拽出来，坐在父母自行车前座上,穿过半个城市去上高收费的贵族幼儿园时,当父母不惜重金为孩子择校时,“不能输在起点上”的概念已经在孩子幼小的心田里扎下了根;父母对考试成绩和加分特长的关注进一步强化了孩子“输不起”的观念;学校的成绩排名、社会的就业压力无一不在强化孩子们的竞争意识,在全力以赴投入学业竞争的过程中,孩子们习惯了把“关我何事”作为口头禅,合作意识尚未形成已被扼杀。

◈他山之石:不完美的个人与完美的团队

与学习是一种相对比较个人化的行为不同,几乎所有的社会活动都需要合作,包括儿童游戏和家庭生活。

《西游记》里的唐僧和他的3个徒弟是一个“工作团队”。作为个人,他们个个都不完美:唐僧一介书生,肩不能担、手不能提,甚至一日三餐也要别人打点;孙悟空非常情绪化,受点委屈就回花果山;猪八戒贪财好色;沙僧缺少主见……坦率地说,单独依靠他们当中任何一个,都无法演绎出如此惊心动魄的取经故事,单看每个人的缺点毛病,也无法想象他们何以完成如此艰难的事业。但是,不完美的个人却凭借每个人的优点长处构成了完美的团队:唐僧追求永恒理想的虔诚信仰和坚韧不拔的意志品质,孙悟空识妖辨怪的火眼金睛和澄清玉宇的金箍棒,猪八戒的大钉耙和浑身的蛮力气,沙僧的拾遗补缺和任劳任怨,共同保证了取经大业的顺利完成。

一个家庭是一个“生活团队”。有人担当经济支柱,有人担当精神支柱;有人长于挣钱养家,有人精于当家理财,有人乐于营造整洁温馨的环境,有人喜欢设计家庭成员的闲暇……没有家中全体成员的团结协作,平凡的日子肯定过不出滋味。

一个班级是一个“学习团队”。人人遵守纪律,学习环境有保障;大家互相帮助,遇到困难容易克服;人人贡献特长,班级活动会非常活跃……只有人人参与,团结协作,这个集体才有力量,才能帮助每个人成长。

个体不完美并不可怕。完美的团队可以弥补每个人的不足。顺利地达成组织目标,并使个人价值得以实现。

☆应对策略:学会合作从澄清目标和了解自身的局限开始

需要合作的场合,必定有一个个人无法达成的目标。澄清这个目标可以帮助孩子了解合作的重要性。世界已经进入全球化时期，单枪匹马包打天下的时代永远结束了。不仅宏大的战略思维需要调动方方面面的力量才能实现，小小的少先队小队活动也需要孩子们齐心协力。当孩子了解了靠自己的力量不可能一小时擦干净5公里长的马路护栏时，他自然理解了分工合作的必要和自己在集体中应该扮演的角色。

面对需要合作才能实现的目标，应该引导孩子看清自己知识、能力、时间、精力的局限，承认这种局限性是尊重和接纳他人的心理基础。当一个人认为自己样样都行时，通常不懂得谦卑，不会尊重他人。一旦认识到自己在许多方面需要仰仗别人、依靠别人的支持，才能合作共赢，他就会彻底放弃"骄傲"的态度，把团结合作作为生活的"常态"予以接受。

平凡的家庭生活可以给孩子提供学会合作的第一平台。比如，星期天大扫除家庭成员应分工协作，合理分配给孩子力所能及的任务，并要求每个人对自己承诺的任务负责。平日家庭事务要养成合理分担的习惯，并设置"责任提醒机制"；鼓励孩子在学校积极参加团队活动，在集体中发挥自己的作用并体验价值感；在居住的社区带领孩子积极参加公益劳动和社区文化活动，让孩子体会社区成员团结协作对于建设和谐社区温馨家园的意义和作用。在这个过程中，孩子会明白"众人拾柴火焰高"、"众手浇开幸福花"的道理，逐步养成团结合作的习惯。

◎94.该不该鼓励孩子做学生干部?

孩子上小学的时候，看到别的小朋友胳膊上别上了两道杠、三道杠非常羡慕。上中学以后，对各种各样的"官衔"就更感兴趣了，动不动就跃跃欲试，要竞选一把。还美其名曰：如果我连参与的勇气都没有，怎么证明自己？好像不掺和掺和就会被别人忘了似的。说心里话，当家长的倒宁愿孩子一心一意读好书。毕竟升学才是硬道理，考上好大学才有好前途。当然，现代社会已经进入能力本位的时代，文凭和水平、知识和能力都重要。问题是孩子小小年纪有没有必要忙着去锻炼也许十几年、二十年后才用得上、也有可能是一辈子也用不上的领导管理能力？所以，真拿不准该不该鼓励孩子当学生干部。

▲症结:不能把做学生干部的目标过分功利化

学生时代担任各种青少年组织或学生集体的小干部,对于孩子的健康成长是有价值的尝试。但是这种价值不能简单地等同于“使用价值”。比如,我们欣赏达·芬奇的绘画、米开朗琪罗的雕塑、贝多芬的乐曲等,对于我们陶冶情操、提升审美趣味很有价值,但不等于这种欣赏一定能把我们变成“大师第二”。孩子做学生干部,对于他们了解现代社会的组织方式、熟悉社会参与途径,弄懂领导被领导、管理被管理的关系,了解领导即服务的现代管理理念等,具有多方面的实际意义,但做学生干部不一定成为将来做总统的预演。所以,对于孩子是否做学生干部,家长首先要克服过于功利化的观念,否则无法给孩子正面的引导。

◆他山之石:做学生干部有“得”亦有“失”

在全面推进素质教育的今天,讨论学生该不该当干部已经没有必要。因为一方面学生自我管理客观上需要一支学生干部队伍,另一方面做学生干部的经历本身就是对学生综合素质的锻炼。从整体上看,应当承认做学生干部“得大与失”。得出这一判断的依据至少有以下3点:

第一,做学生干部可以强化自身的榜样意识,提高学生的自律水平。俗话说,“打铁先要自身硬”,“其身正,不令而行;其身不正,虽令不从”,“喊破嗓子,不如做出样子”。学生干部本身不具备教师所拥有的“当然权威”,要想在同学们当中有号召力、凝聚力,以身作则、率先垂范几乎是学生干部的唯一选择。尤其是作为班干部,如果在学习成绩、纪律状况等基本的问题上不能服众,就很难得到同学们发自内心的敬重。因此,这种来自外部的压力和青少年学生内在的自我完善的欲望相结合,往往使学生干部比一般同学更注重自身的形象,更自觉地严格要求自己,因而在各方面也往往能取得比一般同学更快的进步。

第二,做学生干部可以得到更多的锻炼和发展机会。智商相似的学生,担任或不担任学生干部对情商发展水平有着明显的影响。现代社会既需要竞争又需要有效的合作。非智力因素对人的成功往往有着更为重要的影响。学生干部作为沟通学生与学校、教育者与被教育者的纽带与桥梁,大量的组织、协调工作可以锻炼学生干部与上下左右打交道的能力,对其将来的社会适应带来的好处是不言而喻的。近年来,在双向选择的劳动就业市场上,那些有过学生干部经历的年轻人,在公务员考试、招聘面试中也往往表现得更为自信和从容不迫,这从一个侧面证明了学生干部得到的锻炼对其未来的发展产生了积极有益的影响。

第三,做学生干部有助于形成强烈的社会责任感。干部的责任在于领导与管理。领导与管理的目标对学生干部社会责任感的形成产生着重要的催化作用。在近代中国历史上,从"公车上书"呼吁变法维新,新文化运动中不遗余力地传播新思想、新文化,到"五四运动"掀起全民爱国运动高潮,莘莘学子中崭露头角的学生领袖,许多人都以"位卑未敢忘忧国"的强烈的社会责任感,为唤醒民众、推动社会变革做出了重要贡献。热爱祖国、报效社会事实上也是近代中国学生运动、青年运动光荣的革命传统。学生干部较之一般同学更容易接受我国青年运动优良传统的熏陶,并发展自己健全的社会责任意识。

做学生干部,肯定要付出。有得必然也有失。"工作需要"和自身学习这一对矛盾也会给学生干部带来许多困扰:全心全意为"大家"工作,会占用属于自己的学习时间;自身学习受了影响又会损害学生干部作为学生表率的形象。结果是一失时间,二失威信,三失自尊。从许多学生干部的实际情况看,兼职越多,在学生组织中职务越高,对自身学习的影响越大。

☆应对策略:找准定位、分清主次,量力而行、尽力而为

孩子做学生干部,"工"、"学"关系真的是"鱼"和"熊掌"不能兼得吗?怎样才能既保证学业,又得到组织领导能力方面的锻炼?下面的建议许多已经是经验之谈。

第一,要引导孩子给自己准确定位,分清主次:学生干部首先是学生,其次才是干部,两者之间的主次关系是不能颠倒的。当完成学业已经力不从心时,孩子有权利选择暂时不做学生干部。通常情况下,学校也会考虑让学有余力的孩子承担更多的责任。在素质教育并非走过场的学校,学生干部要取消"一贯制",采取"轮换制",按照"公开、公平、竞争、择优"的原则,给所有的同学平等竞争的机会,并明确规定每届任期时间,已经成为通行的做法。这样做的好处是,既能给更多的同学锻炼提高的机会,又能有效防止社会工作过于向少数人身上集中所造成的"负担",还可以淡化学生的"官本位"意识,使更多的学生在服务于他人的社会工作中学会尊重他人的服务,服从他人的管理,形成社会合作意识。

第二,建议孩子做学生干部时尽可能少兼职。不要班干部、团队干部、学生会干部一起扛。如果担任主要领导职务,如班长、团支部书记、学生会主席等,则应当学会通过明确细致的分工,发挥大家的作用,将每个人负荷的具体工作控制在不影响学习的范围内,既要尽力而为,又要量力而行。

第三,引导孩子努力淡化做学生干部的“个人功利意识”。经常提醒孩子:学生干部是学生自我管理的岗位,锻炼能力的岗位,提高综合素质的岗位。当学生干部决不应当成为谋取个人利益的筹码,更不应当成为争“三好”、争保送生资格、争奖学金,争入团、入党机会的“跳板”。对孩子无意中可能滋长的“投机心理”和“优越感”,要防微杜渐。

◎95.怎样指导孩子制定生涯发展规划?

孩子马上就要考大学了,家长去过不少招生咨询会,各种各样的招生宣传把家长搞得眼花缭乱。带回一大堆招生简章,根据学校档次分门别类地整理出来,想听听孩子的想法,没想到孩子就说了5个字:没什么想法。家长愕然之余有点不甘心,至少将来想干点什么总得有个方向吧?孩子的回答更叫人发蒙:我什么都没干过,怎么能知道自己将来想干什么?这回家长不仅仅是愕然了,更有了一份深深的担忧:就这么稀里糊涂地没个目标,考上大学又能有多大出息?

▲症结:孩子对未来“没想法”,源于生涯教育缺失

对未来没有想法的孩子,在现代社会不是少数。造成这种状况的原因主要来自两个方面。一是应试教育把孩子变成了死记硬背现成知识和考试竞争的机器,他们无暇顾及更广阔的世界以及未来社会对人才的需求;二是家庭、学校、社会教育中,长期缺乏系统的生涯教育。因此,上小学是为了升初中,上初中是为了考重点高中,上高中是为了考大学,至于考大学的目的是什么,所有的人都不约而同地把它留给“考上大学以后”了。于是,许多孩子上大学的志愿仍然由父母代选或老师建议。把上大学当成目标,结果是上了大学反倒失去了目标。大学里有多少“找不到感觉”的学生,也同时意味着有多少孩子成长过程中缺了生涯指导这门至关重要的人生课程。

◈他山之石:生涯与生涯教育

“生”就是活着,“涯”就是“边际”,生涯泛指人生。不同的人生阶段,生涯发展的任务不同。学生时代的主要任务是身心健康成长、增进知识、提升基本能

力,为未来职业生涯做好准备。因此,生涯教育应当包括生涯认知、生涯探索、生涯规划、生涯准备4个不可缺少的环节。其中,生涯认知是通过带领孩子走近三百六十行,直观了解不同行业、不同岗位对社会的贡献和对从业人员的素质要求,增进孩子对不同社会职业的了解;生涯探索是通过各种社会调查和亲身体验普通劳动者的生活,引导孩子发现自己的中心兴趣和不同职业的契合程度,培养孩子初步的职业兴趣;生涯规划是鼓励孩子根据社会需要和自身兴趣,选择自己未来发展的方向和道路;生涯准备是指导孩子按照既定目标对自己的学习和实践作出具体安排并付诸实施。在决定选择接受中等职业技术教育或高等教育之前,澄清自己的生涯发展目标,对于社会、家庭、青少年自身都具有非常重要的现实意义。

当今世界,几乎所有发达国家都有完备的生涯教育和职业指导体系。改革开放以来,我国高等学校和发达地区的中学开始重视青少年生涯教育和职业指导,对初中毕业生分流起到了积极作用。但是,由于尚未形成完备的生涯教育体系,目前难以实现普惠的目标。因此,家长的生涯指导仍然具有不可替代的作用。

☆应对策略:带领孩子逛魔术超市,鼓励孩子自己选择未来

生涯教育应当从娃娃开始。当孩子用"我长大了要如何如何"的句型表达对未来的希冀时,家庭生涯教育就应当同步跟进。在九年制义务教育结束之前,家长和孩子应当尽可能多地讨论不同的职业以及对人的素质的要求,并以此了解孩子的兴趣。虽然这一阶段真正意义上的职业兴趣还无从谈起,但孩子表现出的职业偏好和能力优势会成为将来职业选择的重要基础。

初中毕业是孩子生涯发展的关键时刻。根据家庭供养能力、社会需求和孩子自身发展的需要,相当一部分孩子应当选择接受中等职业技术教育,成为普通劳动者队伍的后备力量;学业成绩良好、有继续学习深造愿望的孩子,可以选择考高中、上大学,甚至读研,按照未来社会管理者、领导者、高级专业技术人才的要求继续深造。此时的家庭生涯教育,应当鼓励孩子澄清自己的生涯发展目标,即:我要成为什么样的人,我要干成什么样的事,为了实现这样的人生发展目标,我需要接受怎样的教育,制定怎样的生涯发展规划。

当孩子面对诸多的人生选择感到困惑时,家长不妨带领孩子逛一回"魔术超市",让孩子在所有美好事物中选择自己最看重的5种事物,通常这种选择会包括成功的事业、甜美的爱情、美满的家庭、优裕的生活、健康的身体、良好的人际关系等等。然后,明确告诉孩子,人生的不如意十有八九,假如不能同时拥有这些美好事物,你会首先放弃什么,其次放弃什么,最后为自己保留什么。无论孩子作出怎样的选择,他都是在价值观层面上对自己进行了一次认真的透视,对主动地选择未来具有不可估量的意义。在经历放弃,体验"被剥夺感"的过程中,孩子会学会"珍惜"自己目前拥有的一切,负责任地规划自己的未来。

◎96.怎样指导孩子"管理"自己的时间?

孩子没有时间观念是家庭教育中一个很大的问题。小时候,入托上学得从被窝里往外拖;稍微长大点,磨磨蹭蹭写作业又成了难题;好不容易熬到上中学、上大学,家长觉得孩子该懂事了,又开始没白没黑地上网玩游戏,好像完全不知道是在浪费自己的生命。怎样才能帮助孩子管好自己的时间?

▲症结:时间常常是孩子思维的"盲点"

时间之于老人,意味着生命的流逝;时间之于成人,意味着白驹过隙,尽不完的责任,做不完的事情,常常使人想把时针倒着拨;时间之于孩子,恰恰是思维的"盲点"。正是因为他们拥有数不清的明天,所以正如挥金如土的亿万富翁不珍惜金钱一样,孩子们多半也不会珍惜自己的时间——直到年华老去、追悔莫及之时。

◆他山之石:假如时间是一个容器

曾经读到过这样一段小故事,作者已经无从考证,但其中包含的哲理让人无法忘怀:时间管理专家给学生讲怎样管理时间。桌子上放着一只空空的玻璃缸。老师小心地往缸里放进一些石块,直到石块高出缸口,然后问学生,这只缸满了吗?学生看法不一;接下来老师又往缸里放进一些小石子和沙砾,再问满了吗?大多数学生觉得差不多了;老师再往缸里倒进一小口袋细沙,当细沙和原来的石头沙砾在缸口形成一个锥体时,所有的学生都认为缸已经装满了;出人意料地,老师又拿出一大瓶清水,顺着缸壁小心地注入已经装满的缸中。笔者转述这个故事时,常常在结尾处再增加一次填充:用彩色喷筒给已经装满的玻璃缸加上一个五彩斑斓的蘑菇帽。

这个故事可能让许多人领悟时间管理应当集腋成裘的道理，但是，只有很少的人同时领悟到填充的顺序不同，结果也会大相径庭的含义。

☆应对策略：既要集腋成裘，更要保证优先项目

时间是组成生命的材料。时间的不可逆一如生命不可逆。生命的有限性决定了人们对待时间的态度与生命价值量的大小直接相关。珍惜时间的人可以用一辈子的岁月成就常人两辈子、三辈子难以企及的业绩；漫不经心地对待时间的人大多数会蹉跎岁月、一事无成。

那么，如何才能教会孩子科学地管理时间？

第一，要鼓励孩子高效率地利用宝贵的时间。比如，早晨起床后到离开家之前的时间，可以边处理个人生活问题边听新闻广播或听英语课程；课前预习可以提高听课效率；利用课间休息与老师和同学讨论没有当堂消化的内容，可以大大节省写作业的时间等都是集腋成裘的高招儿。

第二，要鼓励孩子有计划地使用自己的时间，优先安排“生命中的大石头”。在有限的时间容器里，每个人都有权利优先安排更有分量的事情。学生时代需要优先保证的是学习时间、休息时间、锻炼时间，这是保证实现人生阶段发展目标的必然要求，其次才是娱乐休闲时间。按照这样的顺序安排时间表，可以达到时间管理的效益最大化、遗憾最小化目标。

第三，引导孩子给自己设置“时间管理监视器”。每年年初，送给孩子一本小台历。每周一页、每天一行的设计即可。要求孩子每天晚上睡觉之前，用30秒的时间思考一下“明天我的时间优先项目”，用简单的几个字在台历上记下来，给自己一个提醒。倘若孩子能坚持做一周，他会发现自己的做事效率明显提高；如果能坚持一个月，他会发现自己找到了足够的时间去做过去一直认为没有时间做的事情；如果坚持一个学期，则可能养成终身受益的珍惜时间的好习惯。

◎97.怎样指导孩子应对人生的挫折？

生活好了，保护多了，孩子好像更脆弱了。可能是受传统的性别角色影响较深的缘故，许多家长特别看不上现在孩子的娇嫩。遇到困难就放弃、遇到点挫折就退缩，有事就推给家长去“摆平”，男孩子受了委屈连哭声都缺少点阳刚之气。更有甚者，为鸡毛蒜皮一点小事儿，动不动还离家出走甚至死给你看。提高孩子的承受和应对挫折的能力，是家庭教育无法回避的问题。

▲症结：从小被剥夺了体验挫折的机会，抗挫折能力很难成长

青少年的脆弱常常与童年时代过多的保护有关。许多家长把不让孩子感到缺乏，不让孩子感到“为难”作为自己义不容辞的责任，包揽了孩子成长过程中遇到的所有问题，也剥夺了孩子体验挫折的机会。孩子和小朋友争玩具，家长一句话：咱不稀罕，妈妈给你买个更好的！于是，孩子不再需要体验“得不到”挫折感，也不需要经历协商与妥协达成目的的艰难过程，问题已经被妈妈买单解决了；孩子不喜欢班主任老师，爸爸就动用社会关系给孩子“换”个班主任，于是，孩子也不需要体验“不被老师理解”的挫折感，不需要学习与不同老师相处的技巧了；孩子闯了祸，本来应该受到法纪处罚，家长出面为孩子“抹掉污点”，于是，孩子不需要经历重大人生挫折带来的痛苦体验就“轻松过关”，庆幸之余又能学会什么呢？

◆他山之石：挫折及其两重性

从比较通俗的意义上看，挫折就是失败。大到战场上的失利、航天飞机失事、科学探索证明此路不通，小到单元考试不及格、学习驾驶把车开进了路边水沟，都会带来挫败感。从心理学的角度，挫折是从事有目的的活动遇到障碍和干扰，导致动机不能实现、需要不能满足时的一种情绪状态。挫折通常来自两个方面，一是个体无力抗拒的外部原因引起的挫折。比如恶劣的环境，他人设置的障碍等；二是自身缺陷和弱点引起的挫折，如身心不健康、知识能力不如人、在竞争中处于劣势等。需要得不到满足、行动达不到目的、丧失曾经拥有等，都会导致挫折感。但面对同样的处境，是否产生挫折感，还取决于个人的抱负水平。比如，同样考了 85 分的成绩，有的孩子喜出望外，有的孩子会感到“很失败”，原因就在于他们对自己期待不同，目标高度不同。

挫折本身具有两重性。一方面，它打击人的情绪，让人沮丧、痛苦，甚至对自己、对从事的工作或事业丧失信心；另一方面，它也可以激励人的斗志，指引人们寻找失败的原因，总结经验教训，为成功积累经验。“失败是成功之母”的结论即由此而来。更准确地说，只有对于不怕失败的人、对越挫越勇的人，失败才是成功之母。

☆应对策略:让孩子经历挫折,接受挫折,战胜挫折

孩子成长的过程总会伴随各种各样的挫折体验。家长没有必要人为地“创设挫折情境”。当孩子学业受挫、竞争班干部落选、自尊受损、友谊破裂、人际关系失和,以及出现不慎过失的时候,他们事实上都在经历挫折。对于诸如此类的问题,家长切忌急于“出手相助”。让孩子经历挫折,是认识挫折、学会应对挫折的第一步。孩子有权利为自己遭遇的挫折感到痛苦悲伤,有权利学习自己舔伤口的本领,在孩子经历挫折时,家长要做的第一件事情就是陪伴孩子,让孩子感觉到关心和信赖,感觉到自己并不孤单。

人在挫折中必然会思考许多问题。面对现实、承认失败、尝试接受这个不理想的结果,是迈向建设性方向的关键。当孩子陷入痛苦思索过程时,家长要做的是推动孩子向前看。已经发生的事情不可改变,尚未着手的事情可以预期,既然太阳每天都是新的,今天的任务肯定不是追悔昨天,而是迎接新的太阳,创造新的自我。鼓励孩子从挫折和失败中找到经验教训,孩子可以从中积累战胜挫折的力量。

面对孩子的挫折和失败,家长不可以责骂、训斥。和孩子一起分析原因,鼓励孩子在跌倒的地方勇敢地爬起来,以越挫越勇的精神去迎接挑战、粉碎前进道路上的障碍,比任何责罚更有效。

在日常生活中,要特别注意孩子意志品质的培养。良好的抗挫折能力来源于顽强的意志。宋代著名的文学家苏轼综观豪杰先贤之业绩,曾经深有体会地说,古今立大事者,不唯有超世之才,亦必有坚韧不拔之志。在我国源远流长的文化传统中,富贵不淫、贫贱不移、威武不屈的志士仁人始终是整个中华民族的人格榜样。在人类文明的历史上做出过卓越贡献的人,大多也都是意志顽强、锲而不舍的人。现实生活中,最成功和最落魄的人之间的显著性差异,常常也并不表现在智力活动能力方面,而集中表现在自信心、进取心、工作热情、坚韧精神等非智力因素方面。显然,由决心、信心、恒心三个相互联系的阶段构成的意志过程,既可以帮助人们抵制不符合行动目的的主观因素的干扰,又能够帮助人们持久地维持已经开始的符合目的的行动。下决心要做,有信心做成,遇到困难挫折有恒心坚持到底,“胜利常常在于再坚持一下的努力之中”,道理正在于此。因此,对孩子在日常生活中表现出的良好意志品质的萌芽,要及时给予肯定。从孩子第一次单独睡觉、第一次自己吃饭、第一次独立地解出一道难题，到勇敢地面对伤痛和治疗，家长及时的表扬和鼓励都具有特别重要的意义。特别是孩子在实现理想的道路上艰难跋涉之际，家长及时的鼓励与鞭策对坚定他们奋斗的信念常常是最重要的支撑。

◎98.怎样指导孩子适度表达和宣泄情绪情感？

在许多家庭，孩子情绪不稳定已经是困扰家长的一大难题。尤其是孩子进入青春期、父母进入更年期的家庭，由于情绪表达引发的矛盾和冲突不胜枚举。

孩子写完作业从自己房间出来，满脸疲惫。

妈妈关切地问了一声：作业写完了？

都几点了，再写不完，你想累死我呀！

孩子的回答带着明显的不耐烦。

这孩子，真不知道好歹。妈妈给你做了银耳莲子羹放在微波炉里，就想知道该不该现在去加热，谁想要累死你了？真是的！

妈妈的口气里多少有了一点抱怨，但还是打开了微波炉。

我不想喝什么羹，就想睡觉，不行吗？

孩子不仅不领情，好像还带着一股无名火。

已经热好了，喝了再睡！

妈妈的口气关切中带着命令和亲昵。

谁热的谁自己喝！

嘭的一声，孩子甩上了自己的房门。留下莫名其妙的妈妈独自伤心。

也许孩子只是累了，也许作业完成得不顺利，也许孩子正在为其他事情烦恼，但无论如何，这种任性的情绪表达都会给家长带来困扰。

▲症结：情绪情感发育水平与教养环境都会影响孩子的情绪表达

人有七情六欲，也有表达情绪情感的权利。孩子不会恰当地表达情绪情感，通常与自身的情感发育水平以及一直生活在其中的教养环境有关。从婴幼儿到成人，情绪情感的发展是一个由单一到多样，由原始、简单的基本情绪到复杂高级情感的连续过程。从不成熟到成熟是孩子情绪情感发展必经的阶段。情绪的两极化、大起大落是青春期情绪情感发展的突出特点。另外,不同的教养环境对孩子情绪情感发展影响很大。在和睦的家庭环境、情感成熟的父母身边长大,孩子情绪情感发展一般比较平稳健康;而从小在孤儿院长大,或被父母排斥的孩子,容易出现情绪剥夺问题,表现为不善交往,对他人的态度难以作出恰当的回应,严重的可以发生孤独抑郁症状;从小生活在溺爱、冲突、不良影响较多的环境中的孩子,更容易随情任性,自我中心等等。

◆他山之石:情绪、情感及其障碍

积极的情绪情感是成功的动力。生活的常识告诉我们,一个严重厌学的孩子不会成为好学生,一个讨厌本职工作的人也不会成为同行中的佼佼者。“热爱是最好的老师”。正如列宁所说,没有人的感情,就从来没有、也不可能有人对真理的追求。这一观点几乎适用于所有的领域。一般情况下,人的情感表现形式有层次高低之别。激情、心境、热情属于情绪状态,是比较基础的情感;理智感、道德感、审美感则是上升到情操层面的社会情感。适当的激情、愉快的心境、饱满的热情是人们从事一切活动的心理基础,情操则是推动人们从事有意义的活动的动力。在智力水平同等的情况下,人的情绪越稳定、情感越健康、情操越高尚、对从事的活动越有热情,成功的概率也就越高,这已经成为一条普遍的规律。

情绪成熟意味着对自己有信心,对他人有信任,愿意承担人生责任,能够用理性的态度认识和解决问题,表达情绪的方式符合自己的年龄身份要求。

常见的情绪情感问题包括以下几种:一是没有明显诱因的情绪不稳,需要进行医学诊断;二是由于情绪压力或刺激引起的不同程度的情绪创伤,需要进行心理疏导;三是情绪情感活动变态、失常,形成情绪情感障碍,需要进行心理诊断和治疗。

☆应对策略:培养、宣泄与专业咨询

面对孩子随时变化的情绪情感和可能产生的各种问题,家长的应对策略有三:

第一,努力培养孩子积极的情绪情感。孩子有自己的喜怒哀乐,无论在成人看来它们是多么微不足道。家长必须善于倾听,及时了解孩子情绪变化的原因,给孩子提供温馨的家庭环境、宽容的心理环境,引导孩子逐步学会对不以自己意志为转移的外部刺激作出适度的情绪反应,为值得高兴的事情而欢乐,为应该痛苦的事情而忧伤，为值得愤怒的事情恰当地表达自己的气愤，并逐渐形成"不以物喜，不以己悲"，"先天下之忧而忧，后天下之乐而乐"的高尚情操。

第二，引导孩子合理宣泄消极的情绪情感。许多发达国家在学校和职场专门辟出了情绪宣泄室，放置沙袋、橡皮人作为攻击目标，供人宣泄情绪使用。对于性情暴躁、习惯动手的孩子，房间里有个沙袋充当"替罪羊"，可以避免许多暴力行为的灾难性后果。宣泄消极情绪渠道很多。可以引导孩子向父母、朋友倾诉内心的苦闷，可以鼓励孩子写日记、画画、弹琴等宣泄自己的情绪，也可以引导孩子通过体育活动或家务劳动释放内在的压力等等，只要不妨碍别人，不违反社会规则、不影响孩子身心健康，都可以尝试，直到找到"最适合自己"的宣泄方式——这将使孩子终身受益。

第三，指导孩子寻求专业心理咨询。情绪情感障碍属于心理障碍，需要专业人士帮助。当孩子被比较严重的情绪情感障碍困扰难以自拔、家长一般性疏导难以奏效时，应当考虑专业的心理诊断和治疗。专业的心理咨询机构和正规医院的心理咨询门诊应当成为首选，尽量不要在第一时间就把孩子带往精神病医院，以免造成不当的心理暗示。家长应当给孩子提供关于心理健康的基本常识，帮助孩子明白："我咨询，我健康"是现代人应有的健康理念。心理问题是人人都会遭遇的，在专业人员帮助下，走出心理困扰，恢复常态是明智的选择。

◎99.怎样培养孩子自律人格？

古人讲，上等孩子用"眼"教，中等孩子用"话"教，下等孩子用"棍"教。

每个家长都希望孩子看到师长的眼色就知道自己的对错，但事实上，真正自觉、自律的孩子并不多。对于有些孩子来说，家务活儿是给父母干的；作业是给老师写的；考试没有作弊不是因为不想，仅仅是因为害怕麻烦……师长的眼色算什么？有时候，家长老师磨破嘴皮子也改不了孩子一个小小的坏习惯。怎样才能让孩子养成自觉、自律的好习惯？

▲症结：不了解"自律的好处"，自律的习惯无从谈起

孩子不自觉、不自律，一个重要原因在于很少有人告诉他们自律的好处。从小被大人"规矩"长大的孩子，清楚地了解违反规矩的"坏处"：违反家规爸爸妈

妈打屁股;违反校规老师批评、学校处分;违反社会道德规范受舆论谴责;违反交通法规警察叔叔罚款;违反法律坐监狱,可能还会失去生命……但是,遵守所有这些游戏规则,个人可以得到哪些好处和方便,孩子却不甚了了。趋利避害是人的本能。而我们历来的规则教育,常常只偏重了避害的方面,而忽略了更重要的东西,孩子自律的习惯缺乏成长的土壤,这是需要吸取的教训。

◆他山之石:自觉、自律、自由与自律人格

因自己有所认识而觉悟叫"自觉"。比如,孩子认识到纪律是学习秩序的保障而遵守纪律,就是"自觉遵守纪律";心理学讲的自觉性,则是一种良好的意志品质。当人们认识到行动的目的,在正确观念的指导下,主动调节自己的行为,坚定不移地朝既定目标前进时,就表现出自觉性。自律即自我约束。自律可以是个体行为,也可以是集体行为。孩子在无人监督的情况下也能够认真完成作业、按时作息,是个体自律;一个班级在无人监考的情况下,也能做到没有人作弊,是集体自律;一个民族重诚信,夜不闭户、路不拾遗,则是民族的自律。

真正的自由也是建立在自觉自律基础上的,而自觉自律的逻辑前提是对规则的认同。正如歌德的一句名言:一个人只要宣称自己是自由的,就会同时感到他是受约束的,如果他敢于宣称自己是受约束的,他就同时获得了自由。几乎所有法制国家,都把自由解释为"做法律允许做的一切事情的权利"。可见,承认规则、自觉遵守规则,是通往自由的必备条件。

自律人格的形成意味着个体在深刻认识"他律"规则存在的合理性和必要性的基础上,自觉地内化这些规则,实现自我教育、自我管理、自我约束,最终达到"从心所欲而不逾矩"的境界,获得真正自由的过程。培养自律人格,是一切教育的最高境界。

☆应对策略:孩子自律人格的三个步骤和一个榜样

第一,拒绝孩子的不合理要求是培养自律人格的逻辑起点。欧洲哲学家费尔巴哈曾经说过,人"一半是野兽,一半是天使"。自然、社会、思维三位一体的人之本性,决定了孩子的许多欲望带有与生俱来的本能冲动的性质。而社会化的一个重要目标也正在于用健全的理性约束人的原始本能,使之符合特定的社会规范,从而有效地防止人们由于本能冲动而伤人误己。人是一个可教的动物。人的高贵之处正在于,通过教育他不仅能够清楚地知道自己能做什么,而且同样清楚自己不能做什么。这种教育则应从摇篮开始。比如,对婴幼儿独占母爱的欲望(这种欲望通常以哭闹、缠人的方式表达),必须温柔、委婉,但坚决地拒绝。对于尚不具备语言表达能力的孩子来说,他们只能以哭声为武器与家长和成人谈判。哭闹可以表明孩子有引起成人关注的愿望,但并不能证明孩子的要求都是合理的。无原则的迁就会传递给孩子一个错误的信息,即:哭闹可以达到一切目的。随心所欲、为所欲为的人格倾向就是在这种最早的"人生经验"中形成定势的。再如,许多家长都有为了避免大庭广众下的尴尬,在孩子软磨硬泡面前让步,买回多余的玩具的经历。其实,比买了多余的东西更可怕的是助长了孩子贪婪的欲望。所以,明智的家长在孩子尚幼之时,就会像清除花园里的杂草那样,细心地刈除偶然冒出的不合理欲望的萌芽,使孩子从小学会分清合理要求与不合理欲望的界限,并在不合理要求遭到拒绝时能够坦然地接受合理的现实。当然,在做这种拒绝时既要坚决,又要委婉。根据孩子的理解和接受能力,可以分别采取转移注意、有意忽视,或晓之以理等不同的方式。决不能用许愿欺骗、粗暴打骂的方式制止孩子的不合理要求。否则,孩子在压抑一种欲望的同时,可能又为另一种同样不良的欲望所诱惑。家长拒绝的方式越是合情合理,对孩子人格发展的效果也会越好。

第二,锻炼孩子的自理能力是养成自律人格的必经之路。被戏称为"小太阳"、"小皇帝"的当代独生子女,从小习惯了"众星捧月"、"重点保护"的生活环境。"川"字形的睡眠方式、"众人拣菜"的进餐方式、"衣来伸手"的着装方式、"车接车送"的"走"路方式,客观上造成了睡觉有人盖被子,吃饭有人端盘子,穿衣有人扣扣子,上学有人蹬车子这样一种"万物皆备于我"的行为定势。许多孩子由此产生了一种误解,以为生活就应当是他们习惯的这种样子。与我们的做法不同,一些西方国家的父母从小就把孩子作为独立的生命个体予以尊重。在他们看来,家长代劳孩子自己有能力做的事情,是对孩子自身能力的一种蔑视和不信任。从娃娃摔倒了鼓励他们自己爬起来,到衣食起居的自我服务,都被看成是理所当然的事情。偶尔得到家长帮助,孩子便自然生出一份感激之情,"谢谢"当然是免不了的。不仅如此,有些家长还根据孩子的能力发展水平要求他们从小养成分担家务劳动的习惯。在这样的教养环境中,孩子较早地体味到自己动手的乐趣和成功的喜悦,培养了自理的能力和自立的意识,这对孩子一生的发展都具有至关重要的意义。孙云晓先生在《夏令营中的较量》所作的描述,与其说是对孩子行为模式的比较,不如说是对不同的教养方式的透视。离开了父母的庇护就不会生存,离开了成人的指令就手足无措,这一问题的严重性早已为有识之士所共睹。要自立、自律,须先自理。而自理的行为习惯不是等成人之后,而是在从零开始的家庭教育中熏染而成的。因此,锻炼孩子的自理能力实在是培养自律人格的必经之路。当然,孩子学做事肯定不会一下子达到成人水平,家长且不可因孩子“帮忙不如添麻烦多”而剥夺他们“迈出第一步”的权利。

第三,要求孩子对自己的行为后果负责是培养自律人格的关键环节。从法理意义上讲,未成年人行为的社会后果应由其法定监护人(首先是其父母)负责。但是,这并不意味着孩子不需要学会对自己负责。因为健全的权利义务观念不会从天上掉下来,不会从娘胎里带出来,更不会从脑袋里自己长出来。如果18岁以前的教育有缺陷,年满18岁的青年决不会自然而然地成为合格的好公民。要求孩子从点滴小事做起,学会对自己的行为后果负起一份道义上的责任,正是为孩子适应未来生活打下了坚实的基础。但令人遗憾的是,许多家长至今仍然习惯于代劳孩子有能力自己负责的一切。这样做的结果,一方面剥夺了孩子从教训中学习的机会,另一方面也助长了不负责任的消极人生态度:反正无论我做了什么,都有爸爸、妈妈替我负责!至于无人为自己负责时怎么办,在这种环境中长大的孩子是从不考虑的。与我们习惯的做法不同,在一些有法制传统的国家,家长们比较注意教导孩子对自己的行为后果负力所能及的责任。因此,要使孩子成长为自律的人,家长不能放过任何一个教育的契机。

培养孩子自律人格,家长的榜样作用是必不可少的。作为孩子人生的第一任教师,家长的一言一行、一举一动都是在教育。所不同的只是你在教什么。有人说,既然没文化的家长也培养出了名牌大学的大学生,那么,家长素质差点只要严格要求孩子就行了。这是一个绝大的误解。如果说,随着年龄的增长,家长文化水平低对于孩子会成为一种人生的遗憾的话,那么,家长思想道德水平低则会使孩子感到耻辱。因为他们在了解了相应的社会规范之后,很容易明白这样一个简单的道理:文化水平低是个值得同情的弱点,它常常与受教育的机会和条件密切相关;道德水平低则是个人选择的结果,是不可原谅的缺点。因此,在现实生活中,孩子们会尊重那些文化水平不高但一辈子为子女成人成才含辛茹苦的家长,但决不会尊重那些品行低劣的长辈。特别是当他们不得不为童年时代在父母身边养成的不良习惯付出代价的时候,这种蔑视甚至会发展为憎恨。比被子女憎恨更为可怕的,则是孩子在继承与发展父母不良品行的过程中误入歧途。做一个使子女感到耻辱的长辈固然可悲，做一个为子女感到耻辱的长辈岂不更加可悲？因此，为了培养出自立、自律、自强的后代，家长首先要加强自身的人格修养。用自己高远的人生目标、高雅的生活情趣、高尚的道德情操、严于律己的行为，给孩子以潜移默化的影响。这样，在人生的终点我们才能问心无愧地说：作为无愧于后代的先人，我也为世界留下了无愧于先人的后代。

◎结束语:成功的家庭教育应当遵循哪些原则?

自然界没有两片完全相同的树叶，人世间没有两个个性完全相同的孩子。尽管本书讨论了近年来家庭教育中常见的99个问题，但没有人能穷尽家庭教育的所有问题,因此,对家长朋友们说再见之前,分享作者对成功家庭教育六项普遍原则的理解,作为本书的结束语。

第一原则:五育并举,德育首位

培养孩子健全的人格,德、智、体、美、劳五育缺一不可,但对于家庭教育来说,德育无疑是最重要的、最基础的、最不可替代的,而且一旦失误将是永远无法弥补的。因为,一个人最基本的人格倾向不是在别处,而恰恰是童年时代在父母身边耳濡目染逐步形成的。有些教育家甚至认为,5岁以前的教育将完成人格塑造的90%以上的工程,并影响人的一生。苏霍姆林斯基说:培养全面发展的、和谐的个性的过程就在于，教育者在关心人的每一个方面特征的完善的同时，任何时候也不要忽略人的所有各个方面和特征的和谐，都是由某种主导的、首要的东西所决定的。在这个和谐里起决定作用的、主导的成分是道德。“德为才之帅,才为德之资。”“看人第一要看德器。德器深厚,所就必大;德器浅薄,虽成亦小。”“志不立,天下无可成之事,虽百工技艺,未有不本于志者。”“志不强者智不达,言不信者行不果。”家庭是充满温馨的爱的港湾,每个人从这里开始自己的人生,从这里得到最初的关爱,也应当从这里学会感激、学会关心、学会体谅、学会爱他人。瑞士杰出的教育家裴斯泰洛齐认为,具有“真正的人性”的人,应当是具备高尚的道德品质、热爱人们、善良和真正关怀他人的真正人道的人。而这样的人必须在家庭中培养。在家庭中,儿童看到父母对他们所表现的关怀和爱,于是他也力求对双亲报以同样的关注、善良的态度和热爱。儿童感到自己是家庭的一员,他就会把爱母亲、爱家长的情感转到兄弟姊妹身上,进而发展到爱亲友。应当教育儿童把这种对自己亲近的人的爱转向周围的人,然后达到全人类。儿童应意识到自己是伟大人类的一个成员。我国古代把“仁”作为最基本的道德要求,这个“仁”讲的就是用爱心来协调人与人之间的关系。一个从小就不懂得爱父母、敬长辈、守规矩、勤劳动、讲礼貌、立志气的孩子,长大了也很难成为爱祖国、爱人民、爱劳动、爱科学、爱公物,有理想、有道德、有文化、有纪律的好公民。因此，家长在以极大的耐心为孩子搞营养配餐、以极大的热情为孩子选择第二课堂和家庭教师、以极大的毅力带领孩子锻炼身体的同时，决不可忽视非智力因素的培养和良好思想品德的熏陶。

第二原则：遵循规律，循序渐进

正如自然界的万事万物都有自己的发生、发展、变化规律一样，孩子的成长也是一个不以家长主观意志为转移的客观过程。大自然不会要求植物在发芽之前就展叶开花；也不会要求雏鸟在羽毛丰满之前就自由飞翔；更不会要求雪在赤道飘，水往高处流。人作为自然界最精妙的作品，成长成熟的过程自然更为复杂漫长。无论是身体发育、知情意行的发展、社会化过程的完成，都有不可逾越的阶段和内在的规律性。家长可以认识、了解、把握孩子成长的客观规律，循序渐进、因势利导，但决不可以拔苗助长。洛克的“自然原则”、赞可夫的“最近发展区理论”都是值得借鉴的。所谓自然的原则，就是要根据孩子知情意行的发展阶段设计教育内容，选择教育方式。比如，同样是友爱教育，对3岁的孩子要讲“孔融让梨”；对小学生要讲文明礼仪规范；对中学生就可以讲“煮豆燃萁”的历史典故了。同样是科技启蒙，小学阶段的孩子适合读图文并茂、色彩艳丽、感性直观的科普读物，它们与孩子们形象思维占主导地位的思维方式比较吻合；中学阶段的孩子更愿意读反映最新科技成果的科普、科幻作品，这类作品可以满足他们探索未知世界的强烈求知欲望；接受职业技术教育和高等教育的孩子，由于中心兴趣已经形成，一般更关心与自己的职业兴趣相关的科技进步成果，并对此倾注较高的热情。所谓最新发展区，指的是家长在对孩子进行目标导向时，要善于瞄准孩子最切近的发展目标，积小进步为大进步，用比较容易的小目标激发孩子的奋斗精神，而不是一味用高远的大目标给孩子施加压力。比如，对孩子提出学习进步的要求，就不能逼一个目前达不到及格水平的孩子非进班级前3名不可。在帮助孩子分析落后原因的基础上，先要求孩子把自己最喜欢和最有信心的一门课达到及格水平，而后再鼓励孩子一门一门地赶上来。等多数课程都能及格时，再启发孩子在优势科目上争取良好水平。当孩子感到“及格并不难，良好也是办得到的”的时候，再趁热打铁，激励孩子重点突破，争取优秀成绩。一旦某一门课程孩子进入领先水平，学习的积极性就会大大高涨起来，并带动其他课程一起进步。能力的锻炼也是一样。从要求孩子承担比较简单的任务开始，每隔一段时间就给孩子提出一点新的要求，鼓励孩子做昨天还做不到或做不好的事情，勇敢地超越自我，感受成长的欢乐。

第三原则：扬长避短，因人施教

不少家长都容易犯“求全责备”的毛病。用成人的眼睛看孩子，自然对孩子的“问题”相当敏感。有的家长喜欢板起“阶级斗争”的脸，瞪起“卫生球”的眼，挑孩子的毛病、找孩子的缺点。家长变成了监督孩子改正“错误”的“家庭警察”。而孩子则顺理成章地成了就着“检讨”吃饭的“不争气的东西”。久而久之，孩子对自己越来越没有信心。这实在是个绝大的误区。本来，我们现行的以淘汰为主要特色的教育制度（也可以称为以择优为特色，但结果都是要淘汰多数），已经给了孩子们太大的压力，许多孩子小小年纪，还不知成功为何物，就一次又一次地品味了失败的苦涩。如果家庭教育再施压力，孩子稚嫩的心灵将不堪重负。让天资平平的孩子也能感到进步的欢愉、成功的喜悦，为自己成长为一个平凡的、有一技之长的、有独立生存能力的好人而感到生之欣慰，实在是很有必要的。家长没有权利把孩子的人生定势为“天天改正错误”、“天天弥补短处”的人生。因为成功的人生从来都不是因为他们每天都努力弥补了自己的不足，而是因为他们每天都在最大限度地发挥自己的优势。你的孩子肯定有缺点，但他肯定也有自己的优点与长处。能及时发现孩子毛病的家长是明智的；只有能够敏锐地发现孩子优点长处的家长才是睿智的。一代科学巨人爱因斯坦，小时候并不是“天才儿童”，这个沉默内向、羞涩、很晚才开始说话的孩子，在整个小学阶段都不出色。然而，父亲却从他那双充满好奇的眼睛里，从他玩弄小小罗盘时沉迷而兴奋的神色中看到了他对科学的热爱和求知的渴望。我们可以毫不夸张地说，父亲送的小罗盘，正是对爱因斯坦最早的科学启蒙。与爱因斯坦不同，爱迪生从小就是个喜欢观察、思考和提问的孩子。母亲从他坐在鸡蛋上孵小鸡的“调皮”行为和追问老师“为什么 2+2 只能等于 4 而不能等于其他数”的刁难性问题中，最早感到了孩子异于常人的求知欲望。当老师因为爱迪生问题“太古怪”而断定这孩子“愚呆”时，母亲为了保护孩子的心灵不受伤害，毫不犹豫地决定自己亲自教孩子，并给了爱迪生最好的教育。在非常贫寒的情况下，这个家庭尽了最大的努力支持孩子的学习和探索，并在困难和挫折面前始终如一地予以鼓励。这个从 12 岁开始打工的孩子，一生能搞出 1000 多项发明，与父母一如既往的理解与支持是分不开的。可见，发现孩子的优势兴趣并予以鼓励强化，从孩子的实际出发因人施教，比简单地耳提面命、批评训斥更为有效。父母看到孩子的长处，是成功的家庭教育中关键的一步。因人施教则是一门大学问。孩子都好奇，但兴趣的兴奋点不同；孩子都情绪化，但情绪情感的强度与方向不同；孩子都有正在发展的意志品质,但发展过程中遇到的问题不同;孩子都有强烈的行动欲望,但行为方式与结果不同。就性格而言,有的孩子内向,有的孩子外倾;有的独立性强,有的听话顺从;有的比较理智,有的情绪化,有的意志坚定……所以,即便孩子提出的是同一个问题,同样的回答也未必有效。号称弟子三千、贤人七十、有教无类的孔子,在因人施教方面为我们做出了很好的榜样。在一般解释"孝"的含义时,孔子曰:父在观其志,父没观其行。三年无改于父之道,可谓孝矣。然而,当不同的人来问"孝"时,孔子的解释却又因人而异。孟懿子问孝,子曰:无违。生事之以礼。死葬之以礼、祭之以礼。意思是说,所谓孝顺,就要在父母活着的时候,依照礼节侍奉;父母去世的时候,依照礼节安葬祭奠。孟懿子的儿子孟武伯问孝,子曰:父母唯其疾之忧。意思是说,做父母的爱子之心,没有一处不周到的。儿子有病,父母是最忧愁的。做儿子的能够自己保养身体,就算是孝子了。子游问孝,子曰:今之孝者,是谓能养。至于犬马,皆有能养。不敬,何以别乎?意思是说,现如今世上的人,能养活父母就算是孝。但许多人不知道,可以称做养的事情很多。比如养狗养马,都叫做养。如果养父母没有敬意,和养犬马又有什么两样呢?子夏问孝,子曰:色难。有事弟子服其劳。有酒食,先生馔。曾是以为孝乎?意思是说,侍奉父母时,脸上的颜色很重要。只是满足于为父母操劳,有了酒食先给父母吃,就能算孝顺吗?显然,在这里,孔子并没有把"孝"作为一个僵死的概念,以不变应万变。而是从不同人的不同情况出发,对每个人进行了有效的指导。这是很值得我们借鉴的。

第四原则:信任尊重,平等相待

在我国几千年的封建文化传统中,没有家长尊重孩子这一说。无论是大观园中贾老太太的"心肝宝贝儿",还是贾政的"见面就骂畜生",都不存在长幼之间的人格平等问题。溺爱是老祖宗的"恩赐",责骂是父亲的"威严"。然而,孩子敏感的心灵却无时不在渴望着父母的尊重、理解,渴望着与父母平等对话。当父母不肯给他们这种机会时,他们会以"抬杠"的方式表达自己的意志和愿望。细心的父母不难发现,孩子有时候无意中顶撞大人,说出的话却有某种真理性。大卫是个聪明又调皮的孩子。所有的功课都及格,所有的功课都不好。上中学后,他自己还没着急,父母先沉不住气了:就这水平,你还指望上大学、出国、读博士?大卫漫不经心地反唇相讥:就凭我爹妈的遗传,我也没打算上大学、读博士,那是你们的梦,不是我的。我知道自己肯定不是牛顿、爱因斯坦。我也不喜欢一辈子读书写文章,在实验室里鼓捣瓶瓶罐罐。初中毕业我就上职高,学个开车修车的技术,将来在车轮子上走天下。既然注定多数人没有机会上大学,你们凭什么认定我就该出类拔萃?在为儿子的不争气"咬牙切齿"之余,大卫的父母倒真的该想一想孩子的"胡搅蛮缠"是否也包含了一些认真思考的成分和他的道理。

荧荧是个高一女生,品学兼优,而且还担任班长。有时候,免不了有男女同学往家打电话,讨论一些班级及同学间的事情。每当这时,爸爸妈妈的脸色就不大对头了,荧荧只好草草收线。如果发现有男同学找到家里来,爸爸妈妈就会再三盘问:你是谁?为什么要找到家里来?有什么事情在班上说不了?不等同学出门,不准谈恋爱的唠叨就开始了。荧荧恼怒地说,我知道爸妈是为我好,但这种不信任、不给面子实在叫人受不了。的确,许多父母已经习惯了对子女发号施令,常常不能正视孩子已经长大这样一个现实,仍然沿用小时候的教养方式,从而导致了许多人为的矛盾与冲突。其实,只要父母对孩子正在觉醒的主体意识给予必要的尊重,这些大孩子将非常乐意承担属于自己的人生义务与责任。因此,让孩子把话说完,设身处地地考虑孩子的道理,用"我理解你的想法,但是对这个问题我有不同的见解,让我们讨论一下,看看究竟哪个办法好一些,或者是否能找到更好的办法"这种表达方式与孩子平等对话,一般会收到良好的效果。

第五原则:科学施教,提高效率

随着社会竞争的日趋激烈,生活节奏的不断加快,大人忙,孩子也忙。越来越多的家长觉得没有时间教育孩子。的确,要想动不动就开个把小时的家庭会议解决问题是越来越不现实了。但是,这并不意味着家长真的就忙到连一分钟的空闲都没有的程度。松原达哉的《一分钟爸爸妈妈》就教给了我们许多提高家庭教育效率的方法。这种方法的诀窍是,把父母对孩子的期望与要求都转化为可以用一分钟的时间表达的内容。即一分钟目标提示、一分钟表扬、一分钟批评。所谓一分钟目标提示,就是把一段时间里希望达到的目标用200余字的篇幅,一分钟可以读完的容量写下来,贴在孩子最容易注意到的地方,时时提醒孩子。每天用一分钟时间把孩子最希望实现的目标强化一遍,直到这目标实现为止。一分钟表扬是指每天都挑出孩子做得最好的一件或几件事情,集中给予"不超过一分钟的表扬"。让孩子每天都能感受一下成长的欢乐。实践表明,父母越是真诚地赞美孩子做对的某些事情——尽管他们做得不完美,孩子也就越对自己这方面的能力充满信心。天长日久地、不断地在孩子身上发现优点长处,并及时予以鼓励,会收到令人意想不到的积极效果。你会发现自己的孩子越来越自尊自信、越来越像你所希望的样子了。这就是一分钟赞美的神奇效果。一分钟批评则是父母送给孩子的一份充满爱心的“惩罚”。用一分钟以内的时间，心平气和地、严肃地、极为简洁地告诉孩子，你认为他哪件事情做得不对，为什么不对，应当怎样做。并明确表示你的信任和期望。这样做比喋喋不休的责骂或抱怨效果要好得多。在接受一分钟批评时，孩子一般不会产生厌倦心理和抵触情绪。因为他们知道，爸爸妈妈并不认为他们做了错事就是坏孩子，爸爸妈妈相信他们会很快纠正并变得更好。无论父母有多忙，一天连一分钟也不能与孩子分享肯定是一种托词。

第六原则：以身示范，注重身教

家庭教育与学校和社会教育一个最大的不同，在于它常常不能预先设计。非常宽松的、无拘无束的家庭生活环境，容易淡化家长的家教意识。许多时候，家长在单位不敢说的话回家敢说，在单位不方便发的牢骚回家可以无所顾忌。这样一来，家长就无意中在孩子面前露出了“庐山真面目”。怎样在亲密无间的环境中保持父母的良好形象与权威，是家教中的一个难题。马卡连科告诫家长们说：权威不应当是由父母对子女的关系，而是由父母自身决定的。权威也不是一种特殊的才能。权威的根源只出在一个地方，那就是父母的操行，包括行为的各个方面：他们的工作、思想、习惯、感觉和意图。在这个世界上，孩子通过模仿而学习，他们的第一个模仿对象正是父母。孩子是父母的一面镜子。我们每个人都可以从孩子身上看到自己品行的影子。因此，家长要求孩子相信的，自己必须相信；要求孩子做到的，自己必须身体力行；要求孩子全面发展，自己先要活到老、学到老；要求孩子少年早立志，自己的人生不能没有奋斗目标。我们很难想象，一位下班之后就喝酒、打牌、“筑方城”的父亲，或一位每天花大量时间在穿戴打扮、逛商场上的母亲能给孩子做出勤奋学习与工作的榜样；我们也很难想象，一对连自己的父母也不愿履行赡养义务的爹妈能教会孩子关心和爱；整天琢磨怎样损人利己的父母能培养出孩子健全的社会属性……为了孩子检点自己的言行，为了孩子提高自身的修养，为了孩子以更加积极的态度对待生活，为了孩子努力去拓展自己有价值的人生，让孩子在自己身边学会做人、学会微笑着生活，只有这样，我们才能在告别这个世界时欣慰地说：我留在世界上的，比我带走的要好。